[25.]

Sonntag Nachmittags: Gensdarm in
„Rose Bernd" Hauptmann
Deutsches Theater.

Heinrich im Götz-Einakter „Der Mörder"
aus dem Zyklus „Die tote Tante"
Kammerspiele
Gerichtsvollzieher Engel, Götz: Lampenschirm.

2. Bote, Bürger, Harold. Hauptmann in
Coriolan, Regie: Engel. Lessing-
theater
[Rote Revue, Piscator]

Inspektor Smith: Oscar Wilde, Sternheim
Deutsches Theater 31. III. 25

Hr. Hofmiller: Franziska, Wedekind,
K. H. Martin, Königgrätzerstr.
3. IV. 25.

Korporal, Robert u. Bertram, Komödie

Regisseur, 6 Personen suchen einen Autor
Kammerspiele, Pirandello.
Juni 25.
Sacco in Fresno, Miller,
Volksbühne.

[25. 26.]

Köln a/Rh.
Vereinigte Stadttheater.
Eröffnung: Intendant Hardt 4. 9. 25.
Egmont. Rollo: Buyck.

Roller: Räuber, Regie: P. Günther
11. 9. 25

1. Soldat: Kreidekreis, Klabund, Regie:
12. 9. 25.   Godard.

Justizrat Bohm: Man kann nie wissen,

Vinzguaner: Andacht am Kreuz, Calderon.
Staar
17. 10. 25

Zettelankleber, 2. Kohlenträger Traumspiel, Strindberg

König Nussknacker, Wurzelprinzessin
Molitor

Mörner, Prinz v. Homburg

Tupia, Südsee, Speyer

Kurlenkampff, Nickel u. die 36 Gerechten
Rehfisch
Februar 26

Uchowortow, Polizeiinspektor, Revisor
3. III. 26.   Gogol

Gerhard Bienert
Ein Leben in tausend Rollen

Nach Tonbandprotokollen
aufgezeichnet von Dieter Reimer

Henschelverlag Berlin 1989

ISBN 3-362-00249-8

© Henschelverlag
Kunst und Gesellschaft,
DDR–Berlin 1989
1. Auflage
Lizenz-Nr. 414.235/8/89
LSV-Nr. 8404
Lektor: Frank Starke
Gestaltung: Jörg Brosig
Printed in the German Democratic Republic
Gesamtherstellung:
Grafische Werke Zwickau III/29/1
625 850 9
01980

Inhalt

- 6   Unser Bienus · *Vorwort von Dieter Mann*
- 9   Wenn ich noch mal alles überdenke
- 12   Kindheit
- 21   Bewegte Jugend mit etwas Glück
- 25   Das Große Schauspielhaus Berlin
- 38   Von Dieterle zu Piscator
- 41   Das Sommertheater Thale
- 44   Mein Weg zum Stummfilm
- 51   Hoppla, wir leben!
- 56   Die Gruppe junger Schauspieler
- 64   Cyankali
- 71   Sowjetunion-Tournee. Wie weiter?
- 82   Die gefährliche Zeit
- 88   Film, Film und nochmals Film!?
- 106   Ende und Anfang oder Towarischtsch Artist
- 111   Vom Theobald Maske bis zum Bannermann
- 151   Nachtrag des Herausgebers
- 152   Verzeichnis der Rollen
- 161   Personenregister

Unser Bienus

Gerhard Bienert erzählt fast unser Jahrhundert. Er erzählt, wie wohl nur der erzählen kann, der nicht belehren will, dafür war er zu bescheiden. Er nimmt uns mit hinein in ein Menschen-Theaterleben. Kaiserzeit, Novemberrevolution, Karl und Rosa, Kapp-Putsch, Weimarer Republik, das »tausendjährige Reich« mit zwölf Jahren, Besatzungszonen, zwei deutsche Staaten – ich lese meine Geschichtsbücher aus der Sicht meines Schauspielerberufes wieder neu.

Schauspieler haben dauernd mit Geschichte zu tun, über die sie dann »Geschichten« spielen. Vorfahren und Zeitgenossen der ganzen Welt haben sie aufgeschrieben. Geschichte, immer wieder befragt, mit persönlicher Betroffenheit, Erfahrung angereichert, wird Theater. Mit denen »da oben« auf der Bühne für die »da unten« im Zuschauerraum, die die auf der Bühne gespielte Geschichte mit der eigenen Erfahrung erst zum Erlebnis Theater machen.

Fast 1000 Rollen im Theater, im Film, später im Fernsehen, Rundfunkaufnahmen. Ein reiches Theaterleben, auf den kleinen Raum Bühne gebracht, also öffentlich. In der Garderobe, es ist die Garderobe 211, gleich neben dem Bühneneingang des Deutschen Theaters, ist Bienus privat. Hier sah man sich »nackt«, schminkte sich ab, Bienus nahm nie Zellstoff zum Abschminken, sondern immer ein Handtuch. Kleiner Schminkkoffer aus Schweinsleder auf dem Garderobentisch, darin etwas Abschminke, das Handtuch. Mein Köfferchen auf dem zweiten Garderobentisch, darin auch Abschminke, ein heimlicher Aschenbecher (feuersicher), Seife, Handwaschbürste, Kamm, Zellstoff. Schauspieler heute reisen selten von Theater zu Theater, das Köfferchen ist geblieben.

Der Zuhälter, Kommissar, Schupo, Chauffeur Gerhard Bienert war mir aus Filmen bekannt, »Mutter Krausens Fahrt ins Glück«, »M«, »Der blaue Engel« ...
Als Theobald Maske auf der Bühne stand, ging mein Schauspielstudium zu Ende, und als wir »Unterwegs« von Rosow, Regie Solter/Mewes probierten, war dieser Gerhard Bienert mein Onkel, und das ist jetzt 24 Jahre her. Und ich kann mich beim besten Willen nicht erinnern, ab wann ich mir erlaubte, Herrn Bienert so anzureden, wie ihn ja einfach alle nannten – »Bienus«. Ab 1964 dann Kollegen in »Der große Plan« von J. R. Becher, in »Terra incognita« von Kuba, in »Feinde« von Gorki, in der »Aula« von Kant, im »Verhör von Habana« von Enzensberger, im »Urgötz« von Goethe, in der »Sommerfrische« von Goldoni, im »Sturm« von Shakespeare, in »Zwei Krawatten« von Kaiser, in Proben zu Tschechows »Kirschgarten«, die Bienus dann aus gesundheitlichen Gründen abbrechen mußte. Bienus, damals schon 86, hat sich bei dem Regisseur, den Kollegen, dem Intendanten entschuldigt; er meinte, er hätte uns im Stich gelassen! Er konnte nichts mehr sehen, er hörte die Souffleuse nicht mehr.

Von seinen über 60 Jahren Theater habe ich noch 20 mitgespielt. Bienus war kein »Star«. Bienus war Ensemble-Schauspieler. Bienus war ökonomisch mit seiner Kraft, mit seinem Einsatz. Wir sitzen uns auf der Bühne gegenüber – er als Abt von Fulda, ich als Liebetraut. Aus seiner Soutane gucken oben sein privates Hemd, unten seine privaten Schuhe heraus. Ich spreche Bienus in der Garderobe daraufhin an. »Ach Dieter«, sagt er, »mir fällt det Bücken immer schwerer, und die Soutane ist ein wunderbares Kostüm –

verdeckt allet, und wie oft hab ick ma in mein Leben schon umjezogen, Text kam jut.« Und er spielt einen Abend später den Trinculo in Shakespeares »Sturm« auf Knien und Ellenbogen kriechend, japsend und rülpsend, »verkleidet« bis auf die Haut.

Bienus lag oft eine Stunde vor der Vorstellung auf der Liege in der Garderobe, auch zwischen seinen Auftritten. Ich hab' immer versucht, leise zu sein. Er: »Quatsch, du rauchst, ich entspanne.«

Bienus hat unzählige Partner, unzählige Regisseure gehabt. Und saß doch während der Proben in der Garderobe und fragte den über 40 Jahre Jüngeren: »Sag ma, der redet so ville uff den Proben, wat *meint* der denn?« Für ihn galten keine Theorien auf der Probe, sondern nur eins: ausprobieren. Er hat mit Reinhardt, Piscator, Brecht und Erich Engel und und und gearbeitet. Er hat beim Probieren seinen Regisseuren vertraut, solange sie ihm vertrauten.

Über 20 Jahre, in einem halben Dutzend Stücke, oft in einer Garderobe – habe ich ihn gekannt? Ein fast 90jähriges Leben kann man nicht kennen. Aber immer, wenn irgendein Name fiel, konnte man Bienus fragen: »Die Kollwitz, Mensch, die hat mir doch mal nach 'ner Premiere ne Zeichnung …« »Der Grosz, der war doch …«, »der Brecht, der hat doch …«. Und so ging einem über Namen Geschichte ein, die Bienus miterlebt hatte.

Beim Lesen dieser Gesprächsaufzeichnungen bin ich beeindruckt von der Arbeitsfülle, von der Lebenshaltung dieses Kollegen, der sich auch um die politisch heikelsten Fragen nicht herumschummelt. Er färbt seine Biographie nicht im nachhinein schön.

Der letzte Auftritt: Gerhard Bienert und Dieter Mann während der Matinee am Welttheatertag 1985

Er hat zu seiner Qualität als Schauspieler ein klares Verhältnis. Er kann Qualität in größeren Rollen nicht nur ertragen, er kann sie neidlos bewundern, die andere künstlerische Leistung achten. Er verschweigt nicht, daß es mitunter ein Schauspielerleben war, wo es nicht mehr um Kunst, sondern um Brot, ja ums Überleben ging. Das Wort Karriere habe ich nie von ihm gehört.

Er war mein ältester Kollege, der mich durch seine Arbeitshaltung mit erzogen hat. Erzogen, so wie mit ihm auch Wolfgang Heinz, Friedrich Richter, Mathilde Danegger, Herwart Grosse, Kollegen seiner Generation mit ihren Biographien, mit ihren Lebenserfahrungen.

Ich hatte Bienus gern, sicher auch, weil er Berliner war. Seine ganze Biographie sieht ihn immer wieder in dieser Stadt, und ich habe sie genauso selten verlassen wie er. In dieser Stadt spielt eben Döblins »Berlin-Alexanderplatz«, wurde »Die Hose« Sternheims bei der Kaiserparade im Lustgarten verloren, hatte Reinhardt sein DT und andere Theater, schuf Piscator seine »Roten Revuen«, brachte Brecht seine »Mutter« heraus, hier wurde der »Biberpelz« von Hauptmann durch die Wolffen gestohlen, hier gründete Bienert die »Gruppe junger Schauspieler«, die von Theater mehr als Gage und Lorbeer wollte, und hier wurden dann »Revolte im Erziehungshaus« von Lampel, »Cyankali« von Friedrich Wolf uraufgeführt. Bienert als Darsteller der »kleinen Leute«. Und die größte Ansammlung der so genannten wohnte in den Mietskasernen Berlins. Und Jhering, Toller, Zuckmayer, Einstein, Heinrich Mann, Leonhard

Frank, Arnold Zweig, Feuchtwanger, Piscator und Brecht, wer zählt die Namen, waren in den Berliner Cafés und Kneipen zu treffen. In dieser Stadt stand sein Haus, in dieser Stadt hat er in den Trümmerfeldern wieder angefangen, fortgesetzt, Theater zu spielen. In seiner letzten künstlerischen Heimat, Deutsches Theater, teilte er »Die Sorgen und die Macht« von Hacks, erzog den »Lorbaß« von Salomon, war er ein zweites Mal Lehrer Lapkin und der Völschow in der »Aula« von Kant – wieder politisches Theater wie in seinen Anfängen.
Im Programm der »Gruppe junger Schauspieler« stand: »Genug des Geschwätzes über die ewigen Werte der Kunst! ... Was wir spielen wollen – Zeittheater.« Bienus hat unglaublich viele und verschiedenartige Rollen gespielt, aber eigentlich blieb er in allen Rollen er selbst. Was ihn auszeichnete: Herzlichkeit und Heiterkeit, Naivität und sehr irdischer Sinn fürs Praktische, Berliner Poesie und Prosa, auch wenn die Stücke nicht an der Spree spielten.
Letzter Auftritt von Bienus 1985 in den Kammerspielen des Deutschen Theaters – am gleichen Ort hatte sein Beruf 1920 als Schauspieler begonnen.
Ich hatte so viele Geschichten gehört, daß ich ihn überredete, zum Welttheatertag noch einmal vor das Publikum – und er hatte seins – zu treten, einfach zu erzählen.
Vorgespräche: »Ja, Dieter, und dann warn wa mit der Gruppe junger Schauspieler in Rußland, nee, warte mal, det heißt ja anders ...«
Und dann erzählte er und fragte mich: »Kann ick det so sagen?«
Und ich sagte: »Du hast was zu sagen, also sags.«
Hätte ich bei diesen Vorgesprächen in seinem Haus in Zehlendorf ein Tonbandprotokoll aufgezeichnet, es hätte ein weiteres Buch werden können.
Dann, am 27. März 1985, in den Kammerspielen. Bienus aufgeregt, ich aufgeregt, der Zuschauerraum voll, eigentlich überfüllt, das Fernsehen mit dabei. Diese Stunde hat die Feuerwehr, Dank an sie, alle Augen zugedrückt. Noch in den Seitengängen saßen und standen Bienerts Zuschauer. Er tritt auf, geht zu seinem Stuhl – Ovationen für ihn, stehend dargebracht.
Ich habe in der Garderobe meinen Gesprächsfahrplan vergessen, muß noch mal abgehen, komme wieder, Bienus steht, die Leute stehen ...
Erster Text von mir: »Bienus, Du bist nun 96 (!) Jahre alt ...« Gelächter vom Publikum, ich hatte mich gleich um 10 Jahre versprochen, und Spezialist für Versprecher war immer Bienus; dann eine Stunde erzähltes Leben, Blumen, herzlicher langer Beifall, der nicht enden will, für Gerhard Bienert, noch einmal Publikum im Theater, an den Bildschirmen.
Dieser Welttheatertag '85 in den Kammerspielen des Deutschen Theaters ist unwiederbringlich, dieses Buch bringt uns Gerhard Bienert wieder.

Dieter Mann

Berlin, im Juli 1987

Wenn ich noch mal alles überdenke

Wenn ich noch mal so alles überdenke: Gerhard Bienert mit Dieter Reimer

»Bienus, du mußt zur Probe fahren!« ruft Inge, meine Frau, die gerade unseren Garten pflegt. Früher habe ich die Gartenarbeit gemacht, als Hobby und Ausgleichssport. Doch in meinem Alter geht es nicht mehr so richtig. Jedesmal, wenn ich umgezogen bin, und das war fünfmal in Berlin, habe ich alles daran gesetzt, ein Stück Garten zu bekommen. Die Liebe zum Garten begann bereits in jungen Jahren, als mir mein Großvater von seinem Grundstück in Senzig bei Königs Wusterhausen ein Stück Land abtrat. Keine Frage: Auch zu meinem ersten Haus in Stahnsdorf gehörte ein Garten. Leider kamen die täglichen Fahrten von Stahnsdorf zum Deutschen Theater einer Weltreise gleich, und ich habe das Grundstück wieder aufgegeben.

Ich bin nach Zehlendorf gezogen und habe mir nun dieses, mein letztes Haus in einer schönen, ruhigen Gegend gebaut. Es ist ein bescheidenes Häuschen im Bungalowstil, mit einem großen Wohnzimmer zur Gartenterrasse, vier kleinen Zimmern und einem großen Kinderzimmer. Das letztere ist längst schon verwaist. Cornelia, unsere Tochter, ist verheiratet und hat selbst zwei süße Kinder. Sie ist in dem Beruf tätig, in dem meine Eltern mich so gerne gesehen hätten, als Lehrer.

Der Chauffeur steht schon vor der Tür, um mich mit meinem Wagen zum Deutschen Theater zu fahren. Chauffeur, wie sich das anhört! Seit zwei Jahren bin ich auf die Hilfe diese jungen Mannes angewiesen. Meine Augen machen nicht mehr mit. Es kostet mich viel Mühe, mit Brille und Vergrößerungsglas zu lesen. Und auch das Rollenstudium wird dadurch für mich immer schwieriger. Ja, vor zwei Jahren, da bin ich noch selbst mit dem Auto zu den Proben gefahren. Da war ich immerhin erst 85 Jahre alt! Aber dann ging es doch nicht mehr.

Natürlich hätte ich auch in einem meiner Wohnung näher gelegenen Theater in Westberlin spielen können, wozu mir im Laufe der Jahre viele alte Kollegen rieten. Aber ich gehöre nun einmal zum Deutschen

Theater. Dort habe ich, 1919 als Schüler an der Schauspielschule, 1921 als Schauspieler, meine Laufbahn begonnen. Nach dem Ende der Nazizeit gehörte ich 1945 zu denen, die von Gustav von Wangenheim, dem ersten Nachkriegsintendanten, an das Deutsche Theater geholt wurden.

Im August 1961 hieß es noch einmal zu zeigen, wo man steht. Ich blieb dem DT treu.

Auf der Fahrt zum Deutschen Theater kommen wir auch am alten Friedrichstadtpalast vorbei. Er ist so etwas wie ein Stück von mir. Über hundert Jahre hat er auf dem Buckel, jetzt wird er abgerissen. Er war in den letzten Jahren sehr wacklig geworden. Mit seinem Abriß stirbt ein Stück meines Theaterlebens. Auf dieser Bühne – dem einstmaligen Großen Schauspielhaus – wurde ich groß. Dort stand ich neben Werner Krauss, Alexander Moissi und vielen anderen namhaften Kollegen.

Um die Ecke: Frisch renoviert in hellen Pastellfarben leuchtet es uns in der Schumannstraße entgegen. »Deutsches Theater« und »Kammerspiele« steht in goldenen Lettern an den Giebeln. Ich setze den Hut auf und nehme meine Aktentasche. Klaus Piontek hat Hut und Tasche einmal meine Markenzeichen genannt. Es ist wieder eine Probe für den »Kirschgarten« von Tschechow angesetzt. Der Pförtner gibt mir einen Stapel Zeitungen. Wenn ich auch nur noch beschwerlich und langsam lesen kann, so verzichte ich doch keineswegs auf die Lektüre des »Neuen Deutschlands« und der »Berliner Zeitung«. An der Eingangstür begrüßt mich mein lieber Kollege Fred Düren: »Na, Bienus, wie geht es?« »Schlecht«, sage ich, aber das sage ich grundsätzlich, auch wenn es mir gut geht und heute noch dazu ein wunderschöner Herbsttag ist.

Bei Dreharbeiten zu einem Film-Porträt in seinem Garten

Meine Garderobe liegt nahe der Eingangstür. Die Ehrengarderobe des DT. Vor mir hatte sie der große Eduard von Winterstein; ganz früher Max Reinhardt. Winterstein hatte auf die Tapete abertausende kleine, bunte Mosaike gemalt. Sie hingen auch noch viele Jahre zu meiner Zeit. Winterstein ging es in den letzten Jahren wie mir: er konnte kaum noch sehen.

Aus dem Lautsprecher erklingt die Stimme des Inspizienten: »Herr Bienert, bitte auf die Bühne!« Vor dem Hauptvorhang höre ich schon Dieter Mann und Otto Mellies deklamieren. Nun stimmen sie sogar ein altes russisches Volkslied an. Aha, eine Flaxerei, denn das Lied gehört nicht in den »Kirschgarten«. Ich sage immer, Schauspieler lieben ihren Beruf so sehr, daß sie zu jeder Zeit Theater spielen. So auch jetzt.

Ich vernehme die Stimme von Friedo Solter, unserem Regisseur: »Kinder, nun hört mal auf ... ist denn der Bienus schon im Hause?« Nun, denke ich, was die beiden können, kann ich auch. Ich öffne den Hauptvorhang etwas, trete langsam heraus auf die Rampe. Solter ruft: »Tag, Bienus!« Und ich mache: »Brabrabrabra, brabrabrabra.« Solter ruft lachend aus dem Zuschauerraum zu mir hoch: »Ja, sehr schön, Bienus, aber nun mußt du abgehen. Wir wollten heute auch noch ein bißchen proben.« – Jetzt wird es für uns alle ernst. Die Proben ziehen sich hin, oft vier bis fünf Stunden. Da werden Szenen zehn- bis fünfzehnmal wiederholt. Ich muß stundenlang stehen

und warten, und das schon seit Wochen. Das macht mir sehr zu schaffen.
Intendant Dieter Mann hatte es gut mit mir gemeint, als er mich im Sommer 1984 besuchte und mir die Rolle des alten Dieners Firs im »Kirschgarten« anbot. Er sagte mir manches Schmeichelhafte, meinte, daß das Publikum des DT nach dem Grandseigneur verlangt. Seit dem Beginn der Rekonstruktion des Theaters 1981 hatte es mich ja nicht mehr gesehen. Zuletzt spielte ich im »Prinz von Homburg« und in dem langjährigen Erfolgsstück »Zwei Krawatten«.
Doch nun ist das eingetreten, wovor sich jeder Künstler fürchtet: daß die Probenarbeit im Alter doch zu anstrengend wird. Dazu kommt, daß ich als Firs in allen vier Akten auf die Bühne muß. Anschließend dann noch die lange Fahrt nach Hause.
Das notwendige Gespräch mit meinem Intendanten kommt. Er ist, genau wie ich, sehr traurig über meinen Entschluß, nicht mehr aufzutreten, kann mich aber verstehen.
Aber er läßt nicht locker mit seiner Idee, mich wieder mit meinem Publikum zusammenzubringen. Er denkt an eine Sonntagsmatinee. Auch redet er mir immer wieder zu, wegen des Abgangs von der Bühne bloß nicht zu resignieren. Wäre da nicht endlich Zeit, seine Lebenserinnerungen wenn nicht zu schreiben, so doch auf Band zu sprechen?
Kindheit und Jugend. Zwanziger Jahre. Die Zeit von 1933 bis 1945. Was hat man da nicht alles erlebt! Tourneen durch halb Europa. Und dann diese Fülle von Erinnerungen an die Stumm- und Tonfilmzeit. Weit über 100 Filme waren es, oft nur mittlere, aber schöne Rollen. Filmröllchen, um am Leben zu

1985

bleiben, wenigstens etwas Geld zu verdienen. Und natürlich wird dabei die Frage aufkommen, ob denn der berüchtigte Propagandafilm »Morgenrot« sein mußte.
Nach Kriegsende dann endlich Rollen, von denen viele Schauspieler nur träumen. Der Doolittle in Shaws »Pygmalion«, der Theobald Maske, Inspektor Campbell. Es ist erstaunlich, was noch alles in meinen Gehirnwindungen abrufbereit da ist. Wenn ich noch mal so alles überdenke, komme ich zu dem Schluß, daß ich trotz vieler Kämpfe, oft fehlender finanzieller Mittel ein glückliches Leben gelebt habe. Würde ich noch einmal auf die Welt kommen, dann wählte ich erneut diesen schönen Beruf des Schauspielers.
Ich wurde zwar kein Werner Krauss, kein Albert Bassermann – dazu muß man begnadet sein, und das war ich nicht.
Ich war auch nie der Traum der Frauen wie mein alter Freund Willy Fritsch. Und mir fehlte auch diese draufgängerische Ellenbogen-Politik, mit der es so mancher schlechte oder mittelmäßige Schauspieler nach oben schaffte. Mir war es fremd, mich mit Intendanten oder Regisseuren anzulegen, theatralisch von der Bühne zu gehen und das Handtuch zu werfen. Es mag überheblich klingen, wenn ich das sage: ich war ein disziplinierter Schauspieler. Mit mir hatten es, glaube ich, die Regisseure einfach.
Ich weiß heute, ich hatte viel Glück und ein schönes Leben. Und ich möchte es auch noch lange nicht aufgeben. Warum soll ich nicht 100 Jahre alt werden?
Meine Erinnerungen sollen keine theaterwissenschaftliche Abhandlung sein. Ich will Episoden aus meinem bewegten Theaterleben Revue passieren lassen, aus einem Leben in tausend Rollen. In der Hoffnung, bei diesem oder jenem Begeisterung für Theater und Film zu wecken und ihn vielleicht auch zum Schmunzeln zu bringen.

Kindheit

»Das Licht der Zukunft –
klar und feurig schön,
als ob die Sonne selbst
wir brennen sehen ...«
Aus einer Reklame der
Vossischen Zeitung
vom 8. Januar 1898

Sonnabend, der 8. Januar 1898 hätte laut Kalender eigentlich ein Wintertag sein sollen. Doch die Quecksilbersäulen der Thermometer kletterten mittags auf zehn Grad plus. Im Laufe des Tages kündigte immer stärker werdender Südwestwind einen Wetterumschwung an.
Die Besucher, die sich abends im Deutschen Theater den »Mädchentraum« oder im Lessing-Theater die Operette »Im weißen Rößl« ansahen, mußten auf dem Heimweg gegen einen orkanartigen Sturm ankämpfen. »Der Sturm richtete in der Nacht viel Unheil an, besonders im Südosten von Berlin. Auch an den Ufern der Spree war die Passage lebensgefährlich. In der Nähe der Oberbaumbrücke riß sich ein Lastkahn los und trieb herrenlos auf der Spree umher. Besonders gefährlich war der Weg zu den Neubauten der elektrischen Reichsbahn«, meldete die Vossische Zeitung am nächsten Morgen.
Mit dem Sturm kam auch ein neues Leben. Dort, wo er am heftigsten tobte, in der Gegend um die Wiener, die Skalitzer und die Dieffenbachstraße, brachte Valerie Bienert einen kräftigen Jungen zur Welt, der auf den Namen Gerhard Max Richard Bienert getauft wurde.
Ich muß wohl gleich in den ersten Minuten Theaterblut in mir gehabt haben, denn mein lauter erster Auftritt soll die Anwesenden in wahre Begeisterung versetzt haben. Wie es in unserer Familie bei besonderen Anlässen schon immer Usus war, versammelte sich auch am 8. Januar 1898 die Verwandtschaft vollzählig. Die übliche Bestaunerei des neuen Erdenbürgers begann. Die meisten fanden mich niedlich. Ich konnte das damals noch nicht selbst beurteilen, wiewohl mir im späteren Leben eine gewisse Eitelkeit nachgesagt wurde. Dann ging es mit dieser blöden Fragerei weiter, ob ich nun mehr der Vater oder etwa ganz die Mama sei. Ich weiß nicht mehr, wie sie sich damals entschieden hatten. Bald zog in unsere Wohnung wieder Ruhe ein.
Mein Vater ging seiner täglichen Arbeit nach. Er war Kaufmann, ein Mittelständischer, wie es damals hieß. Die Berufsbezeichnung Kaufmann wurde auch für Verwaltungsangestellte verwandt, denn er arbeitete als Buchhalter in der Akkumulatorenfabrik AG Hagen/Westfalen. Diese Firma hatte ihren Berliner Sitz am Askanischen Platz. Ich weiß noch, daß es wegen seiner Arbeit einmal eine heftige Familiendebatte gab. Im Hauptwerk in Westfalen wurde die Stelle eines Buchhalters frei. Die Firma fragte meinen Vater, ob er interessiert sei, er bekäme viel mehr Geld als in der Hauptstadt. Aber meine Mutter, die ihre gesamte Familie in Berlin hatte, wollte nicht wegziehen.
Meine Mutter war, wie damals in gutbürgerlichen Kreisen üblich, Hausfrau. Oder besser gesagt, Hausdame. Man hatte Geld, wenn auch nicht in Massen. Für den Haushalt konnte man sich ein Dienstmädchen leisten. Diese Mädchen wechselten öfter. Sie kamen fast immer vom Lande und wollten einmal die viel besungene Berliner Luft schnuppern. Sie bekamen im Monat 30 bis 40 Mark, Essen, Trinken und Logis frei, und wurden von meiner Mutter für den Haushalt »ausgebildet« und natürlich auch ausgenutzt.
Wir hatten erst ein Dienstmädchen Grete, dann kam die Martha. Und dann war da auch eine Polin, Leokania. Die küßte meiner Mutter immer die Hand, was wir nicht verstanden und albern fanden.

Mit einer weiteren, Jolanta, verbindet mich eine aufregende Erinnerung: Meine Eltern gingen eines Abends wieder einmal wie alle vierzehn Tage in den Gesangverein. Ich freute mich, mit meinem kleinen Bruder allein zu sein. Da konnten wir uns in der großen Vierzimmerwohnung einmal so richtig austollen und machen, was wir wollten. Vor Übermut warf ich mich mit einem Sprung auf den Diwan. Über dem Diwan hing ein Regal, auf dem herrliche Kristallgläser standen. Ich warf die Beine in die Luft, kam an das Regal und alle Gläser fielen herunter. Drei Stück waren zerbrochen, aber doch ganz günstig, nämlich am Ende des Stieles, wo der Kelch beginnt. Mein kleiner Bruder Reinhold heulte, und ich hatte Angst vor dem Krach mit der Mutter. Mir kam die Idee, die Gläser zu leimen. Ich stellte die nun wieder unversehrten Gläser zurück, und keinem fiel der Betrug auf.
Eines Tages jedoch kam meine Mutter zu mir. In einer Hand einen Kelch, in der anderen einen Stiel. »Weißt du, Gerhard, wie der Römer entzweigegangen ist? Jolanta hat die Gläser abgewaschen, und sie sagt, im Wasser hätte sich der Kelch vom Stiel gelöst, aber es wäre nicht ihre Schuld, sie hätte nichts heruntergeworfen.« Nun fing ich doch zu zittern an, denn ich wußte, daß es von Mutter Schläge setzte. Aber Jolanta wollte ich die Schuld auch nicht in die Schuhe schieben. Reini heulte schon wieder und verriet mich damit sowieso. Also beichtete ich meine Schandtat. Aber welch ein Glück, es gab keine Prügel. Mutter hatte einen guten Tag; es war Mittwoch, und da ging sie immer zum Kaffeekränzchen.
Von Jolanta wurde ich mehr verwöhnt und verzärtelt als von meiner

1899. Der einjährige Gerhard Bienert zwischen den Cousinen Wally und Lotte sowie mit Vetter Kurt

Mutter. Wahrscheinlich gefiel ich damals schon der Damenwelt. Wenn ich heute die alten Familienfotos betrachte, und ich sehe mich im Matrosenanzug, da war ich doch wirklich ein niedliches Kerlchen. Wir Kinder wurden immer wie aus dem Ei gepellt angezogen. Dafür sorgte in erster Linie meine Mutter. Sie hatte eine schier krankhafte Begeisterung für modische Kleidung. Nicht nur für sich. Ihren Hang zu guter Kleidung verteilte sie auf die ganze Familie. So kam es öfter vor, daß sie für meinen Vater einen Termin im Schneider-Salon ausmachte. Er wurde sogar am Sonntag zum Maßnehmen bestellt, und es mußte immer der teuerste Maßanzug sein. Auch wir Jungen bekamen stets gute Kleider, in denen wir uns gar nicht

wohl fühlten. Aber so war meine Mutter, sie wollte Staat mit uns Männern machen.
Am Sonntag wurde dann in Familie promeniert, die Linden entlang oder durchs Brandenburger Tor in den Tiergarten.
An einen dieser Spaziergänge kann ich mich heute noch entsinnen. Ich war etwa fünf Jahre alt. Man hatte mich wieder einmal herausgeputzt. Allein durfte ich nie auf die Straße. In meiner Erziehung standen solche Begriffe wie Pflicht und Ehrgeiz, Anstand und gutes Benehmen ganz oben an. Zu dieser streng bürgerlichen Erziehung gehört es auch zu wissen, was man dem größten Herrscher aller Zeiten, »unserem geliebten Kaiser«, dem Preußen-Wilhelm zwo, schuldig war.

13

1902. Gerhard Bienert mit den Eltern

Also Unter den Linden eine dichte Menschenmenge, alles sah erregt die Straße Richtung Schloß hinunter. Hysterische Rufe: »Der Kaiser kommt, der Kaiser kommt!« Ob wir wollten oder nicht, wir wurden förmlich in das Spalier an der Kreuzung Unter den Linden/Friedrichstraße vor dem Café Kranzler gedrängt. Ich war zwar neugierig, was da nun zu sehen sein würde. Aber inmitten dieser sich so eigenartig gebärdenden Menschenmenge hatte ich doch ein mulmiges Gefühl im Magen, so etwas wie Platzangst. Endlich sah ich in der Ferne die Reiterkavalkade vom Schloß her im Galopp angeritten kommen, in der Mitte der Kaiser hoch zu Roß in seiner roten Husarenuniform und mit einer Schapka auf dem Kopf. Die Leute schrien ganz außer sich »Hurra, hurra« und winkten mit Taschentüchern. Und man rief: »Unser Kaiser, ist das ein schöner Mann.« Ich glaube, er hatte an diesem Tage Geburtstag und ritt nun Richtung Brandenburger Tor zum Schloß Bellevue, um die Geburtstagsfeier unter seinesgleichen zu begehen. Wie ein Spuk huschten die Reiter an uns vorbei. Und während alle um mich herum so verrückt und hysterisch waren, fing ich jämmerlich zu weinen an. Nicht aus Freude, nun auch einmal Seine Majestät gesehen zu haben, sondern weil mir in diesem Gedränge die Eltern abhanden gekommen waren. Aber sie fanden mich dann doch recht schnell wieder und trösteten mich, daß ich ja nun den schönen Kaiser auf dem herrlichen schwarzen Roß gesehen hätte. Doch dieser Druck im Magen stellte sich immer wieder ein, wenn ich bloß den Namen des Kaisers hörte. Ich wurde ihn erst los, als die Arbeiter in der Novemberrevolution Wilhelm zwo ins holländische Exil (zum Holzhacken) gejagt hatten. Aber so weit war es noch lange nicht.

Ich wuchs auf im Berliner Süden, in Kreuzberg, in der Dieffenbachstraße 73. Ich kann mich noch sehr gut erinnern, daß wir in meiner frühen Kindheit sehr oft umgezogen sind. Nicht etwa, weil wir die Miete nicht zahlen konnten, sondern weil die Wohnung für uns zu klein wurde oder nach Mutters Ansicht nicht standesgemäß genug war. Inzwischen hatte auch mein Bruder Reinhold, fünf Jahre nach mir, das Licht der Welt erblickt. Ich nannte ihn immer Reini. Nun hatte ich auch endlich einen Spielgefährten, denn auf der Straße spielen gabs für mich nicht. Meine Mutter meinte, die Kinder von der Straße könnten mich verrohen.

Mein Verhältnis zu Reini war gut. Er hat sich mir immer angepaßt. Später wurde er, wie ich, Schauspieler. Im Gegensatz zu mir hatte er nie Hemmungen, weder in der Kindheit noch im Beruf. Er konnte sehr witzig sein und Klamauk machen und hat auch gut Theater gespielt. Eine Zeitlang standen wir zusammen auf der Bühne. Damit es keine zwei Bienerts gab, nannte er sich Reinhold Bernt. Nach 1945 ging er zu Barlog an das Westberliner Schloßparktheater, wirkte später unter anderem in einer kleinen Rolle bei der Uraufführung von Peter Weiss' »Marat« im Schillertheater mit. Aber so richtig wollte es nicht mehr klappen. Er hatte wohl so eine Art Garderobenkomiker-Begabung. 1980 setzte er seinem Leben selbst ein Ende.

Obwohl ich sehr streng erzogen wurde, hatte ich dennoch eine glückliche Kindheit. Mein Vater war die Güte in Person, ein reizender, liebenswerter Mensch. Über seinen frühen Tod im Jahre 1923 kam ich sehr schwer hinweg. Er war erst

Der erste Flirt

57 Jahre, als er an Magenkrebs starb. Auch meine Mutter wollte sicher das Beste aus ihrem Gerhard machen. Aber im Gegensatz zu meinem immer Ruhe ausstrahlenden Vater, selbst wenn ich mal etwas verbockt hatte, erzog mich meine Mutter mit Hysterie und Prügeln. Diese Strenge ließ mich zu einem schüchternen Knaben werden, der so richtige Jungenstreiche gar nicht kannte. Aber in jedem noch so streng erzogenen Kind, oder vielleicht gerade deswegen, gibt es unterdrückte Wünsche, den Drang, doch dieses und jenes auch einmal auszuprobieren.

Familie Bienert unternahm wieder einmal ihren Sonntagsspaziergang. Diesmal ging es auf den Berliner Weihnachtsmarkt, der immer vom 11. Dezember bis in den Januar des neuen Jahres hinein auf dem großen Platz vor dem Berliner Schloß abgehalten wurde. Er glich in etwa dem heutigen Weihnachtsmarkt am Berliner Alexanderplatz. Allerdings mit einem großen, bedeutenden Unterschied: Viele hungernde, zerlumpt angezogene Kinder, die mit großen, wehmütigen Kinderaugen die herrlichen Naschereien und Auslagen wie eine Fata Morgana bestaunten, konnten sich damals nur sattsehen.

Wenn ich auch damals noch nicht verstand, warum ich von all den Herrlichkeiten naschen durfte, die mir Vater kaufte, und nicht diese Kinder, so taten sie mir doch irgendwie leid. In meinem Innern schlummerte bereits die Frage nach dem Warum. Sicher legten solche Begebenheiten den Grundstein für meine Liebe zu Kindern und meinen späteren Weg auf die Seite der Gerechtigkeit.

Auf dem Weihnachtsmarkt gelangten wir auch an einen großen Verkaufswagen mit herrlichen Kristallgläsern und -vasen, die wunderbar funkelten und blitzten. Ich hatte plötzlich eine abwegige Idee. Ich sagte zu meiner Mutter: »Da müßte man mal einen Stein reinwerfen.« Mein Vater nicht so sehr, um so mehr aber meine Mutter war empört über mich und meine »verbrecherische Veranlagung«. Nun wurde ich noch strenger erzogen. Dabei meinte man es gut mit mir. Vielleicht war es die richtige Mischung von Gehorsam, Zucht und Liebe.

Ich wuchs heran und kam zur Schule, besser gesagt, auf das Gymnasium in der Kreuzberger Alexandrinenstraße. Meine Mutter wollte wohl einen Musterschüler aus mir machen, denn alles wurde bei mir mit System kontrolliert, die Schularbeiten, die Hefte. Sie suchte auch meinen Lehrer auf, um etwas über meine schulischen Fortschritte zu erfahren. Als meine Mutter vom Lehrer nach Hause kam, erhielt ich als erstes ein paar deftige Ohrfeigen, ohne daß sie einen Grund dafür nannte. Ich wußte gar nicht, was los war. Ich erhielt nur die lakonische Antwort: »Warte nur, wenn Vater heute abend kommt, da kannst du etwas erleben!« Ich wußte zwar, daß Papa keineswegs der Mann war, der sein Kind verprügelte. Aber man konnte ja nicht wissen. Voller Spannung wartete ich auf Papas Nachhausekommen, denn ich wollte ja endlich des Rätsels Lösung wissen. Mutter schrie: »Ich habe mit deinem Lehrer, Herrn Hauke, gesprochen, und weißt du, was der über dich gesagt hat? Du guckst ab, hat er gesagt.« Ich war fassungslos. Ich wußte gar nicht, was das ist, abgucken. Ich Abc-Schütze war nie belehrt worden, daß man nicht abgucken darf. Wenn ich da so neben meinem Banknachbarn saß, sah ich automatisch auch mal auf seine Schultafel, wie schön er das A oder das C malte. Und ich sagte zu meiner Entschuldigung: »Mama, ich hab doch nicht gewußt, daß das Abgucken verboten ist. Ich wollte nur bei Werni sehen, ob ich es auch so schön geschrieben habe wie er.« Das glaubte mir aber keiner. Für meine Mutter kam zu meiner verbrecherischen Veranlagung à la Weihnachtsmarkt auch noch das Lügen. Dafür und natürlich hauptsächlich fürs Abgucken gab es nun doch noch Schläge. Ja, ja, ich hatte eine besessene Mutter, und besessene Mütter sind nun mal gefährlich.

Ich kann nicht sagen, daß solcherart Erziehung dazu beitrug, die Schule zu lieben. Ich war, wie man so sagt, ein Durchschnittsschüler. Sitzengeblieben wie mein Schulfreund und späterer langjähriger Berufskollege Werner Pledath bin ich nie. Ich habe von der Sexta, da war ich bereits neun Jahre alt, bis zur Prima als 17jähriger alle Klassen absolviert.

Meine Lieblingsfächer waren Physik und Mathematik sowie Sprachen, Französisch und Englisch.

In einer Mathematikstunde wurde mein Kose- bzw. Spitzname geboren, der dann in vielen Zeitungsartikeln und auch für meine Freunde zum Markenzeichen wurde. Wir nahmen in Mathe gerade Sinus und Kosinus durch. Und als dann Pause war, sagte einer zu mir: »Bienus, komm doch mal her.« Alle lachten und redeten mich fortan mit Bienus an. Werner Pledath war es übrigens, der den Namen »Bienus« dann in das Theatermilieu gebracht hat. Er stand zu Beginn der Schauspielschule hinter mir am Stundenplan und sagte: »Mensch, Bienus, bist du es?« In der Schule durch sein Sitzenbleiben getrennt, waren wir jetzt wieder zusammen. aus unserer Luisenstädtischen Oberrealschule ging eine Reihe Schauspieler hervor, so

Paul Bildt, Ernst Kahler und die großartige Grete Mosheim. Übrigens sang ich begeistert im Schulchor mit. Und nicht etwa nur Volks- und Wanderlieder, sondern auch den »Messias« von Händel. Die musische Ader hatte ich von den Eltern. Mutter spielte sehr gut Klavier und gab mir auch Unterricht. Vater sang gern. Die beiden hatten sich übrigens in einem Gesangverein kennen- und liebengelernt. Ich hatte einen Lieblingslehrer, den Herrn Dr. Willberg. Er unterrichtete Naturgeschichte. Ein großartiger Kumpel. Solch ein Lob bekam selten ein Lehrer von uns. Ansonsten bin ich immer mit einer Riesenangst zur Schule gegangen, weil mir zu Hause ungeheurer Respekt vor den Lehrern und dem Lehrstoff eingebleut wurde. Nur unter ständigem Druck und Zwang habe ich gelernt. Schön war die Schulzeit durchaus nicht!

Am Turnunterricht durfte ich nicht teilnehmen, weil irgend so ein übereifriger Hausarzt bei mir einen kommenden Herzfehler festgestellt haben wollte. Dabei habe ich nie irgendwelche Herzbeschwerden bis heute gehabt.

Dann wollte ich mit meinen Klassenkameraden den »Wandervögeln« beitreten, einer damals antibürgerlichen Bewegung, die Wanderungen durch die zu der Zeit noch heile Natur mit Gesang und Klampfe machte, man kochte im Freien und übernachtete unter freiem Himmel am Lagerfeuer. Aber meine Eltern meinten, dort könnte ich ja auf die bei anderen Anlässen schon mehrmals zitierte verbrecherische Bahn kommen. Als ich mich entschied, in eine Ruderriege einzutreten, war das elterliche Gegenargument, ich könnte ertrinken, da Wasser bekanntlich keine Balken hat.

Was blieb also noch? Ich griff zum

1906. Der Abc-Schütze Gerhard Bienert mit Bruder Reinhold

Buch und entwickelte mich somit zu einem Bücherwurm und Stubenhocker. Ich las alles mit Eifer und wilder Leidenschaft, von Schopenhauer bis Nietzsche, später auch Dramatiker wie Gerhart Hauptmann, Max Halbe, Sudermann, Ibsen, Ostrowski, Tolstoi. Über den Inhalt der gelesenen Bücher, die ich mir aus Vaters Bibliothek oder aus der Volksbibliothek entliehen hatte, machte ich mir Aufzeichnungen. Als meine Mutter wieder einmal meine Lektüre kontrollierte, damit ich auch ja nichts »Verbrecherisches« lese, wurden mir prompt alle Bücher von Nietzsche verboten. Sie hatte wohl Angst, daß ich sie nach dem Studium dieser philosophischen Lektüre besser durchschauen könnte. Also dachte ich mir ein Pseudonym aus und trug Aufzeichnungen über Nietzsche nur noch unter Fritz Niesske in mein Buch ein.

Das einzige, was mich in der Jugendzeit von den geliebten Büchern weglockte, waren die Wochenend- und Ferienbesuche in der Familienvilla in Senzig bei Königs Wusterhausen. Dort habe ich die glücklichsten Stunden meiner Kindheit verbracht. Nach Senzig zu kommen war eine lange, beschwerliche Reise. Mit der Bahn, mehrmals umsteigen, fuhr man über Zeuthen bis nach Königs Wusterhausen. Von dort ging es weiter mit einem Kraftomnibus, der nur zweimal am Tage verkehrte. War der weg, mußte man wohl oder übel die fünf Kilometer zu Fuß zurücklegen. Trotzdem war Opas Villa für mich ein erholsames Paradies, die Besuche in Senzig sind die einzige wirklich schöne Erinnerung an meine Kindheit.

Das Haus hatte etwa zehn Zimmer, drumherum ein Riesengarten. Mein Großvater, der 1835, also drei Jahre nach Goethes Tod, geboren wurde, machte sich eines Tages als junger Handwerksbursche zu Fuß von

Mit Großvater auf dem Balkon

Plauen im Vogtland auf nach Berlin und erhielt eine Arbeit bei der Firma Borsig. Dort brachte er es dann dank seines Fleißes und seines Könnens bis zum Werkmeister. Vor allen Dingen aber heiratete er ziemlich reich, eine Hausbesitzerstochter. Die hat dann mit ihrem Geld, es sollen wohl über hunderttausend Taler gewesen sein (was damals sehr viel war), das Haus in Senzig gebaut.

Und hier traf sich zu allen familiären Anlässen, zu Geburtstagen, an Wochenenden und in den Ferien, die ganze Familie.

Wir Kinder konnten dort endlich einmal nach Herzenslust umhertollen und toben. Wir spielten Indianer oder Räuber und Gendarm. Mein Vetter und ich hatten zum Schießen nicht wie heute üblich Spielzeugpistolen, sondern sammelten als Wurfgeschosse Fallobst auf. Auf dem Dach verschanzte sich die Gegenpartei, das waren die Kleinen, mein Bruder Reini und meine Cousine. Wir Großen hatten es schwer, da wir hinaufwerfen mußten. Die beiden Knirpse ließen das faulige Obst auf uns nur so herabhageln. Und wenn wir dann alle so richtig schön verdreckt waren, gingen wir im Senziger See baden, und dort endete das Spiel mit einer ordentlichen Wasserschlacht, die wir Großen natürlich gewannen.

Wieder in Berlin, begann erneut das eintönige Leben. Die Schule, das aufgezwungene Lernen und mein Hobby, das Lesen. Vielleicht erwachte durch das Lesen mein Interesse für das Theater. Und vielleicht errieten die Eltern meinen geheimen Wunsch, denn sie schenkten mir einmal zum Geburtstag ein Puppentheater. Bei unseren Aufführungen gab es keine festen Texte, mir lag das Auswendiglernen gar nicht. Alle Dialoge wurden improvisiert. Viel Beifall erhielt ich nicht, denn meistens saß nur mein Bruder Reini, ab und zu ein Cousin oder eine Cousine im Zuschauerraum.

Meine Eltern waren eifrige Besucher der großen Berliner Theater. Für das Schillertheater hatten sie ein Jahresabonnement. Nach einigem Bitten wurde ich von meinen Eltern auch einmal ins Theater mitgenommen. Ich war etwa acht Jahre alt und sah »Max und Moritz« nach Wilhelm Busch. Von dieser Theatervorstellung ist mir eigentlich nur haften geblieben, daß die beiden Lausbuben Max und Moritz so hügelig gewölbte Hemden trugen. Daß diese Jungenrollen von Mädchen gespielt wurden, dahinter kam ich erst einige Jahre später.

Als etwa Vierzehnjähriger wurde ich von den Eltern erstmals in eine Abendvorstellung mitgenommen. Es war ergreifend und ungeheuer aufregend. Der Vorhang ging hoch, und ich erlebte die Schauspieler, von denen meine Eltern und die Verwandtschaft schwärmten, auf der Bühne. In Stücken, die ich so inbrünstig gelesen hatte. Unbewußt haben die Eltern in mir die Liebe zum Theater geweckt, obwohl es keineswegs ihr Wunsch war, daß ich einmal Schauspieler werden sollte. Bei Bruder Reini war das etwas anderes. Aber von mir wußten die Eltern, daß ich recht schüchtern und Erwachsenen gegenüber ziemlich gehemmt war. In der Schule ratterte ich die mit Mühe eingepaukten Gedichte ohne jede Betonung herunter, um nur schnell fertig zu werden. Kein Wunder also, daß ich die Eltern nicht auf meiner Seite hatte.

Doch mein Herz schlug nun mal für das Theater. Als ich etwa 16 Jahre alt war, begann ich das Taschengeld zu sparen, um ins Theater gehen zu können. Natürlich reichte das Geld nur für Galerie- und Stehplätze, aber was machte das schon. Ich habe wohl auf allen Stehplätzen des Deutschen Theaters, des Großen Schauspielhauses, des Lessing-Theaters, des Theaters in der Königgrätzer Straße, des Staatstheaters am Gendarmenmarkt und der Volksbühne gestanden. Und um dann für meine 80 Pfennig wenigstens einen vorderen Galerieplatz zu bekommen, bin ich immer schon eine Stunde vor Kassenöffnung hingegangen. Über diese ersten Begegnungen mit den Großen der Berliner Theater habe ich in meinem Tagebuch einmal einen Abschnitt geschrieben, den ich dem Leser nicht vorenthalten möchte.

»Noch heute höre ich Theodor Beckers metallisch dröhnendes Organ in meinem Ohr, als er den Coriolan im Staatstheater spielte, neben ihm die unvergeßliche Agnes Straub als seine Mutter. Noch heute bekomme ich eine Gänsehaut, oder sagen wir einen weihevollen Schauer in der Zwerchfellgegend, wenn ich mal zu den mit rotem Samt bezogenen Metallstangen an der Galeriebrüstung im Deutschen Theater, oben im zweiten Stock, hinaufpilgere, an denen ich so oft früher drei Stunden und mehr gestanden hatte. Was hatte man da für Erlebnisse! Es waren mit die größten meines Lebens. Max Pallenberg als Rentier Krüger und Else Lehmann als Mutter Wolffen im ›Biberpelz‹, Winterstein als Jago neben Wegener als Othello, Bassermann als Konsul Bernick. Oder genauso großartig im Theater in der Königgrätzer Straße Maria Orska und Ludwig Hartau in den Strindberg-Stücken ›Rausch‹, ›Ostern‹, ›Königin Christine‹, ›Traumspiel‹, ›Der Vater‹! Dann Waßmann als Junker Bleichenwang –

1915. Kurz vor der Einberufung

Ich gehe jetzt in das Wohnzimmer der Großeltern, die dort gerade in Familia frühstücken. Ich werde die Tür aufmachen und hineingehen. Und von dem Moment an, wo ich das Zimmer betrete, ist alles Theater. Theater, was ich sage, was die dann sagen. Das ganze Leben in der Villa ist nur noch Theaterspiel. – So hab ich mir über meine Hemmungen hinweggeholfen und mir das Leben interessant gemacht. Außenstehende hätten meinen können, ich sei begabt, begabt fürs Theater. Doch so weit war es noch nicht.

Ich war 16 Jahre, als der erste Weltkrieg ausbrach. Weder der Pauker an unserer Oberrealschule, der, wie ein Professor Unrat aus Heinrich Manns Roman, uns mit hysterischen Reden über Kaisertreue und Vaterlandspflicht beballerte, noch die flammenden Zeitungsartikel von Gerhart Hauptmann und Thomas Mann in der Vossischen Zeitung konnten mich für den Krieg begeistern. Zwei meiner Vettern ließen sich wie andere Bekannte auch von dem Taumel mitreißen und meldeten sich als Freiwillige. Nach drei Wochen waren sie bereits im Gaskrieg an der Westfront gefallen. Ich konnte nicht verstehen, daß Millionen junger Menschen sich so mir nichts dir nichts abschlachten ließen, nur für des Kaisers Nibelungentreue. So schrieb ich denn als kleiner Unterprimaner an meinen Freund Ewald Tscheck mit sechzehnjähriger Ehrlichkeit: »Jetzt geht diese kindische Keilerei wieder los.«

unvergeßliche Erlebnisse. Was lag da näher, als Schauspieler zu werden!«

Das Talent meiner Mutter, andere Menschen geistreich zu unterhalten, kam in mir immer mehr durch. Sie war eine hochbegabte Frau, sie war eine wahre Unterhaltungskünstlerin. Mutter konnte im Familienkreis, besonders anläßlich der Familientreffen in der Villa Senzig, ungeheuer gut formuliert erzählen und charakterisieren. Es war immer ein Genuß, sie anhören zu dürfen. Diese Begabung haben wohl mein Bruder und ich von ihr geerbt.

Ich versuchte es ihr nachzumachen. Der große Wohnraum der Villa bot sich dafür an. Um meine Hemmungen, mein Rotwerden zu bekämpfen (die Eltern sagten immer: »Ach, der Gerhard wird schon wieder rot«), stellte ich mir folgende Aufgabe:

Bewegte Jugend mit etwas Glück

Ich konnte mir ausrechnen, wann auch ich in den Krieg ziehen mußte: spätestens 1916, wenn ich 18 bin. Da arbeitete ich mir folgenden Schlachtplan aus: Jetzt, 1915, bin ich 17 Jahre und kann mich bereits freiwillig als Rekrut melden. Das hat den Vorteil, daß man sich als Freiwilliger das Regiment selbst aussuchen kann. Nun die Wahl des Regimentes. Natürlich mit dem Hauptgedanken, das Regiment mit den größten Überlebenschancen zu finden. Ich sagte mir, die Vettern sind als Gardeinfanteristen an der Westfront gefallen. Also gehe ich nicht an die Westfront, wo es so furchtbare Verluste gibt. Die Infanterie schien mir auch nicht empfehlenswert. Ich meldete mich für die Kavallerie, denn die war überwiegend im Osten, also in Rußland, eingesetzt. Und da war »nur« Stellungskrieg. Außerdem bekräftigte ein Soldatenlied meinen Entschluß, in dem es heißt: »Im Westen kämpft ein tapferes Heer, im Osten kämpft die Feuerwehr«. Ich dachte mir, daß dort der Krieg bald zu Ende sei. Außerdem mußte ich erst einmal ausgebildet werden, und bei der Kavallerie dauert die Ausbildung am längsten.

Ich wurde also Kavallerist im 18. Dragonerregiment in Parchim in Mecklenburg. Ich meldete mich zu jedem Kursus im Regiment, bloß um nicht so schnell an die Front zu kommen. Aber meine Rechnung ging nur zum Teil auf.

Unser Regiment wurde in die russischen Rokitno-Sümpfe bei Pinsk verlegt. Es war Gott sei Dank ein nicht sehr gefährlicher Stellungskrieg, aber dennoch schrecklich zermürbend. Fast zwei Jahre verbrachte ich dort in den Unterständen. Nach einiger Zeit wurde ich, wer weiß warum, zum Gefreiten befördert und zur Leitstelle des Kavallerie-Schützenregiments versetzt. Und ohne mein Zutun wurde ich wenig später Unteroffizier. Schließlich bot man mir an, einen Offizierskursus zu besuchen. Nach einem kurzen, recht inhaltslosen Lehrgang in Vilna (heute Vilnius) war ich als blutjunger Mensch frischdekorierter Leutnant Seiner Majestät. Nur nach und nach kam ich dahinter und konnte mir meine steile Karriere erklären. Man bildete uns wohl aus, um nach dem Krieg (sofern man ihn überlebte) geschulte, disziplinierte, kaisertreue Leute für die verschiedensten Arbeiten zu haben.

Eines Tages wurden alle im Osten eingesetzten Kavallerieregimenter, so auch unseres, in die Ukraine verlegt. Gekämpft wurde schon lange nicht mehr. Wir waren sozusagen eine Polizeitruppe. Meine ganze »Kriegshandlung« bestand darin, daß ich ab und an mit drei Kavalleristen in das Dorf ritt und dem Dorfobersten klarmachte, er möchte sein Dorf hübsch in Ordnung halten. Meine Französischkenntnisse vom Gymnasium leisteten mir dabei gute Dienste, denn der Adel und das Bürgertum in Rußland sprachen neben Russisch natürlich Französisch.

Eines Tages hieß es, alle nicht mehr kämpfenden deutschen Regimenter würden nach entbehrlichen Offizieren durchgekämmt, weil man Offiziere für die Westfront brauche. Und tatsächlich kam auch für unser Regiment der Befehl. Ich hatte gerade auf der Bahnstation Wache. Der Telegraf begann zu rattern, und ich war der erste, der das Telegramm lesen konnte: Es sind alle irgendwie entbehrlichen Offiziere namhaft zu machen und in Marschbereitschaft zu halten.

So ähnlich lautete der Text.
Nun war ich mit meiner ganzen
Strategie und Taktik am Ende.
Jetzt gehts also doch noch ab
an die Westfront, direkt ins
Massengrab.
Durch einen glücklichen Zufall war
mein Name nicht auf der Marschliste.
Ich konnte bleiben. Ich, der
Primaner, Abiturient und Leutnant
Gerhard Bienert aus Berlin.
Ich blieb am Leben!
Nach der Unterzeichnung des
Friedens von Brest-Litowsk am
3. März 1918 gab es für mich einen
ruhigen Etappenaufenthalt in der
Ukraine. Dort wurden wir von
Petljura-Leuten entwaffnet.
Eigenartigerweise ließen sie uns
den langen Säbel, obwohl der doch
auch eine Waffe darstellt.
Dann kam die Nachricht, der Krieg
sei für uns verloren, und einige
Zeit später auch die erlösende,
lang ersehnte Mitteilung, daß der
barbarische Krieg zu Ende ist.
Unsere Freude, vom einfachen
Soldaten bis zu fast jedem Offizier,
war groß.
Wir fuhren in Güterwagen zuckelnd
von Station zu Station Richtung
Heimat und benötigten etwa drei
Wochen für die Rückreise. Mit
Rucksack und besagtem langem Säbel
kam ich zu Hause an, in meinem
geliebten Berlin. Es war in der
zweiten Hälfte des Januars 1919,
in den Tagen nach der Ermordung
von Karl Liebknecht und Rosa
Luxemburg. Als mich die Eltern der
versammelten Verwandtschaft in
Senzig als Leutnant der Reserve
vorstellten, ich aber in einem
Gespräch äußerte, daß die Bluttat
an Liebknecht und Luxemburg in
meinen Augen ein furchtbares
Verbrechen ist, waren alle empört,
wie ein Offizier so denken könnte.
Aber die Onkel und Tanten waren
weder verbohrt noch gehässig und
duldeten so einen Verrückten wie
mich in der Familie.
Ich war sehr sparsam, und viele
Gelegenheiten zum Geldausgeben
hatte ich auch nicht gehabt, so
hatte ich es zu Kriegsende von
meinem Sold zu einem Vermögen von
rund 3000 Reichsmark gebracht,
das ich später nicht sehr gut für
meine Ausbildung gebrauchen konnte.
Daß die Freude über meine wohl-
behaltene Rückkehr im Familienkreis
groß war, brauche ich sicher nicht
extra zu betonen. Und natürlich
waren die Eltern stolz auf ihren
Sohn, der es immerhin bis zum
Leutnant gebracht hatte. Doch der
Kaiser brauchte keine Leutnants
mehr. Er hatte vor den revolutionären
Arbeitern und Soldaten der
Novemberrevolution Reißaus
genommen.
Mit der nun erneut zur Debatte
stehenden Berufswahl war das
wieder so eine Sache. Arbeitslose
Offiziere, die wie ich nichts
gelernt hatten, gab es in Hülle und
Fülle. Deutschlands Arbeitslosen-
heer war groß.
Mein Vater wollte, daß ich
Oberlehrer werden solle. Erstens
war das nach seiner Meinung ein
anständiger Beruf, und zweitens war
einem im Alter eine Pension
sicher (er selbst hatte keine
in Aussicht). Es war schon rührend,
wie er sich um meine Zukunft
sorgte. Aber die Erinnerung an
meine furchtbare Schulzeit ließ
mich den Lehrerberuf regelrecht
hassen. Als ehemaliger Kriegs-
teilnehmer erwarb ich nun erst
einmal das bei der freiwilligen
Meldung zum Soldaten versprochene
Abitur.
Gemeinsam mit einem gewissen
Herrn Stumm (dem späteren Polizei-
präsidenten von Westberlin in
den 50er und 60er Jahren) und einem
Herrn Zirpel mußte ich eine
schriftliche Abschlußprüfung
ablegen. Die mündlichen Prüfungen
wurden uns geschenkt.
Ende Januar 1919 gab es dann
nochmals eine ernsthafte Aussprache
über meinen künftigen Beruf.
Wir schlossen einen Kompromiß,
indem ich mich für ein Bibliothekar-
Studium entschied. Schließlich
willigte auch mein Vater ein.
Ich ließ mich an der Berliner
Friedrich-Wilhelm-Universität,
der heutigen Humboldt-Universität,
einschreiben und belegte Germanistik-
und Philosophievorlesungen.
Monat für Monat stieg ich die
Steintreppe der Universität hinauf
zum ersten Obergeschoß und ging
im linken Seitenflügel den grauen
Gang entlang zum Vorlesungsraum.
Ich habe diesen dunklen, großen
Saal, mindestens fünf bis sechs
Meter hoch, eigentlich nie geliebt.
Natürlich gab es nach der Novemberrevolution an der Universität so
etwas wie einen Studentenrat.
Aber das eigentliche Sagen hatten
nach wie vor die alten Herren
Geheimräte und Professoren, die
noch vor wenigen Monaten in einem
Brief an den Chef des deutschen
Admiralsstabes von Holtzendorff
den verschärften U-Bootkrieg
gefordert hatten. Mit »ehrerbietigst«
unterschrieben damals etwa 15 bis
20 Universitätsprofessoren diesen
Brief. Der chauvinistische Ungeist
unter den deutschen Intellektuellen
war auch nach dem Krieg noch nicht
gebrochen. Kein Wunder also, daß
sich eines Tages ein bekannter
Professor, der Herr Geheimrat Roethe,
an mich, den Leutnant der Reserve,
mit der Bitte wandte, ich solle
mich doch als junger Offizier
in eine Liste eintragen für den
Fall, daß junge, erfahrene Offiziere
wieder gebraucht werden. Er wußte
wahrscheinlich schon von einem
bevorstehenden Rechts-Putsch.

Ich sehe noch heute sein erschrockenes Gesicht, als ich ihm erwiderte, daß für mich jegliche Kriegsspielerei und Waffengewalt für immer ein Ende habe. Er entschuldigte sich zwar bei mir, aber von da an wußte ich, daß ich bei ihm garantiert durch das Examen fallen würde.
Nach Vorlesungsschluß fanden sich einige Kommilitonen zusammen und spielten Theater. Als Studententheater konnte man das sicher nicht bezeichnen. Aber es reichte aus, daß meine Theaterleidenschaft wieder erwachte. Wir spielten »Jugend« von Max Halbe und »Frühlings Erwachen« von Wedekind. Ich war der Melchior Gabor, der mit den bekannten Worten »Hier folgt mir die Meute nicht« über die Kirchhofsmauer springt. Meine Kommilitonen meinten, ich würde sehr gut spielen. Ich kam auch beim Studentenpublikum an und erhielt den ersten Beifall. Mein Selbstvertrauen stieg. Der alte Wunsch, Schauspieler zu werden, war nun aufs neue entflammt und festigte sich immer mehr. Das Studium langweilte mich.
Als ich zwei Semester studiert hatte (auf dem Papier allerdings fünf, die Kriegsteilnahme wurde als mehrere Semester angerechnet), beschloß ich, mich in einer Schauspielschule zu erkundigen, wie man auf die Bretter, die auch mir die Welt bedeuteten, gelangen konnte. Insgeheim schwelgte ich schon in Träumen, einmal so wie Max Pallenberg oder Werner Krauss zu werden. Das waren meine Idole. Ich ging heimlich, ohne Wissen der Eltern, zur Volksbühne am heutigen Luxemburgplatz. Dieses neue Theater war 1914 aus Arbeitergroschen errichtet worden. Man verwies mich an den damals schon recht bekannten Dramaturgen Julius

Als Leutnant der Kavallerie. 1918

Bab. Er war ein untersetzter Herr mit mahagonifarbenem Vollbart, einer randlosen Brille, ärmlich, um nicht zu sagen schlampig angezogen. Er war nicht besonders freundlich und strahlte nichts Mutversprechendes aus, als er mich nach meinem Wunsch fragte. »Ich möchte gerne zur Bühne und mich an Ihrer Schauspielschule bewerben«, war meine Antwort. Ich war selbst erstaunt, wieviel Mut ich aufbrachte. »Was können Sie vorsprechen?« fragte er mich. All meine Hemmungen erwachten wieder. »Wieso muß man das vorsprechen? Ich dachte, ich werde in die Vorstellungen eingereiht und kann einfach so mitarbeiten, und da wird man schon sehen, ob ich talentiert bin.«

So simpel dachte ich mir damals den Weg zur Bühne. Bab meinte: »Nein, so einfach ist das nun doch nicht, junger Mann. Sie müssen schon etwas vorsprechen. Können Sie denn gar keine Texte? Na, dann müssen Sie eben etwas einstudieren und noch einmal wiederkommen.« Ich wollte schon gehen, als Bab doch irgendwie neugierig wurde und fragte, an was für Rollen ich denn so gedacht hätte. »Am liebsten Rollen aus der Dostojewski-Lektüre oder Balzac, am liebsten Rollen, die tragisch und komisch zugleich sind.« Offensichtlich bemerkte er meine Unsicherheit. Aber er schaffte es doch nicht, daß ich etwas vorsprach. Ich bekam immer mehr Hemmungen. Ich machte mich auf den Weg nach Hause mit nur einem Gedanken: Zu dem gehe ich nie wieder!
Aber ich gab nicht auf. Zusammen mit Freunden von der Theatergruppe der Universität lernte ich in den nächsten Tagen einige Rollen. Als sie meinten, ich hätte den Text recht gut drauf, begab ich mich zur Schauspielschule des Deutschen Theaters in der Schumannstraße. Diese wurde geleitet von Berthold Held, einem im Gegensatz zu Bab sehr freundlichen, eleganten Herrn, einem Jugendfreund Max Reinhardts.
Und anders als bei dem unnahbaren und wortkargen Julius Bab faßte ich zu Held gleich großes Vertrauen. Für den Vorsprechtermin, der auf einen Tag im Juli 1919 festgelegt wurde, bot ich drei Möglichkeiten an: Den Schüler Melchior Gabor in der Schlußszene aus »Frühlings Erwachen«, die mir in den Studentenaufführungen am besten gelungen war. Dann den bekannten Hamlet-Monolog »Oh schmölze doch dies allzu feste Fleisch«, und schließlich den Shylock aus »Der Kaufmann von Venedig«.

Zum vereinbarten Vorsprechtermin begab ich mich in die erste Etage der Kammerspiele des Deutschen Theaters. In den Räumen über dem Theatereingang war damals die Schauspielschule untergebracht. Heute sitzt dort zur Linken der Intendant Dieter Mann, und rechts davon befindet sich das Max-Reinhardt-Zimmer.
Es war ein sehr heißer Sommertag, und im Vorraum warteten bereits etwa 15 schwitzende und aufgeregte Kandidaten. Aus dem Nebenraum hörte ich mal mehr oder mal weniger laut schrille, unnatürliche Schreie, die von den dort Deklamierenden kamen. Ich muß nicht betonen, daß meine Hemmungen wieder einsetzten, besonders in dem Moment, als mein Name aufgerufen wurde und ich in den Prüfungsraum eintrat.
Mein Blick streifte über die Prüfungskommission und blieb auf dem Monokel Eduard von Wintersteins hängen. Ihn hatte ich erst wenige Tage zuvor in einer »Faust«-Aufführung des Deutschen Theaters gesehen, mit Paul Wegener als Mephisto und Lucie Höflich als Gretchen. Ich erkannte noch Berthold Held, den Leiter der Schauspielschule, und Professor Gregori. Ich sollte zuerst den Melchior Gabor sprechen. Nach einigen Sätzen unterbrach mich Held und wollte nun den Shylock hören, obwohl ich einwandte, jetzt käme doch erst die schöne Stelle, bei der man voll aus sich herausgehen könne. Aber ihm genügte es, so auch bereits auf halber Strecke beim Shylock. Nach dem Hamlet-Monolog fragte keiner mehr.
Ich glaubte nun, alles sei umsonst gewesen und der Traum vom neuen Beruf wäre bereits ausgeträumt. Noch lange hatte ich die lakonischen Abschiedsworte im Ohr, die Held wohl jedem sagte: »Danke, Sie bekommen Bescheid.« Völlig niedergeschlagen ging ich nach Hause. Das Warten war unerträglich. Konnte ich auf eine positive Antwort hoffen?

Das Große Schauspielhaus Berlin

Nach vierzehn Tagen kam eine Postkarte mit dem Bescheid: »... angenommen als Schüler der Schauspielschule von Max Reinhardt.«
Ich, Gerhard Bienert, der Primaner, der Leutnant der Reserve, der Student an der Friedrich-Wilhelm-Universität, der Melchior in »Frühlings Erwachen« im Studententheater, hatte mein langersehntes Ziel erreicht. Ich durfte die Kunst des Schauspielens erlernen – und blieb mein ganzes Leben lang der Bühne treu.
Nun erst erzählte ich alles meinen Eltern. Sie waren sichtlich erschrocken. Mutter faßte sich als erste und sagte: »Du, Gerhard, willst zum Theater? Bei deinem Bruder Reini könnte ich mir das schon eher vorstellen, aber bei dir, Gerhard, nein.«
Der Vater allerdings bewunderte meine Energie und Zielstrebigkeit. Er hätte mich natürlich immer noch lieber als Oberlehrer gesehen, aber ich tröstete ihn damit, daß man ja auch als Schauspieler die Menschen auf künstlerische Weise etwas lehren könne. Vater hatte noch einen zweiten Einwand: daß mir dann ja nie mehr ein freier Abend bliebe. Doch dieses Argument zog bei mir ebenfalls nicht. Und so fand sich denn mein lieber Vater schließlich doch mit der Entscheidung ab. Allerdings meinte er, es wäre gut, wenn ich nebenbei wenigstens noch Germanistik oder Philosophie studieren würde. Damals habe ich es ihm zwar versprochen, dann jedoch nie mehr daran gedacht.
Damit, daß Vater mein Schauspielstudium finanziert, brauchte ich allerdings nicht zu rechnen. Zwei Jahre Schauspielunterricht kosteten damals etwa Zweitausendfünfhundert Reichsmark. Ich zahlte sofort die gesamte Summe von meinem Ersparten für zwei Jahre Ausbildung ein. Das war mein Glück, denn nach zwei Jahren kam die Inflation. Mein Geld wäre nicht einmal mehr eine Straßenbahnfahrt wert gewesen.
Die Schauspielschule war indessen leider nicht mehr das, was sie in ihren Werbeprospekten versprach. Denn Eduard von Winterstein gab keinen Unterricht mehr. Max Gülstorff bekam man als Lehrer auch nicht zu Gesicht. Und Max Reinhardt, der eigentliche Leiter der Schule, gab in seiner Wohnung auf sehr eigenwillige Art Schauspielunterricht. Ein Beispiel: einmal hatte ich mich spätabends, etwa gegen 23 Uhr, nach einer Vorstellung im Großen Schauspielhaus, in der ich als Komparse mitwirkte, neben einer Reihe namhafter Künstler in der Villa Max Reinhardts am Berliner Kupfergraben einzufinden. In diesem schloßähnlichen Gebäude mit einem großen, wunderschönen Garten wurde für Shakespeares »Sommernachtstraum« geprobt. Thea Maria Lenz war da, Werner Krauss (Thispe), Paul Hartmann (Lysander), Wilhelm Dieterle (Demetrius), Helene Thimig (Titania) und Gertrud Eysoldt, die den Puck spielte. Aber ist sie nicht schon Pucks Großmutter, dachte ich so bei mir. Denn mit damals über Fünfzig war sie für diese Rolle wohl nun doch zu alt geworden. Von 1901 bis 1921 gab es bei Reinhardt nur eine, die den Puck spielen durfte, nämlich die Eysoldt. Dabei war sie in den letzten Jahren bei weitem nicht mehr so brillant wie früher. Aber der gutmütige Max Reinhardt ließ sie weiterspielen, aus Freundschaft zu ihr, und sicher auch, weil die Eysoldt die Lebensgefährtin seines Bruders Edmund war. Übrigens,

der Sohn von Edmund Reinhardt und Gertrud Eysoldt, Peter Eysoldt, hatte ebenfalls schon beachtliche Erfolge im Großen Schauspielhaus. Mir bot Reinhardt die Rolle des Philostrat an, des Haushofmeisters. Ich als junger Mensch soll einen alten Haushofmeister spielen, dachte ich, na, ist egal.
Ich sagte also meinen Text auf, der mir ziemlich schwerfiel. Reinhardt nickte nur bedächtig, aber sagte kein Wort. Um Gottes willen, dachte ich, bin ich denn so schlecht gewesen? Meine Zweifel habe ich dann aber bald über Bord geworfen, als ich mit all den großen Mimen im »Sommernachtstraum« gemeinsam auf der Bühne stand. Der Richtigkeit halber muß ich allerdings sagen, daß den Philostrat in den ersten Wochen nach der Premiere ein anderer spielte. Bei Reinhardt war es damals so, daß die ersten 50 bis 60 Aufführungen von der Großen der Bühne en suite gespielt wurden, und so nach und nach, wenn es die Stars über hatten oder Filmverpflichtungen riefen, kamen die Zweitbesetzungen an die Reihe.
Ich hatte meine Auftritte während der Sommerdirektion. Ein gewisser Direktor Sladek hatte da das Große Schauspielhaus und die Inszenierung von Reinhardt für einige Wochen gepachtet. Neben mir spielte Fritz Rasp die Thispe. Später stand ich im »Sommernachtstraum« auch als Demetrius auf der Bühne.
Nach den Proben in seiner Villa erzählte uns Reinhardt eine nette Geschichte über den Kollegen Paul Biensfeldt: Biensfeldt sollte den Malvolio in »Was ihr wollt« von Shakespeare spielen. »Herr Professor«, sagte er daraufhin zu Reinhardt, »diese Rolle kann ich nicht spielen.« Auf die Frage, warum denn nicht, meinte Biensfeldt:

»Aber Herr Professor, die Rolle ist doch viel zu klein für mich! Was soll die Welt sagen, wenn ich nach bisher so guten und großen Rollen plötzlich so etwas spiele!« Da lachte Max Reinhardt und sagte zu Paule Biensfeldt: »Sehn Sie, so muß ein Schauspieler sein. Was soll die Welt sagen? Jetzt tobt der Weltkrieg, überall schießen die Kanonen, die Menschen sterben zu Abertausenden. Und hier will mir ein Schauspieler klarmachen, wenn er diese Rolle spielt, wird die Welt sterben.«
Uns Schauspielschüler hat man damals viel gelehrt. Da gab es Stimmlehrer, Atemlehrer und natürlich auch Sprecherzieher. Oft trat der Leiter der Schauspielschule, Berthold Held, selbst vor unsere Klasse. Er war ein reizender Mensch und uns jungen Leuten gegenüber sehr aufgeschlossen. Für meine Begriffe hatte er jedoch eine etwas zu altmodische Auffassung vom Theater. Er spielte uns die Rollen so vor, wie es im vergangenen Jahrhundert bei Josef Kainz üblich war. Gott sei Dank spielte man am Deutschen Theater schon längst nicht mehr so. Ich denke dabei besonders an das lange R mit rrrollenderrrr Zunge. Was wir in der Schule nicht mitbekamen, hat uns dann später die Praxis des Theateralltags beigebracht. Auch das intensive Rollenstudium habe ich erst später gelernt, und bis heute fällt es mir oft sehr schwer.
Und so etwas gibt es heute am Theater auch schon längst nicht mehr: daß man nur seinen Text mit den notwendigen Stichworten für den Auftritt bekam, daß bei Proben die großen Mimen grundsätzlich fehlten. Heute ist das Stückeproben Teamarbeit. Jeder Künstler ist anwesend. Der Regisseur

bespricht im Kollektiv Inhalt, Sinn und Ausdrucksmöglichkeiten des Stückes, und das nicht nur einmal.
Geprobt wie zu Zeiten von Reinhardt und Piscator von frühmorgens bis in den späten Abend wird auch nicht mehr. Dafür sorgt schon die Gewerkschaft.
An der Schauspielschule lernte ich auch Werner Hinz kennen, der leider auch schon (im Jahre 1985) von uns ging und vielleicht vor den Göttern ein herrliches Theater spielt. Nie werde ich vergessen, was uns mit Hinz im Jahre 1922 passierte. Es war während des Schauspielerstreiks, zu dem der Präsident der Bühnengenossenschaft, Martin Rickelt, und sein Stellvertreter, Karl Wallauer, aufgerufen hatten. Fast alle Schauspieler Berlins beteiligten sich. In einem großen Saal am Bahnhof Zoologischer Garten, ich glaube, es war der gerade neueröffnete Zoopalast, hielt Rickelt eine flammende Rede gegen die Berliner Theaterdirektoren.
Der Streikführer am Deutschen Theater war ein gewisser Ludwig Körner. Diesen Namen habe ich mir gemerkt!
Also, sämtliche Berliner Bühnen spielten nicht mehr. Um jedoch den Streik zu finanzieren, traten wir vom »Deutschen« zum Beispiel in einem Saal der Bötzow-Brauerei am Prenzlauer Berg mit Schillers »Kabale und Liebe« auf. Es spielten dieselben Schauspieler mit, die sonst auf der Bühne des DT standen. Werner Krauss als Wurm, Paul Hartmann als Ferdinand, Max Gülstorff als Hofmarschall von Kalb, Heinrich George als der alte Miller. Nur eine Ausnahme gab es: Luise Millerin. Diese wurde sonst von Helene Thimig gespielt. Als Ehefrau des Unternehmers und

Im ersten Stock der Kammerspiele: Die Schauspielschule des Deutschen Theaters

Theaterdirektors Max Reinhardt, gegen den sich ja dieser Streik unter anderem auch richtete, durfte sie natürlich nicht mitspielen. Ihre Rolle übernahm Renée Stobrawa. Erich Fiedler, Werner Pledath, Werner Hinz und ich waren in Nebenrollen dabei. Ohne sein Ziel zu erreichen – ich glaube, die wenigsten kannten es – ging dieser eigenartige Streik zu Ende. Lediglich unser Streikleiter, Herr Körner, konnte einen Erfolg verbuchen. Er wurde danach in Max Reinhardts Wiener Theater in der Josefsstadt Geschäftsführer! Am letzten Tag des Streiks lud uns der Direktor der Brauerei zu einem Umtrunk ein, der dann in der Villa von Werner Krauss seine Fortsetzung fand. Krauss war ja dafür bekannt, daß er gerne einen zur Brust nahm. Nach dieser Sause suchte man stundenlang Werner Hinz. Am anderen Morgen fand man ihn dann eingeschlossen und den Rausch ausschlafend in der Toilette von Krauss.

Mit Werner Hinz habe ich nach Ende des zweiten Weltkrieges bis 1950 auf der Bühne des wiedereröffneten Deutschen Theaters noch oft gemeinsam gespielt.

Einem viel größeren Kreis von Menschen ist Hinz sicher als Filmschauspieler bekannt, so in »Herz der Welt«, »Feuerwerk«, »Buddenbrocks«, »Felix Krull« oder »Rheinsberg«. Bei der DEFA spielte er in den »Buntkarierten« und im »Biberpelz«.

Zu meinen Studienfreunden gehörte Werner Pledath, der später Mitglied der Gruppe junger Schauspieler wurde. Auch er ist neben seinen unzähligen Rollen am Deutschen Theater aus DEFA-Filmen bekannt, u. a. dem »Rat der Götter«.

Bertha Drews, die spätere Frau von Heinrich George, war ebenfalls in meinem Jahrgang an der Schauspielschule. Ich dachte immer: »Mensch, das ist ja toll, wie die sich bemüht.« Sie war schon damals

sehr routiniert, und ich wünschte mir: so wie die möchte ich sprechen können. Aus der Drews wurde dann ja auch eine großartige Charakterdarstellerin, sowohl im Theater als auch in vielen Filmen.
Die Drews war allerdings nicht in meiner Klasse, sondern Privatschülerin von Berthold Held, genau wie Marianne Hoppe, die spätere Frau von Gustaf Gründgens. Mit der liebenswerten Marianne Hoppe habe ich auch zweimal auf der Bühne gestanden. Mit ihrer Schauspielkunst, ihren herrlich schönen Gesichtszügen verzauberte sie nicht nur das Publikum, sondern beflügelte auch ihre Partner zu schauspielerischen Höchstleistungen. So ganz im geheimen war ich damals in Marianne verliebt. Aber ich habe mich nie getraut, ihr mein Herz zu offenbaren.
Dann war in meinem Schuljahrgang noch einer, genauso unbekannt wie wir. Er hieß Willy Fritsch. Jedermann weiß heute, daß der gute alte Willy in die deutsche Filmgeschichte als Teil des Traum-Liebespaares Willy Fritsch/Lilian Harvey eingegangen ist. In wie vielen Filmen hat ihn die Damenwelt bewundert und umschwärmt, so in »Der Kongreß tanzt« und »Die drei von der Tankstelle«! Es sind Filmlegenden geworden. Aber so weit war das damals mit Willy noch nicht. Zunächst stand er genau wie ich im Greisenchor der »Orestie« auf der Bühne des Großen Schauspielhauses.
Willy war ein reizender Bursche, immer auf Lachen und Ulk bedacht. So stand er mir einmal im besagten Greisenchor gegenüber und lachte und lachte. Ich sagte zu ihm: »Mensch, Willy, bist du total verrückt? Wie kannst du hier auf der Bühne während der Vorstellung lachen, das ist doch ein ernstes Stück!« Willy erwiderte: »Guck dir doch mal deinen Bart an!« Der war mir völlig nach links gerutscht. Soweit mein alter Freund Willy Fritsch.
Das Schönste an der Schauspielschulzeit waren die Abende. Wir durften als Komparsen in den Vorstellungen mitwirken. Und das war fast jeden Abend auf einer der fünf Reinhardt-Bühnen von Berlin der Fall, meistens jedoch im Großen Schauspielhaus.
Für diese Riesenbühne brauchte man Volksmassen.
Großes Schauspielhaus, Am Zirkus 1, das war einst der Zirkus Schumann, der 1918 Pleite ging. Max Reinhardt, damals der Theaterkönig Berlins, war es, der seine Pläne für die Verwirklichung eines Riesenvolkstheaters durchsetzte.
Er kaufte dem alten Zirkusdirektor Schumann den Grund und Boden samt Zirkusbau für 2,75 Millionen Reichsmark ab. Am 1. April 1918 hieß der neue Eigentümer: National-Theater AG.
Hans Poelzig, Professor an der Technischen Hochschule Dresden, baute den Zirkus Schumann in Reinhardts Großes Schauspielhaus um. Dem Berliner war dieser Name jedoch viel zu steif. Die von Poelzig entworfene Deckenverzierung ließ das Haus im Volksmund als »Tropfsteinhöhle« bekannt werden. Das kunstvolle Deckenwerk, dem das Riesentheater auch seine ausgezeichnete Akustik verdankte, wurde dann von den Nazis als »entartete Kunst« entfernt. Doch zunächst wurde hier Theater gespielt, wie es in Europa seinesgleichen suchte. Das alte, ehrwürdige Haus wurde ein wichtiger Teil meines künstlerischen Lebens. Reinhardts Aufführungen spielten nicht nur auf der Bühne, sondern auch in der Arena inmitten der Zuschauer, also dort, wo dann im Friedrichstadtpalast die Parkettsitze waren. Und ich huldigte all den großen Mimen, so Alexander Moissi, unvergleichlich als Hamlet wie als Marc Anton. Ich verneige mich noch heute ehrfurchtsvoll vor dem Schauspieler (!) Werner Krauss. Als Mensch wurde er ein furchtbarer Antisemit, der sich voll den braunen Machthabern verschrieb. Er war *der* Shylock im »Kaufmann von Venedig«, *der* Franz Moor in Schillers »Räubern«. Werner Krauss, der auf der Bühne und beim Film meistens klassische tragische Rollen spielte, war ein oft zu Späßen aufgelegter Künstler. Er mischte sich, wenn er gerade keinen Auftritt hatte, unter die Kleindarsteller und brachte so manch einen Kollegen mit zusätzlichen Texten, die das Publikum zum Glück nicht hören konnte, zum Lachen. So schickte Krauss dem auf der Bühne stehenden Eugen Klöpfer während der Vorstellung einen Jungen, den er einfach von der Straße für ein paar Groschen geholt hatte, mit einem Zettel. Dieser Junge sollte nur ein Wort laut sagen und Klöpfer einen Zettel überreichen.
Also, der Junge sagt »Pappi« zu Klöpfer und gibt ihm das Papier. Dieser reicht es, nachdem er es gelesen hat, ungerührt weiter an den Prinzen Louis Ferdinand, dargestellt von Paul Hartmann. Was stand auf diesem Zettel, von Werner Krauss geschrieben? »Im Arsch ist es duster!« Und Hartmann antwortete völlig ernst laut Rollentext: »Ich halte es nicht für wahrscheinlich.« Das waren solche Einlagen von Krauss. So manch ein Schauspieler fiel auf seine Witze herein und konnte vor Lachen nicht weiterspielen.

SCHAUSPIEL-SCHULE DES DEUTSCHEN THEATERS ZU BERLIN

DIREKTION: PROFESSOR MAX REINHARDT

VIERZEHNTES SCHULJAHR 1918/1919
DIE AUFNAHMEPRÜFUNGEN FINDEN IN DER ZEIT VOM 1. BIS 30. SEPTEMBER STATT

SCHAUSPIELSCHULE DES DEUTSCHEN THEATERS ZU BERLIN

KURATORIUM:
HARRY GRAF VON KESSLER, Dr. phil. WALTER RATHENAU, BÜRGERMEISTER GEHEIMRAT Dr. GEORG REICKE, Prof. Dr. GUSTAV ROETHE

LEITER DER SCHULE:
BERTHOLD HELD
SPRECHSTUNDE WOCHENTAGS 10–11 UHR

LEHRKRÄFTE:

JULIUS BAB
Dramaturg und Spielleiter an der Volksbühne

GYDA CHRISTENSEN
Ballettmeisterin am Kgl. Theater in Christiania

Professor FERDINAND GREGORI
Regisseur am Deutschen Theater

LUDWIG FRAENKEL
Kgl. Hofopernsänger a. D.

Dr. CARL HEINE
Regisseur am Deutschen Theater

BERTHOLD HELD
Regisseur am Deutschen Theater

LUCIE HÖFLICH
Mitglied des Deutschen Theaters

OSKAR KESSLER
Kgl. Regisseur a. D. und Hofschauspieler

I. M. LEPANTO

JAN KOETSIER-MULLER

PAUL MUERICH
Kgl. Tänzer und Ballettmeister

ERNST STERN
Kunstmaler, Vorstand des Ausstattungswesens am Deutschen Theater

EDUARD VON WINTERSTEIN
Regisseur am Deutschen Theater

Ärztlicher Beirat: Professor Dr. HERMANN GUTZMANN, Leiter des Ambulatoriums für Stimm- und Sprachstörungen an der Universität Berlin.

Syndikus: Justizrat Dr. JULIUS LUBSZYNSKI.

Nähere Auskünfte in der Kanzlei der Schauspielschule.
Sprechstunden: wochentags 10–1 Uhr.

Verzeichnis der Lehrkräfte der Schauspielschule, ein Jahr vor Gerhard Bienerts Studienbeginn

Mir selbst hat Werner Krauss mit seinen Scherzen allerdings einmal einen ganz schönen Schrecken eingejagt. Als ich 1922 im Großen Schauspielhaus den Cinna in »Julius Cäsar« neben Wilhelm Dieterle, dem späteren Hollywood-Regisseur William Dieterle, und Werner Krauss spielte, hörte ich die beiden, als sie seitlich aus einem der Gänge in die Spielszene heraustraten, folgendes sprechen: »Wilhelm«, sagte Krauss, »du mußt dich in dieser Szene aber ein bißchen mehr vorsehen, du hast mich nämlich gestern mit deinem Dolche richtig gestochen. Ich habe hier nur ein dünnes Theaterkostüm an.« Dieterle darauf: »So ein Quatsch, das kann mit dem stumpfen Theaterdolch gar nicht passieren.« Soweit Krauss und Dieterle. Wenig später strahlen die Scheinwerfer auf uns. Krauss, Dieterle und ich stehen alle in Positur. Die Szene geht los: »Verrückter Casca, was beginnst du …« und so weiter. Krauss sitzt als Cäsar hoch oben auf seinem Thron, kommt nun herunter, bekommt die todbringenden Stiche, von dem und dem und dann von Cinna (das bin ich). Er dreht sich zu mir um und sagt: »Mööönsch«, ganz langgezogen und verquast »Mööönsch«. Er hebt die Arme hoch, läuft auf mich zu. Dabei hätte er schon sterbend zu meinen Füßen liegen müssen. Er durchbohrt nun mich, mit einem unheilvollen Blick. Ich taumle vor Schreck, versuche, ihm rückwärts gehend auszuweichen. Krauss hinter mir her, immer noch nicht tot. Wir verlassen beide die Bühne, mitten im Stück, vor 3000 Zuschauern! Das muß man sich mal vorstellen! Krauss kauert sich am Seitenausgang nieder, endlich kommt er wieder zu sich und kehrt in die Spielarena zurück. Ich, als einer seiner Mörder (Cäsar lebt immer noch, ein zähes Leben!), wieder hinter ihm her. Was ist nur geschehen, ging es durch meinen Kopf? – Nun, nicht nur der große Wilhelm Dieterle, sondern auch der junge Gerhard Bienert hatte Krauss

unsanft mit dem Theaterdolch gepiekt. Reumütig und voller Respekt ging ich in der Pause sofort zu Werner Krauss in die Garderobe und entschuldigte mich.
Krauss: »Was denn? Hier, sehen Sie mal her, junger Mann. Sie haben mich gestochen.« Und er zeigte mir seine Brust. In seinem weißen Fleisch war ein langer, blutiger Riß. – Ob ich das wirklich gewesen sein soll, bezweifle ich heute. Eher glaube ich nämlich an eine seiner vielen Ulknummern, denen nun auch ich zum Opfer gefallen war. Seitdem liebte und fürchtete ich Krauss.
Einige Zeit später sprang ich für einen erkrankten Kollegen in Fritz von Unruhs »Prinz Louis Ferdinand« ein. Ich spielte den Adjutanten Nostiz. Da mußte ich also abends raus auf die Bühne und bekam immer nur das Stichwort für meinen Einsatz. Ob zwischen diesem Stichwort und meinem Text nun vier Rollenseiten oder gar nur zwei Sätze lagen, das wußte man nicht. Diese Art von Theaterspielen habe ich nach einiger Zeit regelrecht gehaßt. Der Abendspielleiter, Ludwig Lubelsky, ein alter Mime, sagte einem auch nichts. Oder wußte er vielleicht selbst nicht, wann ich dran war?
Ich betrete aber nun auf ein Zeichen Lubelskys hin doch irgendwann die Bühne und vor mir steht Werner Krauss. Regiegemäß trete ich also hinter ihn und sage meinen ersten Satz. Krauss dreht sich zu mir herum und sieht mich mit einem bohrenden und starren Blick aus seinen unbeschreiblichen schwarzblauen Augen unter den langen weißen Wimpern an. Diesen Blick hatte ich ja bereits in der vorher beschriebenen Mordszene erlebt. Ich bleibe sofort in meinem Text stecken, denke an die Wunde, die ich Krauss als Cinna zugefügt habe oder haben soll. Aus der Traum, Pause, Pause, Pause. – Da, endlich fällt mir der Text wieder ein. Aber als ich ihn nun aufsagen will, spricht auch Werner Krauss seinen Text weiter. Also sprechen wir beide zusammen und durcheinander. Diese Blamage für mich, denke ich so bei mir. Ich hätte in den Bühnenboden versinken mögen. Und nun geschieht etwas, was nur ein Werner Krauss konnte. Er hört unvermittelt auf und läßt mir den Vortritt. Natürlich, mein Text war ja noch dran. Aber trotzdem eine großartige Geste dieses bewundernswerten Kollegen. Sicher hat das Publikum gedacht, der große Krauss wäre im Text steckengeblieben. Vielleicht hat es mein Stocken gar nicht mitbekommen. So etwas wurde natürlich nach Vorstellungsschluß von den Kollegen in den Künstlercafés weitererzählt. Eines war wenige Schritte vom Großen Schauspielhaus entfernt, am Schiffbauer Damm, wo jetzt das Wein-ABC ist, im ersten Stock, ein wunderbares Lokal.
Hin und wieder gingen wir auch in ein Restaurant in der Lutherstraße ganz in der Nähe des Varietés »Scala«. Aber der Krieg hat Restaurant und »Scala« dem Erdboden gleichgemacht. – In einem weiteren Café, dem Viktoria-Café, saßen eines Abends Willy Fritsch, Erich Fiedler, Werner Pledath und ich bei einem Glase Wein. Mein Freund Willy erzählte uns da eine der vielen Anekdoten über Max Reinhardt: »Da gab es einmal eine junge Schauspielerin mit dem Namen Edith Thiede-Märten. Sie stand am Anfang ihrer Karriere und war Schülerin bei Agnes Straub. Und in diese Edith waren mindestens drei heimlich verliebt, nämlich ich, Werner Pledath und Max Reinhardt. Das Mädchen war fast alles, keß und ulkig, scheu und jungfräulich, kurzum eine frische, bildhübsche junge Dame mit viel Humor. Obwohl sie schon recht schöne Rollen spielte und Max Reinhardt gut kannte, nutzte sie seine Bekanntschaft nicht aus. Reinhardt nahm sie mit auf Tournee, zunächst nach Salzburg und später nach Stockholm. Und in Salzburg geschah nun folgendes: Die hübsche Edith ging in eine Kirche und Reinhardt ihr nach. Sie muß wohl den Wunsch ihres ›Verfolgers‹ geahnt haben. Was auch immer Reinhardt in der Kirche gewollt haben mag, er antwortete ihr auf die Frage nach dem Warum: Aber gnädiges Fräulein, ich wollte Ihnen doch nur einen Kuß geben. Wenn also schon ein Max Reinhardt nicht an diese Dame herankam, waren wir erst recht nicht die richtigen Männer. Diese recht originelle und doch merkwürdige junge Kollegin ging dann wenig später in die Provinz, an das Rostocker Theater.«
Also, diese Geschichte erzählte uns nun ausgerechnet Willy Fritsch, der ja, zumindest in seinen jungen Jahren, auch so manche hübsche Frau eroberte. Nur bei Marlene Dietrich hat er sich die Füße wund gelaufen. Die Dietrich (die sie damals noch gar nicht war) spielte in »Der Widerspenstigen Zähmung« eine Witwe mit nur einem Satz. Das war ihr Theaterdebüt. Die Dietrich war immer schon ein bildhübsches Mädel, einmal abgesehen von ihren wundervollen legendären Beinen, aber sie hatte damals noch etwas Jungfern- oder Baby-Speck. Und der gute Willy, der immer gewöhnt war, daß alle Frauen auf ihn fliegen, hatte bei ihr Pech. Er kam nicht zum Ziel, da war nichts zu machen. Diese Schlappe

Großes Schauspielhaus

Karlstraße — Am Zirkus   Schiffbauerdamm

Direktion: Max Reinhardt

7 Uhr   Donnerstag, den 23. September 1920   **7 Uhr**

Außer Abonnement

Julius Caesar

Ein Trauerspiel in fünf Akten von **William Shakespeare**

Regie: Max Reinhardt

Julius Caesar	—		Aribert Wäscher	Varro		— Julius Knipfel
Octavius Caesar	Triumvirn nach		Carl Ludwig Achaz	Clitus		— Max Nemetz
Marcus Antonius	dem Tode des		Paul Lange	Claudius	Diener des Brutus	— Fritz Hahn
	Julius Caesar			Strato		— Ludwig Körner
Publius	Senatoren		Fritz Daghofer	Lucius		— Willi Fritsch
Popilius Lena			Bruno Klein	Pindarus, Diener des Cassius		— Ludwig Körner
Marcus Brutus			Wilhelm Dieterle	Calpurnia, Gemahlin des Julius Caesar		— Helene Senken
Cassius	Verschworene		Franz Alland	Portia, Gemahlin des Brutus		— Maria Kromer
Casca	gegen		Gustav Roos	Diener des Julius Caesar		— Richard Menges
Decius Brutus	Julius Caesar		Walther Redlich	Erster Bürger		— Gerhart Bienert
Metellus Cimber			Fritz Hahn	Zweiter Bürger		— Alfred Schmasow
Cinna			Gerhart Bienert	Dritter Bürger		— Werner Pledath
Flavius	Tribunen		Hans Richter	Vierter Bürger		— Max Baum
Kornilius			Max Nemetz	Fünfter Bürger		— Fritz Hahn
Artemidorus, ein Sophist von Knidos	—		Hans Rodenberg	Sechster Bürger		— Ralph Turray
Ein Wahrsager	—		Hans Ströhm			
Titinius	Freunde		Max Baum			
Messala	des Brutus und		Franz Helfer			
Volumnius	Cassius		Max Baum			

Senatoren, Bürger, Wache, Gefolge usw.

Die Szene ist einen großen Teil des Stückes hindurch zu Rom nachher zu Sardes und bei Philippi

Theaterzettel von einem der ersten Bühnenauftritte Gerhard Bienerts

1921: Das erste Starfoto Gerhard Bienerts

konnte er lange nicht verwinden, und wir zogen ihn damit natürlich öfter auf.
Abend für Abend spielte ich weiter, am »Deutschen« oder am Großen Schauspielhaus. Mittlerweile kam dann auch die Zeit, in der mein Name im Programmheft vermerkt wurde. Von »Julius Cäsar« habe ich noch einen inzwischen vergilbten Programmzettel. Das war am 28. Mai 1920 im Großen Schauspielhaus. Nach einer langen Aufzählung bedeutender Schauspielernamen stehe ich an 45. Stelle und somit auch an vorletzter: Gerhard Bienert – 6. Bürger. Vor mir war ein Bote, Hans Rodenberg, mit dem ich dann auch unter Piscator spielte und der Regie in der Gruppe junger Schauspieler führte. Bis kurz vor seinem Tode im Jahre 1978 war Professor Hans Rodenberg Mitglied des Staatsrates der DDR.
Die Stücke am Großen Schauspielhaus wurden oft 100 bis 150mal gespielt, en suite. Solche Aufführungsserien verlangten unweigerlich, wie schon gesagt, eine zweite Besetzung. Wenn man auch von den Theaterkritikern in der 73. Vorstellung als Ersatzmann nicht bemerkt oder gar in der Tageszeitung erwähnt wurde, so war es für mich doch das höchste Glück, wenn ich einspringen durfte.
Das geschah einmal 1920, als während eines Streiks die Stromversorgung in Berlin zusammengebrochen war. Die Straßenbahn fuhr nicht, so daß der Schauspieler, der den Dreißiger in Gerhart Hauptmanns »Webern« spielte, nicht erschien. Erich Papst, glaube ich, war es, er hatte sich gesagt: »Wenn es keinen Strom gibt, fährt keine Bahn, es kommt kein Besucher, also wird nicht gespielt.« Das war aber ein großer Irrtum seinerseits. Das Große Schauspielhaus verfügte noch dazu als eines der wenigen Berliner Theater über eine eigene Stromanlage, die ausreichte, um eine Vorstellung zu beleuchten. Die Vorstellung war ausverkauft und 3000 Besucher warteten darauf, daß sich der Vorhang zu den »Webern« hebt. Der zuständige Abendregisseur bot mir, der ich als Weberjunge auftrat, die Rolle des Dreißiger an. Ich sagte sofort zu, kannte bisher jedoch nur den 1. Akt auswendig. Den Text der anderen Akte mußte ich erst noch lernen. Das spielte sich dann so ab, daß ich die Passagen für den 4. Akt im 2. und 3. Akt, in denen Dreißiger zum Glück nicht auftrat, lernte. Es wurde mein erster Erfolg. Fritz Kampers,

Großes Schauspielhaus

Karlstraße — Am Zirkus — Schiffbauerdamm

7 Uhr — Dienstag, den 19. April 1921 — **7 Uhr**

Zum ersten Male:

Ein Sommernachtstraum

Komödie in fünf Akten von William Shakespeare
Musik von Felix Mendelssohn-Bartholdy
Regie: Max Reinhardt
Musikalische Leitung: Einar Nilson

Theseus, Herzog von Athen	Hellmuth Bergmann
Egeus, Vater der Hermia	Rudolf Weinmann
Lysander } Liebhaber der Hermia	Paul Hartmann
Demetrius	Wilhelm Dieterle
Philostrat, Aufseher der Lustbarkeiten am Hofe des Theseus	Gerhard Bienert
Squenz, ein Zimmermann	Gustav Grimm
Schnock, der Schreiner	Wilhelm Diegelmann
Zettel, der Weber	Hermann Thimig
Flaut, der Bälgenflicker	Werner Krauß
Schnauz, der Kesselflicker	Max Kronert
Schlucker, der Schneider	Fritz Daghofer
Hippolyta, Königin der Amazonen, mit Theseus verlobt	Theamaria Lenz
Hermia, Tochter des Egeus, in Lysander verliebt	Liselotte Dewra
Helena, in Demetrius verliebt	Anni Mewes
Oberon, der König der Elfen	Raul Lange
Titania, Königin der Elfen	Helene Thimig
Puck, ein Elfe	Gertrud Eysoldt
Eine Elfe	Ilsabe Dieck

Ein Rüpel	Max Baum
Bohnenblüte } Elfen	Hertha Kowalski
Spinnweb	Gertrud Schultes
Motte	Ali Jablonski
Senfsamen	Erika Schreiber
Pyramus	Hermann Thimig
Thisbe	Werner Krauß
Wand } Rollen in dem Zwischenspiel, das von Rüpeln vorgestellt wird	Max Kronert
Mondschein	Gustav Adolf Henkels
Löwe	Wilhelm Diegelmann

Elfen: Tatjana Sewerowa, Sabine Reß, Britta Bavulinna, Elisabeth Felgner, Margarita Obnorskaja, Nadja Belajewa, Vera Neron, Lydia Agorowitsch, Anna Tschorny, Ada Klammt, Julia Suarskaja

Faune: Marianne Winkelstern, Liselotte Richter, Ruth Olani, Irma Guthmann

Andere Elfen im Gefolge des Königs und der Königin
Gefolge des Theseus und der Hippolyta
Szenen: Athen und ein nahe gelegener Wald

Choreographische Leitung: Eugenie Edvardowa, Erste Solotänzerin des ehem. Kaiserl. russischen Balletts St. Petersburg
Bühnenbild: Hans Meid
Kostüme: Max Ree
Technische Einrichtung: Franz Dworsky
Pause nach dem vierten Akt

Theaterzettel zu einer der legendären »Sommernachtstraum«-Inszenierungen Max Reinhardts

der den Moritz Jäger spielte, und Wilhelm Dieterle als Roter Becker sowie meine Kollegen von der Komparserie erschienen nach der Vorstellung, um mir zu gratulieren. Und ich bekam mein erstes Einspring-Honorar. Es waren 100 Mark, das war damals viel Geld.

Meine Brust war noch stolz geschwellt, da erhielt ich bereits ein weiteres Angebot. In der Premiere von Gogols »Revisor«, die Titelrolle spielte Hermann Thimig, hatte ich am Schluß einen Satz zu sagen. Trotzdem ich bis zum heutigen Tag stets ein pünktlicher Mensch war und bin, zu dieser Aufführung kam ich erst eine halbe Stunde vor meinem Auftritt. Man kann sich mein Entsetzen vorstellen: Auf dem Weg zum Theater kam mir das Publikum entgegen. Ging etwa meine Taschenuhr nicht richtig? Also, das Stück war bereits zu Ende. Auf der Vormittagsprobe nämlich, an der ich nicht teilzunehmen brauchte, hatte man eine lange Passage gestrichen. An meiner Stelle ging der Inspizient auf die Bühne, und für mich war es eine Lehre, wie schnell doch ein Mensch ersetzt werden kann.

Die Schauspielschule bei Max Reinhardt am Deutschen Theater war für mich eine glückliche Zeit. Nun rückte der Abschluß immer näher. Bange Fragen bei uns allen: erhielten wir die Berufsbezeichnung »Schauspieler«? Nach den zwei Jahren Lehrzeit gab es keine Abschlußprüfung wie heute, sondern einige Szenen-Abende, bei denen Berthold Held unser Spielen und Können beurteilte.

Ziemlich am Ende dieser Zeit lag auch eine Aufführung von Goethes »Geschwistern«, in der wir Schüler mitwirkten. Sogar einige Kritiker

Die Klasse von Reinhold Bernt an der Schauspielschule. Vorn in der Mitte Gertrud Eysold

waren zugegen. Ich hatte in diesem Stück eine große Rolle und wurde erstmals rührend in der Presse erwähnt. Man kann sich denken, wie stolz ich darauf war.
Von den Schülern meiner Klasse wurden drei von Max Reinhardt für das Deutsche Theater unter Vertrag genommen. Ich war darunter. Mein sehnlichster Lebenswunsch hatte sich nun erfüllt, ich war Schauspieler, und das beim großen Max Reinhardt.
Mein Schauspielerdebüt hatte ich in Arnold Zweigs »Die Sendung Semaels« als Zigeunerjunge. Ansonsten wurde ich trotz meiner erst 23 Lenze meistens mit Rollen älter aussehender Herren betraut und galt schon damals als »schwerer Naturbursche«.
Die Anfangsgage betrug 90 Mark.
In der Spielzeit 1921/22 spielte ich in Schillers »Räubern« den Bastard Hermann, eine schöne, menschliche Rolle. Gemeinsam mit mir standen Werner Krauss als Franz, Paul Hartmann als Karl, Mady Christians als Amalia und Wilhelm Dieterle als Schweizer auf der Bühne. Ich muß diese Rolle wohl recht überzeugend gespielt haben, denn mein lieber alter Freund Kurt Seeger schrieb später darüber einmal in der Festschrift des Deutschen Theaters anläßlich meines fünfzigjährigen Bühnenjubiläums im Jahre 1971: »... doch ist mir aus dieser Aufführung niemand so stark und lebendig – optisch wie stimmlich – in Erinnerung geblieben wie Dein Hermann, der es nicht übers Herz bringt, den alten Moor im Turm verhungern und verdursten zu lassen. Es muß etwas in Deiner Haltung, Deiner Stimme gewesen sein, was mich derart stark anrührte, ansprach. Heute meine ich, es war das Selbstverständliche, das alle Deine Interpretationen

Das Große Schauspielhaus

auszeichnet, sie nie als ›gemacht‹ empfinden läßt, sondern als unverwechselbar leibeigen.«
Diese Rolle des Hermann war sogar eine Viertbesetzung. In der Premiere hatte Paul Hartmann gespielt, dann folgte Raoul Lange, danach Fritz Kampers und schließlich ich.
In den Jahren von 1922 bis zur Sommerspielpause im Jahre 1924 trat ich fast ausschließlich am Großen Schauspielhaus auf, in über fünfzig verschiedenen Rollen, in rund vierzig Theaterstücken. Die Rollen und Stücke, oft unbedeutende, alle aufzuzählen, wäre müßig. Sie sind am Ende dieses Buches chronologisch aufgeführt. Eine Reihe der damals gespielten Bühnenwerke kennt heute kaum noch jemand.

Der Zuschauerraum des von Poelzig neugestalteten Großen Schauspielhauses

Neben den bereits genannten möchte ich noch an ein paar Rollen und Stücke erinnern, die für meine künstlerische Entwicklung von Bedeutung waren:
Im Jahre 1922 spielte ich zum ersten Male den Marcellus im »Hamlet«. Erwähnenswert ist in der gleichen Spielzeit auch mein Mitwirken in Ernst Tollers »Maschinenstürmern« als Henry Cobbett.
Im Sommer 1923 erhielt ich in dem Stück »Verführung« von Paul Kornfeld eine Rolle, die mich in ein Fach drängte, aus dem ich Mühe hatte, jemals wieder herauszukommen. Ich spielte einen Schutzmann. Das war der Anstoß dazu, daß ich ein Vierteljahrhundert in vielen Theaterstücken und Filmen als »Schutzmann der Nation« eingesetzt wurde.
Etwa zur gleichen Zeit bekam ich den Roten Becker in den »Webern«. Und schließlich spielte ich, wie schon an der Studentenbühne, in Wedekinds »Frühlings Erwachen«. Für den Melchior jedoch muß ich dem Regisseur wohl zu alt gewesen sein, er gab mir die Rolle des Dr. Brausepulver. Und bis zu einer Hauptrolle in Shaws »Pygmalion«, dem Doolittle, war es noch weithin. Den bekam ich 1952. Jetzt spielte ich in besagtem Stück erst einmal den »sarkastischen Zuschauer«, so heißt die Rolle.
War ich im Vorjahr der Hermann in den »Räubern«, so nun der Roller und der Schweizer. In meinem letzten Jahr am Großen Schauspielhaus wurde ich überwiegend in kleinen und kleinsten Rollen eingesetzt – in »Dantons Tod« ein 2. Henker oder ein 3. Bürger; ein Hirte in »König Ödipus« von Sophokles. Im Mai 1924 sprang ich für einen erkrankten Kollegen im »Faust« als Valentin ein. Das war übrigens wieder im Deutschen Theater.
Ende des Jahres 1923 spielte ich am Deutschen Theater neben Fritz

Bühnenbildentwurf zu Hofmannsthals »Jedermann«. Großes Schauspielhaus

Kortner (Teufel) als Schmied Konrad in Grabbes »Scherz, Satire, Ironie und tiefere Bedeutung«. Regie führte, zum ersten Mal in Berlin, Erich Engel, unter dem ich noch oft spielen sollte; im Theater wie auch in etlichen Filmen. Vorerst zum letzten Mal stand ich am 17. Mai 1924 auf den Brettern des Deutschen Theaters, neben Alexander Moissi, Raoul Lange, Fritz Jeßner, Erich Fiedler.
In »Der gefesselte Prometheus« von Aischylos gab ich den Kratos.
Die Aufführung wurde in den Tageszeitungen groß angekündigt. Meinen Namen neben denen der erwähnten Stars der Reinhardt-Bühnen zu lesen, erfüllte mich schon mit Stolz. Aber immer öfter dachte ich über die Worte von Berthold Held nach und mußte ihm immer mehr recht geben. Unmittelbar nach Abschluß der Schauspielschule hatte er zu mir gesagt: »In den Provinztheatern können Sie die schönsten Rollen haben. Bei uns jedoch bleiben Sie auf lange Zeit ein Kleindarsteller.«
Und ich wollte mich endlich einmal ausspielen. Ich wollte das tun, was wir Schauspieler »sich freispielen« nennen, wollte Routine bekommen und natürlich auch einmal große Rollen. Da kam mir Wilhelm Dieterle mit einer Idee zu Hilfe.

Von Dieterle zu Piscator

Aus irgendeiner Laune heraus machte Wilhelm Dieterle, mit dem ich unlängst in Hauptmanns »Die Weber« im Großen Schauspielhaus gespielt hatte und der Max Reinhardts größter wie auch stimmgewaltigster Brutus sowie sein Florian Geyer war, ein eigenes Theater auf. Er nannte es Dramatisches Theater. Es befand sich in der Berliner Chausseestraße. Dieser Theaterbau hieß zuvor Friedrich-Wilhelmstädtisches Schauspielhaus.

Nun war Dieterle damit beschäftigt, gute Schauspieler für sein Theater zu engagieren. Fritz Kampers und Theodor Loos hatte er bereits gewonnen.

Ich ging gemeinsam mit Gustav Fröhlich und Werner Pledath zu ihm. Wir wurden für 350 Mark Monatsgage unter Vertrag genommen. Bezüglich dieser Gage kam es jedoch zu einem großen Krach. Während Pledath und ich mit ihrer Höhe einverstanden waren – wir wollten ja in erster Linie Theater spielen –, begann Fröhlich, der schon immer voller Energie war und Ellenbogen hatte, mit Dieterle einen fürchterlichen Streit vom Zaune zu brechen. Nachdem sich beide voller Herzenslust zehn Minuten angeschrien hatten, ließ Dieterle schließlich sogar einen Schutzmann kommen. Aber Gustav Fröhlich ging doch als Sieger aus diesem Krach hervor. Er bekam 50 Mark Gage mehr als wir. Etwas beneidete ich Fröhlich. Nicht etwa wegen der 50 Mark, sondern weil er das hatte, was mir in meinem Leben zum Beispiel bei Gagenverhandlungen immer fehlte, diese gehörige Portion Durchsetzungsvermögen.

Fröhlich kam nicht einmal von den Reinhardt-Bühnen. Aber er schaffte es, letztendlich auch durch seinen Charme und sein schauspielerisches Können, zu einem der bekanntesten deutschen Filmschauspieler zu werden, der in einer Vielzahl von Unterhaltungsfilmen mitwirkte. Doch zurück zu Dieterle.

Am 28. August 1924 eröffnete er sein Dramatisches Theater mit einem Stück von Georg Kaiser »Gilles und Jeanne«. Für mich waren es zwei unbedeutende Rollen, ein zweiter Bauer und ein dritter englischer Offizier, und für Dieterle war es ein Reinfall beim Berliner Publikum.

In der nächsten Inszenierung gab Dieterle mir eine Hauptrolle. Es war die Uraufführung von Fred A. Angermeyers »Komödie um Rosa«, ganz im Stile von Sternheim geschrieben. Ich spielte darin den Arbeiter, dessen Frau ein Kind bekommt. Das ist insofern bemerkenswert, weil dieses Kind nicht von mir stammt. Wie sich im Verlauf der Handlung herausstellt, ist eine ganze Reihe bekannter Persönlichkeiten der Stadt in diese Geschichte verwickelt. Das Stück war eine ulkige, freche Sache und kam beim Publikum groß an. Für mich war es der erste große Erfolg, ich hatte schöne Kritiken.

Regie führte Walter Ruttmann, der schon frühzeitig im Stummfilm Experimente in Dokumentarfilmart machte. Einer seiner wohl bekanntesten Filme war der 1927 entstandene Dokumentarfilm »Berlin, Symphonie einer Großstadt«. 1931 spielte ich unter seiner Regie in dem Tonfilm »Feind im Blut«. Dann verschrieb er sich den braunen Machthabern und drehte Propagandafilme über Waffensysteme der deutschen Wehrmacht, die ihm während Dreharbeiten an der Ostfront 1941 schließlich selbst zum Verderb wurden.

Wilhelm Dieterle brachte noch zwei

weitere Stücke heraus, in denen ich mitwirkte. Doch bereits nach zwei Monaten ging das Dramatische Theater Pleite. In einer Notspielgemeinschaft, bei der wir keinen Pfennig Gage mehr erhielten, verabschiedeten wir uns vom Publikum mit Schillers »Demetrius«.

In Kollegenkreisen sprach es sich schnell herum, daß ein gewisser Erwin Piscator etwas ganz Neues, sogenannte Rote Revuen inszenierte. Diese Roten Revuen wurden für die Berliner Arbeiter in großen Sälen gespielt. In meinem Notizheft finde ich eine Eintragung unter dem Datum 21.11.1924. Da wirkte ich in einer solchen Revue auf einer Wahlveranstaltung der KPD mit.

Eine weitere Agit-Prop-Revue hieß »Trotz alledem«. Regie führte wieder Piscator, das Bühnenbild stammte von John Heartfield, der später durch seine Fotomontagen weltbekannt werden sollte.

»Trotz alledem«, so war bekanntlich Karl Liebknechts letzter Zeitungsartikel in der »Roten Fahne« überschrieben, bevor er im Jahre 1919 ermordet wurde.

Die Revue, die aus Anlaß des X. Parteitages der KPD im Juli 1925 aufgeführt wurde, veranschaulichte in Sprechchören und Szenen, in Wort, Musik und Bewegung den Kampf der deutschen Arbeiterklasse vom Beginn des ersten Weltkrieges bis zur Ermordung Karl Liebknechts und Rosa Luxemburgs. Zum ersten Male baute Piscator hier Filmeinblendungen in eine Theateraufführung ein, so vom Schlachtgemetzel des ersten Weltkriegs und von der russischen Oktoberrevolution. Mit mir auf der Bühne standen der Kabarettist Karl Schnog, ein Ensemble des Roten Frontkämpferbundes, Laienkünstler aus Berliner Arbeiter-

Köln. Kammerspiele

vierteln. Auch mein späterer langjähriger Bühnenkollege vom Deutschen Theater, Herwart Grosse, war dabei.

An die Schlußszene erinnere ich mich noch genau. Isadora Duncan, eine damals viel bewunderte und umstrittene Tänzerin auf allen großen Bühnen Europas, tanzte barfuß, in einen durchsichtigen Schleier gehüllt, mit einer roten Fahne in der Hand nach den Klängen der Internationale.

Die Revue wurde zweimal vor über 3000 Arbeitern im damaligen Großen Schauspielhaus aufgeführt.

Ich spielte einen Arbeiter in der Redaktion eines politisch rechts stehenden Blattes. Mit scharfen Worten fegte ich die Zeitung vom Tisch, was bei den zuschauenden Arbeitern begeistertes Klatschen und Zurufe auslöste. Darüber freute ich mich und dachte so bei mir, daß ich doch Arbeiter ganz gut darzustellen vermochte. Beim nächsten Beifall bekam ich jedoch mit, daß dieser nicht meiner

Schauspielkunst galt, sondern einzig der Tatsache, daß ich die Zeitung vom Tische warf.

Die »Rote Fahne« war tags darauf voll des Lobes über diese Rote Revue: »Die Masse begann mitzuspielen. Das Theater war für sie zur Wirklichkeit geworden, und sehr bald war es nicht mehr – Bühne gegen Zuschauerraum, sondern ein einziger großer Zuschauerraum, ein einziges großes Schlachtfeld, eine einzige Demonstration.«

Und Erwin Piscator sagte in einem Interview: »Die Revue kennt keine einheitliche Handlung, sie holt ihre Wirklichkeit aus allen Gebieten, die überhaupt mit dem Theater in Verbindung gebracht werden können.«

Geld war natürlich mit diesen Roten Revuen nicht zu verdienen. Aber die Arbeit machte Spaß; und dazu noch der Beifall des dankbaren Berliner Arbeiterpublikums!

Als die Zeit der Wahlpropaganda für die KPD zu Ende war, mußte

ich wieder sehen, wo ich als freischaffender Schauspieler unterkommen konnte.
So war es nur ein kurzer Weg von der Revue zur Tragödie.
In Erich Engels »Coriolan«-Inszenierung hatte ich vier kleine Rollen. Es war eine in mehrfacher Hinsicht bemerkenswerte Aufführung. Einmal, ich weiß nicht mehr, wie das kam, war es ein Gastspiel des Deutschen Theaters im Lessing-Theater. Und dann war es die gleiche Truppe, die kurz vorher Brechts »Im Dickicht der Städte« im DT herausgebracht hatte, neben Engel der Bühnenbildner Caspar Neher sowie Fritz Kortner in der Titelrolle. Und Brecht als Dramaturg.
In der Uraufführung von Carl Sternheims »Oscar Wilde« am 31. März 1925 stand ich zum ersten Mal mit Rudolf Forster auf der Bühne des Deutschen Theaters. Ich spielte den Kriminalinspektor.
Im Theater in der Königgrätzer Straße lernte ich Tilla Durieux kennen. Wir spielten zusammen in Franz Wedekinds »Franziska«. Leider ist mir ein sehr schönes Foto, das mich gemeinsam mit Tilla zeigt, abhanden gekommen: ich, mit einem Fell, und sie mit einem dünnen Hemdchen bekleidet, eng umschlungen.
In Max Reinhardts Komödie am Kurfürstendamm trat ich in »Robert und Bertram« von Gustav Raeder unter der Regie von Erich Papst auf. Anläßlich der Premiere gab es einen Theaterskandal. Die Hauptfiguren des Erfolgsstückes waren mit zwei berühmten Berliner Komikern besetzt, Paul Graetz als Robert, als Bertram der wohl berühmteste Zettel aus dem »Sommernachtstraum«, Hans Waßmann. Die Proben mit Paul Graetz waren belastend. Papst forderte Graetz fortwährend auf, er solle doch nun endlich einmal mit dem Spielen beginnen, zeigen, was in ihm steckt. Und Graetz, ein typischer Ellenbogenschauspieler, überzeugt von sich, meinte nur: »Das kommt heute abend schon noch.«
Aber sein Partner Hans Waßmann wußte eben nicht, was am Abend kommen würde. Und so geschah es, daß Graetz am Premierenabend loslegte und einen so glänzenden Robert bot, daß Hans Waßmann überhaupt nicht zum Spielen kam. Mit seiner ungeheuren technischen – jedoch unfairen – Fertigkeit spielte Graetz das Stück sozusagen alleine. Und in der Presse hieß es am nächsten Tage dann auch: Herr Waßmann wurde leider von Paul Graetz an die Wand gespielt.
Bevor ich wegen einer unglücklichen Liebe an das Stadttheater Köln floh und für die Sommersaison an das Bergtheater Thale ging, verabschiedete ich mich von den Reinhardt-Bühnen mit Auftritten in »Rose Bernd«, in zwei Einaktern von Kurt Goetz und im »Fiesco«.
Nach Köln und Thale im Oktober 1926 zurück nach Berlin.
Reinhardt-Bühnen, Theater in der Königgrätzer Straße, Neues Theater am Zoo, Komödienhaus, Junge Bühne. Ein Höhepunkt wurde der Schwank »Lumpacivagabundus« im Neuen Theater am Zoo, wo ich die Titelrolle bekam.
Im Frühjahr 1927 begab ich mich gemeinsam mit Tilla Durieux auf eine Theatertournee durch Holland mit »Franziska« von Wedekind und Bernhard Shaws »Frau Warrens Gewerbe«. Die Tournee wurde kein sonderlicher Erfolg. In Erinnerung geblieben sind mir vor allem die im Amsterdamer Nationalmuseum ausgestellten wunderbaren Bilder der alten holländischen Maler.

Das Sommertheater Thale

Gerhard Bienert inmitten des Ensembles des Harzer Bergtheaters. 1927

Ich hielt bereits damals nicht viel vom ganzjährigen Herumziehen von Ort zu Ort, vom Wohnen in Untermiete oder vom Leben in Hotels. Ich liebte über alles meine Heimatstadt Berlin und mein Deutsches Theater. Dennoch bin ich ein paarmal, wenn auch nur kurzzeitig, untreu geworden.

Es war im Frühsommer des Jahres 1924. Leo Reuß, ein junger Berliner Schauspieler-Kollege, der später auch bei Piscator auftrat, fragte mich eines Abends: »Bienus, was machst denn du eigentlich in den Theaterferien?«

Und da er wußte, daß ich im Großen Schauspielhaus in diesem Sommer nicht eingesetzt war, fuhr er fort: »In der Nähe von Chemnitz gibt es die Greifensteiner Passionsspiele. Da können wir doch versuchen, ein Sommerengagement zu bekommen.« Und das klappte auch. Wir spielten im Juli 1924 in einem religiösen Stück mit, dessen Titel mir jedoch entfallen ist. Ich spielte den Joseph von Arimathia und Leo Reuß den Pontius Pilatus.

Im September 1925 ging ich dann an die Vereinigten Stadttheater Köln. Der Intendant war damals ein gewisser Hardt, und der Oberbürgermeister der Stadt hieß Konrad Adenauer.

Allesamt waren es kaum erwähnenswerte Rollen, die ich dort zur Eröffnung des neuen Theaters spielte, im »Egmont«, in den »Räubern«, im »Prinz von Homburg«. Ein Plus hatte meine dortige Theaterarbeit jedoch insofern, als ich im Kölner Stadttheater Lothar Müthel kennenlernte, der mir von seinen Auftritten auf der »Grünen Bühne« vorschwärmte. Die »Grüne Bühne« ist die heute älteste Naturbühne Deutschlands, nunmehr unter dem Namen Harzer Bergtheater Thale bekannt. Ein gewisser Dr. Ernst Wachler hatte sich im Jahre 1903 bereits den Gedanken in den Kopf gesetzt, nach dem Vorbild von antiken Amphitheatern ein Theater in der Natur, unter freiem Himmel, entstehen zu lassen. Die herrliche Landschaft des grünen Harzes am Fuße des Hexentanzplatzes mit seinen bewaldeten Höhen, den tiefen Schluchten, in denen sich die Bode hindurchschlängelt, und schließlich das gewaltige Felsmassiv boten sich an für solch eine von uralten Eichen umwipfelte Naturbühne. Im Sommer 1925 war es dann soweit, daß Ernst Wachler die »Harzfestspiele auf dem Hexentanzplatz« gründete. Seine Idee vom Naturtheater formulierte er wie folgt: »Hinaus ins Freie, in den Reichtum der Landschaft, daß ihr Duft und ihre Stimme hier auf den Zuschauer überfließe.« Lothar Müthel hatte mir damals diesen Werbespruch von Dr. Wachler so voll Inbrunst aufgesagt, daß ich, stets der Natur verbunden, Gefallen an der »Grünen Bühne« fand. Dr. Wachler konnte als Oberspielleiter mit Erich Papst einen Regisseur der Berliner Reinhardt-Theater verpflichten, den auch ich gut kannte.

Also, Lothar Müthel empfahl mich Papst, und ich spielte dort ein Jahr nach Eröffnung der Naturbühne im Sommer 1926 meine erste Rolle, den Fabio in Shakespeares »Was ihr wollt«. Ich fand meine Rolle echt besch... und spielte sie daher auch besonders oberflächlich, albern, ulkig. Doch Erich, »der Papst«, wie wir Papst liebevoll nannten, war begeistert von der Art, wie ich den Fabio darstellte. Er war irgendwie, künstlerisch gesehen, in mich verliebt und gab mir später noch einige interessante Rollen.

Wer diese Naturbühne kennt, wird verstehen, daß dort zu arbeiten

Gerhard Bienert (Mitte) in den »Räubern«. Links neben ihm O. E. Hasse

kein leichtes Brot ist. Allein die Proben dauerten oft sechs bis acht Stunden am Tag. Nicht selten kam es vor, daß die Bühne eine einzige Waschküche war, die Spielfläche in dichten Nebel eingepackt. Ein andermal standen wir knöcheltief im Regenwasser.

Diese Bühne mit ihren riesigen Ausmaßen verlangte jedem Schauspieler einiges ab. Man hatte große Gänge, brauchte bedeutungsvolle Gesten, mußte ausdrucksstark und besonders deutlich sprechen. Die Bühne duldete keine falschen Töne.

Und da es keinen Vorhang gab, war man als Schauspieler immer den Blicken der Zuschauer ausgesetzt. Kurz – Schwerstarbeit bei höchster Disziplin. Auch in meiner zweiten Rolle in den »Räubern« als Roller und dann als Flammberg in Kleists »Käthchen von Heilbronn«.

Von dieser doch ziemlich ungewöhnlichen Arbeit am Harzer Bergtheater — man war ja immer an der frischen Luft, und wenn die Sonne schien, war es wie ein halber Urlaub – war ich so begeistert, daß ich gleich für das nächste Jahr einen Vertrag mit Papst abschloß.

Als ich am 2. Juli 1927 auf dem Bahnhof Thale mit dem Schnellzug aus Berlin ankam, empfing mich eine Schar vertrauter Gesichter, Rudolf Fernau war auf dem Bahnsteig. Er ist einen Tag älter als ich, das heißt war, denn er starb Ende 1985. Als Schurke im Film »Dr. Crippen an Bord«, in »Der Verteidiger hat das Wort«, »Brand im Ozean« sowie in unzähligen anderen Filmen sahen wir ihn. In Schweikarts-Kriminalfilm »Die Nacht der 12« spielten wir noch kurz vor Kriegsende in den von den Faschisten okkupierten Prager Barrandov-Ateliers gemeinsam. Als Schauspieler vieler herrlicher Charakterrollen, an Berliner Bühnen sowie in München, wird er unvergessen bleiben.

O. E. Hasse war da, wer kennt ihn nicht, den späteren Star der Berliner Bühnen und des BRD-Films.

Dann begrüßte mich die blutjunge Alice Treff, unser Käthchen von Heilbronn, die nach 1945 auch am Deutschen Theater auftrat und bei der DEFA filmte.
Fritz Genschow war da, der mir eines Tages die Nachricht brachte, daß Erwin Piscator in Berlin wieder ein Theater aufbaut und junge Schauspieler sucht.
Allen voran kam Erich Papst auf den Bahnsteig, um uns Neuankömmlinge mit einer Willkommensohrfeige zu begrüßen. In dieser Sommersaison spielte ich in Hebbels »Nibelungen« den König Etzel, im »Prinz von Homburg« den Mörner, in »Viel Lärm um nichts« den Don Juan.
Danach ging es zurück nach Berlin, an Piscators Bühne, worüber ich in einem späteren Kapitel ausführlich berichten werde. Als Piscators Theater im Jahr darauf, im April 1928, Pleite machte, war ich froh, daß Erich Papst mich ein drittes Mal für die Sommersaison an das Harzer Bergtheater verpflichtete. Neben neuen schönen Rollen in »Amphitryon« von Kleist, »Genoveva« von Hebbel und »Die beiden Veroneser« von Shakespeare war ich der erste »Ritter Blaubart« in der Uraufführung des gleichnamigen Bühnenstücks nach Ludwig Tieck. Es war eine unvergeßliche Rolle, ich verkleidet in einer Ritterrüstung, mit superlangem Bart und Schwert. Das Publikum zollte uns viel Beifall.
Leider habe ich seit dem letzten Auftritt im Jahre 1928 diese zauberhafte Naturbühne am Hexentanzplatz im Harz nie wieder gesehen.

1928 in Thale als Blaubart

Mein Weg zum Stummfilm

Ich bin in einer Zeit aufgewachsen, als der Film noch in den Kinderschuhen steckte. In Berlin war das erste Kino im April 1896 Unter den Linden 21 eröffnet worden. Die Brüder Max und Emil Skladanowski zeigten hier ihre ersten Bioscop-Filme, alle nicht länger als eine Minute. Etwa acht Jahre nach Skladanowskis Bioscop-Vorführungen begann die eigentliche Blütezeit der Wanderkinos. Die meisten Filme waren inhaltslos, aber die laufenden Bilder, das Miterleben von Sensationen, das Rasen einer Lokomotive auf die Zuschauer zu, das packte und reizte die Menschen doch. Trotzdem waren amtliche Stellen wie Zensur, Polizei, Feuerwehr und Presse, aber auch viele Theaterdirektoren und Schauspieler gegen den »Kintopp«.

Doch es gab auch Bühnenschauspieler von Ruf und Format, die sich für das Kino einsetzten. Björn Björnson nannte das Kino sogar das »Theater der Zukunft«. Die Fahnenflucht der Schauspieler von der Bühne zum Film war nun von den Theaterdirektoren und den Berufsverbänden nicht mehr aufzuhalten. Solche namhaften Künstler wie Tilla Durieux, Albert Bassermann, Paul Wegener, Max Pallenberg, Henny Porten und viele andere waren längst für den Film gewonnen. Wobei man allerdings sagen muß, daß die meisten von ihnen dem Theater weiterhin treu blieben.

Natürlich ging auch ich, soweit das Geld reichte, ins Kino, um meine Theateridole, die nun auch Filmidole wurden, zu bewundern. Die Filme mit Asta Nielsen habe ich dutzende Male gesehen. Gut kann ich mich beispielsweise noch an den Streifen »Engelein« erinnern. Oder Paul Wegener. Er stand 1913 zum ersten Male vor der Kamera, in Stellan Ryes »Der Student von Prag«. Seit dem »Golem« (1915) drehte er auch selbst Filme, wozu nicht zuletzt »Rübezahls Hochzeit« mit herrlichen Landschaftsaufnahmen vom Riesengebirge gehörte. Nicht alle sind sie wie diese drei in die Filmgeschichte eingegangen. Aber daß wir jungen Leute uns einen Film zwei-, dreimal angesehen haben, das war keine Seltenheit.

Ich kann mich noch an eine Episode im Kino entsinnen. Man spielte einen Henny-Porten-Film. Ich weiß nicht mehr, wie er hieß. Wie damals üblich, gab es Begleitmusik, die ein Klavierspieler und ein Geiger bestritten. Letzterer war leidlich. Am Ende des Filmes stürzte sich die gute Henny ins Wasser. – Da erscholl im Zuschauerraum eine Stimme: »Henny, nimm den Geiger mit!« Solche »Mitarbeit« des Publikums war übrigens nichts Seltenes.

Im Laufe der Jahre schossen die Kunstlichtateliers, so nannte man das damals, wie Pilze aus dem Boden. Viele hatten ihren Sitz in der Berliner Friedrichstraße. Als ich erst Schauspielschüler und dann Schauspieler war, mußte ich auf meinem Weg zum Deutschen Theater auch die Friedrichstraße lang, vorbei an den Filmfirmen. Es war die Zeit der »-skop« und »-graph«, der Bioscop, Vitaskop, Mutoskop, der Biograph, Rotagraph, andere hießen unter Anlehnung an das klassische Griechenland Luna-, Helios-, Saturn-, Apollo-, Olympia- oder Athena-Film. Je größer und länger die Filme – der Monumentalfilm kam in Mode –, desto mehr Komparsen brauchte man.

Hatten in den ersten Jahren die Bühnenarbeiter die Verpflichtung, gleichzeitig auch als Komparsen

einzuspringen, so brauchten die Regisseure nun immer mehr Menschen, vor allem für die historischen Filme. Und man wollte schon damals immer neue Gesichter sehen.
Ernst Lubitsch war dafür bekannt, daß er mal rasch in die Friedrichstraße telefonierte und 250 Komparsen bestellte. Für den Monumentalfilm »Anna Boleyn« verlangte er sogar 2000 Komparsen. Kein Wunder also, daß Leute, die zum Film wollten, in der Hoffnung, entdeckt zu werden, vor den Filmfirmen in der Friedrichstraße nach einem Eintagsengagement Schlange standen. Zu Beginn der zwanziger Jahre war das Allround-Café an der Friedrichstraße/Ecke Kochstraße ein Treffpunkt jener geworden, die auf ihre Chance für einen Filmkontrakt warteten. Es war so etwas wie eine Filmbörse. Die Leute kamen von überall und aus allen möglichen sozialen Verhältnissen. Oftmals trieb sie aber der Hunger. Tausende von Arbeitslosen fanden eine kleine Möglichkeit, sich ein warmes Mittagessen und vielleicht, je nach Länge der Massenszenen, noch ein paar Groschen zu verdienen.
Auch in mir regte sich das Interesse, doch einmal zu sehen, wie es in einem Filmatelier so zugeht. Insgeheim hatte ich vielleicht die Hoffnung, nicht nur auf der Bühne zu stehen, sondern noch dazu ein Filmschauspieler zu werden.
Es war im Jahre 1922, als sich mir erstmals die Gelegenheit bot, als Komparse in einem Stummfilm mitzuwirken. Rudi George, der Bruder von Heinrich George, war Aufnahmeleiter in den neuentstandenen Filmateliers in Neu-Babelsberg bei Potsdam.
Da er wohl von seinem Bruder her

Paul Wegener als König Oedipus am Deutschen Theater

wußte, wie schwer es blutjunge Schauspieler haben, kam es einer Unterstützung gleich, wenn er sich vom Deutschen Theater oder vom Großen Schauspielhaus öfter eine Menge Leute für Massenszenen holte. Also ließen Hans Rodenberg, Hans Schweikart, Aribert Wäscher und ich uns als Komparsen verpflichten.
Die Filmstadt Neu-Babelsberg war damals noch sehr klein, nicht zu vergleichen mit den heutigen Riesenaufnahmehallen. Neben den Glasateliers gab es aber zu meiner Zeit schon einige kleinere, feste Ateliers. In ihnen war man nicht

mehr nur auf das Sonnenlicht angewiesen, sondern arbeitete bei Innenaufnahmen nun schon mit elektrischen Bogen- und Jupiterlampen. Für den Film hatte sich immer mehr die Bezeichnung »Lichtspiel« durchgesetzt. Ist doch das Licht seit Rembrandt ein wertvoller Stimmungsfaktor. Ich fand die Filmateliers recht romantisch, sie strahlten, anders als heute, eine gewisse Ruhe aus. Die Komparsen mußten sich sehr früh einfinden. Das Schminken, Einkleiden und Frisieren dauerte ziemlich lange. Dann mußten wir warten und warten, bis unsere Szene gedreht wurde. Manchmal saßen wir in unserer Massengarderobe den ganzen Tag umsonst herum, vertrieben uns die Zeit mit Skatspielen oder sahen bei den Aufnahmen zu. Damals konnte man sich, da ja noch ohne Ton gedreht wurde, ruhig leise im Atelier unterhalten. Das war dann später beim Tonfilm nicht mehr möglich.
Die Unmenge von Scheinwerfern ließ es im Atelier unerträglich heiß werden. Be- und Entlüftung gab es noch nicht. Und wenn man dann im Hochsommer auch noch ein schweres Kostüm tragen mußte, war es fast nicht zum Aushalten. Aber für das Filmen taten wir alles. Auch wenn stumm gedreht wurde, so war im Atelier genug zu hören. Um die nötige Atmosphäre zu haben, gab es so etwas wie einen Stimmungsmacher. Das war der Mann am Klavier. Und es erschallte auch manchmal recht laut die Stimme des Regisseurs.
Einen sehr deftigen Eindruck erhielt ich gleich bei meinem ersten Atelierbesuch, als Paul Wegener »Herzog Ferrantes Ende« drehte. Die Hauptrollen hatten Ernst Deutsch und Walter Janssen sowie Wegeners Frau Lyda Salmonova.

Die Salmonova, vor ihrer Filmkarriere Tänzerin, stand neben Wegener in solchen bekannten Streifen wie »Der Rattenfänger«, »Der verlorene Schatten« und »Der Golem« vor der Kamera. Ich war als Komparse irgendein Knecht an des Herzogs Hof. Pro Tag gab es 30 Mark Gage. Das war damals eine Menge Geld, bei Max Reinhardt verdiente man bei weitem nicht soviel. – Mitten in den Aufnahmen donnerte mit einem Male Paul Wegeners Stimme durchs Atelier: »Herr Deutsch, nehmen Sie gefälligst den Finger aus der Dame, die Dame ist meine Frau!« Ob er das nun nur sinnbildlich gemeint hatte, weiß ich natürlich nicht. Auf jeden Fall fiel ich ob dieses rustikalen Tones und des obszönen »aus« statt »von« fast auf den Rücken. So etwas kannte ich bisher nicht. Das war der Ton beim Stummfilm! Meine zweite Erfahrung war »Der Mensch am Wege«. Regie führte Wilhelm Dieterle, lange bevor er nach Hollywood ging. Es war, glaube ich, seine erste Regiearbeit, nach einer Erzählung von Tolstoi, mit Heinrich George, Alexander Granach und Fritz Rasp. Auf alle Fälle der erste Film mit Marlene Dietrich. Sie hatte genau wie ich eine kleine Rolle. Der Film ist nicht sonderlich geworden. Die Dreharbeiten fanden, das weiß ich noch genau, in Berlin-Lankwitz statt. Überhaupt entstanden zur damaligen Zeit die meisten Filme, ob sie nun in China oder in Südamerika handelten, rund um Berlin, zum Beispiel in den Kalkbergen von Rüdersdorf oder in der Sandlandschaft in der Nähe der Woltersdorfer Schleuse. Märkische Sandmeere wurden zu Wüsten, das Elbsandsteingebirge zu den Rocky Mountains und die Lüneburger Heide zu romantischen Cowboyfeldern. Im inzwischen recht ausgedehnten Freigelände der Neu-Babelsberger Ateliers schossen ganze Häusermeere und Straßenkulissen aus dem Boden. Ein paar aus den Gewächshäusern des Schlosses Sanssouci geborgte Palmen sowie entsprechende Beleuchtungseffekte täuschten Afrika oder Indien vor.
1924 war ich in den »Nibelungen« dabei. Die Zeitungen nannten den Film »eine Schöpfung aus Licht und Schatten«. Fritz Lang hatte das Drehbuch von seiner Frau Thea von Harbou schreiben lassen. Diese war vor Lang mit Rudolf Klein-Rogge verheiratet gewesen, der den Hunnenkönig Etzel spielte. Die Harbou war eine der erfolgreichsten Filmautorinnen der Stummfilmzeit, von ihr stammte auch das Drehbuch zu dem berühmten »Metropolis«-Film. Der Szenenbildner Otto Hunte ging wegen seiner kolossalen, naturgetreuen Bauten in die Filmgeschichte ein. Er baute Fritz Lang auf dem Babelsberger Filmgelände die Stadt Worms und den Rhein, König Etzels Reich, den deutschen Dom und den deutschen Wald. Und Lang, der selbst einmal Maler war, holte sich den Filmkameraler Carl Hoffmann. Für die Rolle des mit dem Drachen kämpfenden Siegfried engagierte er den blonden Paul Richter, der dieser Rolle eine bis heute lebendig gebliebene ideale Gestalt verlieh. Den Etzel, wie schon erwähnt, spielte Klein-Rogge, und Margarethe Schön vom Staatstheater am Gendarmenmarkt die Kriemhild.
Ich verstärkte das große Hunnen-Heer, gemeinsam mit Hans Rodenberg, Hans Schweikart, Aribert Wäscher und Werner Pledath. Eine der Massenszenen mußte mehrfach wiederholt werden. Endlich war sie im Kasten und von Fritz Lang abgesegnet. Doch dann durften wir sie am nächsten Tag noch einmal wiederholen. Der Regisseur und alle anderen hatten übersehen, daß ein Hunne eine Armbanduhr trug!
Noch eine Episode von den Dreharbeiten zum Nibelungenfilm ist mir im Gedächtnis geblieben. Wir saßen an einem Feuer, auf dem Spieß briet ein Schwein. Wir mußten irgendwelche Lieder singen, obwohl es doch kein Tonfilm war. Und sooft diese Szene geprobt wurde, hieß es nicht wie sonst: Klappe, Bild X zum 15. Mal, sondern Lang rief nur: »Fräulein Eiermann«. Die hieß wirklich so. Und jedes Mal geschah dann folgendes: Fräulein Eiermann mußte ihre Bluse aufknöpfen, ihren recht üppigen Busen herausnehmen und damit im Takt des Hunnengesanges hin- und herschaukeln. Wir hatten oft Mühe, uns das Lachen wegen der lüsternen Bemerkungen der Hunnen zu verbeißen, fanden es aber eigentlich recht angenehm, das Fräulein Eiermann. Unter Gerhard Lamprecht spielte ich 1928 in dem Stummfilm »Der Mann mit dem Laubfrosch« als Kriminalkommissar an der Seite von Heinrich George.
Mein bekanntester Stummfilm entstand 1929, Regie und Kamera Piel Jutzi. Jutzi war eigentlich bisher nur Kameramann gewesen, von Regie hatte er nicht viel Ahnung. Er ließ uns spielen, wie wir wollten. Es war einer der letzten Stummfilme, und er ist als ein Meisterwerk in die Filmgeschichte eingegangen: »Mutter Krausens Fahrt ins Glück«. Ich spielte den Schlafburschen, einen Zuhälter, dem ich, anders als man heute solche Typen behandelt, doch recht sympathische

Szenenfoto aus Gerhard Bienerts erstem Film »Herzog Ferrantes Ende«. 1922

Züge gab. Naturburschen und Proletarier lagen mir ja am meisten. Otto Nagel hatte mich in dem Theaterstück »Cyankali« von Friedrich Wolf gesehen und an Jutzi vermittelt. Als Partnerinnen hatte ich Ilse Trautschold (Mutter Krausens Tochter Erna) und Vera Sacharowa, ein berühmtes Modell des Malers Otto Dix. Auch Friedrich Gnass, der nach 1945 noch viele Rollen in DEFA-Filmen spielte, war mit von der Partie.
»Mutter Krausens Fahrt ins Glück« entstand, wie es im Vorspann heißt, »nach Erzählungen von Heinrich Zille, berichtet von seinem Freunde Otto Nagel und für den Film bearbeitet von dem Prometheus-Kollektiv«. Ursprünglich sollte der Film einfach »Zille« heißen. Otto Nagel war es gelungen, Käthe Kollwitz und Hans Baluschek für das Protektorat zu gewinnen. Beide fühlten sich für das Gelingen des Films mitverantwortlich.
Es war nicht einfach, die behördliche Genehmigung für das Drehen des Filmes zu erwerben. Die Außenaufnahmen wurden hauptsächlich im Berliner Wedding gedreht. Hier gab es die meisten Mietskasernen und Hinterhöfe sowie Tausende von Arbeitslosen, die der Regisseur Piel Jutzi als Komparsen einsetzen wollte.

Geeignete Komparsen entdeckte man auch in einer Eckkneipe. Da weiß ich noch genau, daß Jutzi unter anderem ein echtes Berliner Original mit Spitznamen »Neese« engagierte. Er machte seinem Namen alle Ehre, denn er hatte mehr Nase als Gesicht. Aber der Kerl war so ehrlich, daß er Jutzi vor Beginn der Aufnahmen gestand, daß er ein echter Ganove sei. Neese imponierte Jutzi nun nur noch mehr.
Jedoch nach vier oder fünf Tagen wurde Jutzi von der Polizei benachrichtigt, daß Neese bereits wieder einmal im Gefängnis gelandet war.

Szenenfotos aus »Mutter Krausens Fahrt ins Glück«. Mit Ilse Trautschold, Vera Sacharowa, Holmes Zimmermann, Friedrich Gnass und Alexandra Schmidt

In diesem Film hatte ich eine meiner schönsten Rollen. Allerdings gab mir Otto Nagel recht, als ich ihm einmal sagte: Wäre es schon ein Tonfilm gewesen, hätten wir unsere einfache proletarische Berliner Schnauze gebrauchen können, so wie im täglichen Leben auch, ich glaube, damit wären wir noch berühmter geworden.

Für diesen Film bekam ich 800 Mark Gage, für den ganzen Film! Aber die Prometheus-Film, eine von der KPD gegründete Filmgesellschaft, hatte wenig Geld.

Die Berliner Zeitungsfrau sollte eigentlich von Asta Nielsen gespielt werden. Aber das klappte nicht. Da meinte einer, daß es doch im Deutschen Theater eine Souffleuse gibt, die genauso aussieht, wie man sich Mutter Krausen vorstellt. Der Einsatz dieser Alexandra Schmidt wurde ein voller Erfolg. Das war alles so naturgetreu, wie sie die Zeitungsfrau spielt, die nur diese paar Pfennige verdient, zum Leben zuwenig und zum Sterben zuviel. Um wenigstens noch ein kleines Zubrot zu haben, vermietet sie ein Zimmer ihrer winzigen Wohnung an jenen Ganoven, den ich spielte, mit seiner Freundin, dem Straßenmädchen (Vera Sacharowa), und deren Kind. Mutter Krausens Kinder Erna (Ilse Trautschold) und Paul (Holmes Zimmermann) wohnen in der Küche. Der Ganove verführt die Tochter und verleitet den Sohn zur Unterschlagung von Zeitungsgeldern sowie zu einem Einbruch. Für die immer ehrlich gebliebene Mutter Krausen bricht eine Welt zusammen. Sie öffnet den Gashahn und nimmt das Kind des Straßenmädchens mit auf die »Fahrt ins Glück«.

Plakat zu »Mutter Krausens Fahrt ins Glück«

Mit wenig finanziellen Mitteln wurde ein Kunstwerk geschaffen. Der Film wurde zur Waffe im Klassenkampf. Erstmals zeigten große Massenszenen eine Demonstration des Roten Frontkämpferbundes. »Mutter Krausens Fahrt ins Glück« hatte riesigen Erfolg. Die »Rote Fahne« schrieb: »Der hervorragende Film ist der erste echte Zille-Film. Darüber hinaus ist er der erste in Deutschland hergestellte proletarisch-revolutionäre Film. Er könnte mit vollem Recht Wedding heißen. Denn der Hauptdarsteller dieses Filmes ist nicht eine einzelne Person, sondern Wedding. Das Prometheus-Kollektiv hat einen Teil des Zilleschen Milljöhs, das proletarische Milieu vom Wedding, mit größter Lebensechtheit, ohne jede Schminke, ohne Retusche, mit revolutionärer Konsequenz filmisch gestaltet ... Was hier abrollt, ist kein ›Elendsfilm‹, keine Armeleutemalerei, sondern ein klassenbewußter Film des revolutionären Proletariats.«

Mein letzter Stummfilm, im Jahre 1929, war »Ludwig der Zweite, König von Bayern« unter der Regie von Wilhelm Dieterle. Der Streifen war ohne Belang. Wenig später wirkte ich bereits in einem der ersten Tonfilme mit, in »Der blaue Engel«. Ich wieder in einer Nebenrolle, Marlene Dietrich zum ersten Male in einer Hauptrolle. Der Übergang vom Stummfilm zum Tonfilm brachte für mich keine Probleme mit sich. Meine Stimme kam gut an. Viele, teils große Filmschauspieler, »starben« jedoch mit dem Ende des Stummfilmes. Berühmte Darstellerinnen wie Mady Christians, Lien Deyers, Ossi Oswalda oder Lya de Putti verschwanden mit dem Einzug des Tonfilms von der Leinwand. Und wie der Partner von Greta Garbo in »Anna Karenina«, John Gilbert, endete in Deutschland zum Beispiel Bruno Kastner, ein viel umschwärmter Liebhaberdarsteller. Beide gerieten in Not und erschossen sich.

Viele Männerstimmen waren zu hoch und zu dünn für das Mikrofon. Der bisherige Frauenliebhaber des deutschen Films, Harry Liedtke, wurde nun abgelöst von Willy Fritsch.

Eine große Katastrophe bedeutete der Sieg des Tonfilms für viele Tausende von Musikern, die bisher in den Kinos ihr Brot verdient hatten. Sie wurden buchstäblich über Nacht arbeitslos. Auch mancher Stummfilmregisseur hat den Übergang nicht geschafft. Doch für mich begann eine neue Ära, der Tonfilm. Über 100 Filme sind es geworden, in denen ich mitspielte.

Das Uraufführungskino »Alhambra«

Hoppla, wir leben!

Zur damaligen Zeit war es – wie schon gesagt – üblich, daß sich Künstler und solche, die es werden wollten, vor oder meistens nach der Vorstellung in bekannten Lokalen oder in historischen Berliner Caféstuben trafen.
Da gab es zum Beispiel die »Lunte« in der Eislebener Straße. Sie ist insofern erwähnenswert, weil es wohl die verruchteste, billigste der Künstlerkneipen war, die mich immer an Maxim Gorkis »Nachtasyl« erinnerte. Klobige Biertische und einfache Holzstühle, nackte, rauchgeschwärzte Wände und dazu, meist stehend, viele abenteuerlich aussehende Gestalten. Das war nun doch nicht mein Milieu, aber man mußte es einmal gesehen haben.
Ganz anders das »Romanische Café« in der Tauentzien-/Ecke Budapester Straße. Ins »Romanische« gelangte man durch eine Drehtür, die fast nie zum Stillstand kam. Zur Linken gab es einen kleinen Caféteil.
Der Raum zur Rechten jedoch umfaßte etwa das Vierfache an Plätzen, so etwa 60 bis 70 Tische.
Im rechten Restaurantteil lungerten genau solche abenteuerlichen Gestalten wie in der »Lunte« bei einem Glas stundenlang herum. Heute würde man zu diesen Gestalten Gammler, Punker oder Hippies sagen.
Im linken Teil des »Romanischen« trafen sich in regelmäßigen Abständen Leute, die bereits einen Namen in der Künstlerszene hatten. An den runden, weißgrauen Marmortischen saß manchmal Bertolt Brecht oder auch der »rasende Reporter« Egon Erwin Kisch, Egonek, wie er unter Kollegen genannt wurde.
Auch ein Joachim Ringelnatz trieb hier seine Studien, aus denen wohl unter anderem auch sein berühmter Kuddeldaddeldu entsproß. Billie Wilder trank hier oft seinen Kaffee. Auch er mußte in die Vereinigten Staaten emigrieren, wurde ein weltbekannter Filmregisseur. Ich denke nur an »Manche mögens heiß« mit Marylin Monroe.
Wieland Herzfelde, Stefan Zweig, Heinrich Mann und viele andere begrüßten hier ihre Freunde oder sahen scheel auf Nebenbuhler. Im »Romanischen« wurde Politik, aber auch Theatergeschichte gemacht. Den bekannten Bühnenautor Carl Sternheim lernte ich hier kennen. Seine Theaterstücke begeisterten mich so sehr, daß ich in den Besetzungsbüros regelrecht darum kämpfte, in ihnen eingesetzt zu werden. Egal, ob in einer Hauptrolle oder in einer kleineren. Nur spielen wollte ich! Aber erst nach 1945 entdeckte man mich als einen Sternheim-Darsteller. Im Deutschen Theater stand ich unzählige Male als Theobald Maske in der »Hose« und im »Snob« auf der Bühne. Beide Stücke liefen mit großem Erfolg so etwa 200 Vorstellungen.
Doch zurück zum »Romanischen Café«. Auch an herrliche Gesprächsrunden mit dem Dichter Erich Weinert kann ich mich erinnern. Otto Nagel lernte ich hier kennen, der mir das Manuskript für einen noch zu drehenden Film zu lesen gab, zu »Mutter Krausens Fahrt ins Glück«. Schon beim Lesen des Drehbuches hatte ich mich mit der mir zugedachten Filmrolle angefreundet.
Eines Tages erschien Ernst Toller auch im »Romanischen«. Er war ein zierlicher, kleiner, sehr schlanker Mann, ganz das Gegenteil von mir. Seine Gespräche führte er stets leise und höflich. Er war immer ein sehr zuvorkommender Mensch. Er war damals Anfang dreißig und hatte schon so bekannte Bühnenstücke wie »Masse Mensch« und »Hinkemann« geschrieben.
Zur Zeit dieser für mich wichtigen Begegnung mit Toller, das muß so

Das Studio der Piscator-Bühne nach einer Gymnastikstunde. Gerhard Bienert in der zweiten Reihe von oben, zweiter von rechts. Über ihm Ernst Busch

Ende 1926, Anfang 1927 gewesen sein, hatte ich bereits mehrfach in den »Roten Revuen« bei Erwin Piscator gespielt. Toller erzählte mir bei einem Glas Wein von seinem gerade fertiggestellten Stück »Hoppla, wir leben!«. Wie das damals so war, er fand keinen Verleger und schon gar kein Theater, das das politische Stück aufführen wollte.

Dazu muß man noch wissen, daß Toller einst Mitglied der USPD war und im Jahre 1919 als Kommandeur der Roten Armee beim Arbeiteraufstand in Bayern gekämpft hatte. Nachdem der Aufstand von der schwarzen Reaktion niedergeschlagen worden war, erhielt Toller fünf Jahre Festungshaft.
Und ... er war Jude und damit schon

1927 ein »Gestempelter«. Im Gespräch kamen wir auch auf Erwin Piscator zu sprechen, in Kollegenkreisen kurz Pis genannt.
Piscator war bereit, Tollers Stück uraufzuführen, aber er hatte kein Theater. In den zwanziger Jahren war die Hauptstadt des Deutschen Reiches zwar *die* europäische Theaterstadt, das Jahrbuch 1927 der deutschen

Bühnengenossenschaft verzeichnet 45 Berliner Theater. Aber an keinem war Platz für Piscator, obwohl er bereits damals ein sehr erfolgreicher, aber auch gefürchteter Theatermann war. Piscator hatte dennoch Glück, denn eine große Dame des Deutschen Theaters, Tilla Durieux, war mit ihm befreundet. Und Tilla gefiel der Theaterstil von Piscator. Und was damals sehr wichtig war, sie hatte Geld, viel Geld! Ihr verstorbener Ehemann hatte ihr ein beträchtliches Vermögen hinterlassen. Und so geschah es dann wie im Märchen von Tausend und einer Nacht, sie war die gute Fee, die Piscator einige ...zigtausend Mark, Goldmark, gab. Mit diesem »Gold« der goldigen Tilla konnte Piscator das Theater am Nollendorfplatz, eines der größten, gerade neu erbauten Theater von Berlin, mieten. Endlich hatte Erwin Piscator ein festes Domizil, um seine künstlerisch-revolutionären Pläne verwirklichen zu können. Mit großer Intensität begannen nun die Proben zu »Hoppla, wir leben!«, denn Piscator wollte seinem treuen Publikum, das waren besonders viele Arbeiter, begeistert von seinen Roten Revuen, erstmals ein richtiges Theater, keine Fabriksäle, wo er sonst für sie spielte, mit einer echten, großen Bühne präsentieren. Piscator als Mensch war fantastisch und liebenswert. Als Regisseur war er nicht gerade einfach. Er konnte mit jungen Schauspielern, wie wir es waren, überhaupt nicht umgehen. Er brauchte »fertige« Schauspieler. Piscator konnte auch keine Schauspieler »machen«, ihm fehlte die Gabe, vorzuspielen. Doch gerade das ist für viele Schauspieler bei den Proben wichtig.

In Piscators Inszenierungen kamen mir meine vielen Erfahrungen in den unzähligen Statisten- und Klein-

Szene aus »Singende Galgenvögel« von Upton Sinclair

Theaterankündigung 1928

darstellerrollen am Großen Schauspielhaus und später am Deutschen Theater zugute.

Der Tag der Uraufführung von »Hoppla, wir leben!« rückte näher. In den Tageszeitungen wurde immer öfter auf die neue Piscatorbühne am Berliner Nollendorfplatz verwiesen, in einigen mit ehrlichem Interesse, in anderen mit so hetzerischen Worten, daß kein Zweifel war, denen paßte unsere Linie nicht.

In allen Zeitungen die Großankündigung: Piscatorbühne: zum ersten Mal »Hoppla, wir leben!«, eine Revue von Ernst Toller, mit einem Vorspiel und vier Akten, gleich zwölf Bildern, wie es im Programmheft heißt.

Das Theater ist bis auf den letzten Platz besetzt. Im Publikum einfache Arbeiter, versnobte Künstler oder viele, die sich dafür hielten (Gestalten aus der »Lunte«), natürlich auch Schauspieler-Kollegen. Dazu Angehörige des Adels und der bürgerlichen Gesellschaft in kostbarer Abendgarderobe, die Damen im Pelz. Für sie war, wohl zum besseren Verständnis dieser Aufführung, das Programmheft in erster Linie geschrieben worden. Wenn ich auch während der faschistischen Zeit vieles Material vernichten mußte, so habe ich doch bis heute dieses Programmheft als ein künstlerisches Heiligtum aufbewahrt. Es heißt dort im ersten Satz: »Dieses Theater ist nicht gegründet, um Politik zu treiben, sondern um die Kunst von der Politik zu befreien.« Und am Schluß: »Reine Kunst ist auf dem Boden dieser Zeit nicht möglich. Aber die Kunst, die sich bewußt eine politische Aufgabe gestellt hat, wird, sofern sie dieser kompromißlos dient, sich letzten Endes als die einzig mögliche und damit als die reine Kunst unserer Zeit erweisen.«

Ich hatte in diesem Stück gleich drei Rollen, einmal den Diener im Ministerium beim Minister Kilman, einen Arbeiter und dann einen Polizisten zu spielen. Drei Rollen in einem Stück und dann noch beim gestrengen Piscator, das wollte schon etwas heißen. Ich war und bin noch heute stolz darauf, daß er es war, der meine vielfältigen Ausdrucksmöglichkeiten erkannte. Bei Piscator zu spielen hieß eben auch für uns Schauspieler wandlungsfähig zu sein, dabei für den Nebenmann, und das war hier Heinrich Greif, absolut verläßlich.

Sicher, es waren keine Hauptrollen, aber für mich war es eine dankbare Aufgabe, überhaupt bei Piscator spielen zu dürfen. Ich stand neben einem solchen erfahrenen Künstler wie Alexander Granach vom Deutschen Theater, neben Paul Graetz, Lotte Löbinger, Ernst Busch und Oskar Sima, für den der Minister Kilman die erste Rolle in Berlin war. Sima ging später übrigens in die deutsche Filmgeschichte als König der Nebenrollen ein.

Toller sagte mir einmal, er habe das Stück in Anlehnung an »Dantons Tod« von Büchner geschrieben. Und so, wie sich im Zuschauerraum Vertreter unterschiedlichster Klassen und Schichten einfanden, gab auch die Revue einen Querschnitt durch die verschiedenen Klassen, vom Arbeiter über das Bürgertum bis zum Adel. Als Schauplätze gab es Kerker, Wahllokal, Ministerium. Piscator konnte endlich seine große Regiebegabung in seinem eigenen Theater voll zur Geltung bringen. Und er tat es mit regelrechter künstlerischer Besessenheit. Er ließ das Stück auf einem Spielgerüst abrollen. Es gab keinerlei Kulissen. Im Hintergrund der Bühne eine riesige weiße Leinwand. Auf diese wurden die Fenster, Türen, Kerkergitter, Wachtürme und was sonst so alles noch dazu gehörte, projiziert. Parallel zum Text lief, sozusagen als Teil des Stückes, zum besseren Verstehen, eine gigantische Filmschau ab, mit einer ungeheuer packenden, oft grausigen Zeitchronik. Es waren Wochenschauausschnitte von den letzten Tagen des ersten Weltkrieges, von den hungernden, arbeitenden Menschen der Weltwirtschaftskrise bis zum trügerischen wirtschaftlichen Aufschwung 1927. Radiomeldungen wurden eingeblendet und besonders gegen Ende des Stückes häufig Beleuchtungseffekte einbezogen. Die Bühnenmusik vom Edmund Meisel: bewußt verzerrte bekannte Melodien. So war in der totalen Verriß-Kritik der »Kreuzzeitung« zu lesen, daß man »... sogar unser Deutschlandlied zur Katzenmusik verhunzte.«

Toller läßt in »Hoppla, wir leben!« einen nach acht Jahren Haft aus einer Irrenanstalt entlassenen Revolutionär wieder ins öffentliche Leben treten. Dieser Karl Thomas war nach Kriegsende zum Tode verurteilt, dann begnadigt, aber dafür ins Irrenhaus gesperrt worden. Er tritt nun in eine Welt, in der er als Revolutionär überflüssig ist. Zum Schluß bleibt ihm nur der Strick. Seine letzten Worte sind: »Alles umsonst? So dreht euch weiter im Karussell, tanzt, lacht, weint, begattet euch – viel Glück. Ich springe ab ... O Irrsinn der Welt! Ich bin der Welt abhanden gekommen – Die Welt ist mir abhanden gekommen.«

Als diese Worte auf der Bühne verhallten, setzte stürmischer Beifall ein. Hunderte riefen nach Toller, das begeisterte Publikum schrie nach Piscator. Besonders die Proletarier waren ihrem Piscator dankbar. Sie erhoben sich von den Plätzen und stimmten die Internationale an.

Das war für mich ein unvergeßlicher, bewegender Theaterabend.

In den darauffolgenden Tagen gab es wohl keine Zeitung, die nicht ausführlich über Berlins Theaterereignis berichtete. Kritiker wie Herbert Jhering, H. H. Bormann oder der Kommunistenhasser der Neuen Preussischen Zeitung (bekannter unter dem schon erwähnten Titel »Kreuzzeitung«) Metzger, der seinem Namen alle Ehre machte, meldeten sich zu Wort. So schrieb eine der führenden Tageszeitungen, die Morgenausgabe der »Germania«, unter anderem: »Piscator, als Herr im eigenen Haus, erlaubt sich, seine Idee des revolutionären Gesinnungstheaters zu verwirklichen, um seine außerordentliche Regiebegabung ungehemmt zu entfalten. Piscators Regietalent ist nicht nur groß und schöpferisch, sondern auch so zukunftsweisend, so wegbahnend für neue Ausdrucksmöglichkeiten der Bühne, daß man, einmal von aller Gesinnung und Einstellung abgesehen, es nur begrüßen kann, daß diese junge vorwärtsstürmende Regiepersönlichkeit dem Theaterleben erhalten blieb.«

In der Zeitung der Sozialdemokraten »Der Vorwärts« war über die Uraufführung tags darauf zu lesen: »Der aufpeitschende und fabelhafte Film, den Erwin Piscator und sein Kameramann Kurt Oertel zeigten, hat sich dem Gedächtnis tief eingeprägt. Während Edmund Meisel eine bohrende und unweltlich betäubende Musik spielte, wurde die Zeitenuhr von August 1914 bis zum 3. September 1927 noch einmal aufgedreht. Mit Krümperwagen und Kanonen schoß sich die Weltkriegsarmee ins Feld, Greuel und Grauen im Schnee, Sturmangriff, Explosionen, Drahtverhau, Patrouillensprünge, Sterben, Hassen. Endlich Waffenstillstand ... Der letzte Film verdunkelt, der letzte Ton verdröhnt, Piscator hat uns gerädert, wie er uns rädern wollte.«

Theater am Nollendorfplatz um 1926

Und die »Rote Fahne« schrieb: »Das Tollersche Stück war Piscator nichts weiter als seine Ideen zu verwirklichen« und »Piscator hat einen Typus Theater für die Masse, für das Proletariat geschaffen. Die Arbeiter, die am Schluß der Veranstaltung nach Piscator riefen und stehend die Internationale sangen, fühlten es in allen Fasern: Hier schafft ein Mann, der mit dir kämpft und fühlt.«

Die »Kreuzzeitung« schrieb in ihrer Montagsausgabe: »Man sollte jedem Berliner eine Gratiskarte für Piscators ›Zukunftstheater‹ geben. Dann finden sich in den Räumen des bolschewistischen Kunsttempels bald nur noch die ganz ›Unentwegten‹ zusammen ... Darum zum dritten Male: ›Gehet hin und lernet den Ekel!‹ ... Erstaunlich, daß überhaupt Schauspieler von Ruf ihre Kunst in den Dienst einer so minderwertigen Sache stellen.«

Die große Wut und maßlose Hetze gegen Piscator kam ja auch nicht von ungefähr, denn Piscators politische Gesinnung war bekannt, und sein proletarisches Theater, das er seit Jahren vor Arbeitern in den Betrieben spielte, gefürchtet. Also kein Wunder, daß sie schäumten, denn diese Zeitung wurde von solchen Leuten finanziert und gelesen, die da hießen Graf Ralf Lambsdorff, Freiherr von der Wange, Freifrau von Dehn, Gräfin Adeline zu Rantzau, Siegfried von Stülpnagel, Christian von Bülow, Freiherr Ago von Maltzau und und und.

Ernst Tollers »Hoppla, wir leben!« war damals ein großartiger Theatererfolg, für Toller selbst, für Piscator und auch für mich. Bei Piscator spielte ich noch in »Rasputin« und »Schwejk«. Aber seine großen Inszenierungen und die Revuen waren einfach in der Produktion zu teuer, seine durchaus genialen Theaterpläne ließen sich leider nur zum Teil verwirklichen, das fehlende Geld gebot ihm Einhalt und so ging sein zweites Theater auch wieder pleite.

Jedoch, hoppla, wir lebten weiter!

Die Gruppe junger Schauspieler

Nachdem Piscator mit seinem Theater im April 1928 Pleite gemacht hatte, spielte ich unter anderem auch wieder am Deutschen Theater. Es waren keine umwerfenden Rollen, denn die guten oder gar die Traumrollen bekamen Stars wie Bassermann, Gründgens, Granach. In Ferdinand Bruckners Erfolgsstück »Verbrecher« spielte ich zum Beispiel einen Reisenden. Natürlich war es auch hier im »Deutschen«, wie schon seinerzeit im Großen Schauspielhaus, kolossal interessant, neben Gustaf Gründgens, meinem Freund Mathias Wieman, Leonhard Steckel und der lieben Lucie Höflich auf der Bühne stehen zu dürfen. In der Hauptrolle, als Kellner Tunichtgut, der alle Frauen ausnimmt, der von Regisseur Heinz Hilpert zum ersten Mal an das Deutsche Theater verpflichtete Hans Albers. »Otto, Otto« oder »Hanne, Hanne«, wie ihn das begeisterte Berliner Publikum feierte, hatte es Oskar Homolka zu verdanken, daß er diese Rolle angeboten bekam. Denn Homolka, ein ebenfalls sehr bekannter Reinhardt-Schauspieler, der später in die USA emigrierte, hatte sich gerade wieder einmal mit Hilpert verkracht und seine Rolle in »Verbrecher« hingeworfen. Die Aufführung der »Verbrecher« wurde ein Riesenerfolg, insbesondere dank der großartigen Besetzung. Der bekannte Theaterkritiker Herbert Jhering schrieb damals über die Premiere unter anderem: »Hier ist ein Vollblutschauspieler zu sehen ... Gustaf Gründgens und Hans Albers, das ist das neue Spitzenpaar des Berliner Theaters.«
Für mich war dieses Stück jedoch auch insofern von großer Bedeutung, weil während dieser Zeit am »Deutschen« eine Idee geboren wurde, die einmal in die Theatergeschichte eingehen sollte.
Im Herbst 1928 gaben wir die »Verbrecher« etwa zum 150. Male; auch diesmal wurde en suite gespielt, also jeden Abend dasselbe Stück. Man kann sich vorstellen, daß einen dies, noch dazu, wenn man wie ich darin 150mal eine unbedeutende Rolle hat, allmählich nicht mehr befriedigte.
Eines Abends stellte ich meinem Kollegen Hans Deppe in der Garderobe eine Frage, die schon lange in meinen Gehirnwindungen herumgeisterte. Hans Deppe bekam zu dieser Zeit auch nicht gerade große Rollen. Später wurde Deppe ein erfolgreicher Filmregisseur, vor allem im heiteren Genre. Ich erinnere an solche Erfolgsfilme wie »Die Feuerzangenbowle« mit Heinz Rühmann oder auch nach 1945 bei der DEFA »Kein Platz für Liebe« und »Die Kuckucks«.
Ich sagte also zu ihm: »Hänschen, wir müssen einmal etwas auf eigene Faust spielen, vielleicht sogar ein eigenes Theater gründen oder zumindest ein eigenes Schauspielerensemble aufbauen.« Ich dachte so für den Anfang an eine Matinee oder an eine Nachtvorstellung. Hänschen Deppe jedoch hatte keine rechte Meinung dazu. Ich ließ jedoch nicht locker, war ich doch von meiner Idee total begeistert. Ich begann erneut auf Deppe einzureden: »Du bist doch ein guter Schauspieler, du könntest auch erstmals Regie führen. Wir helfen dir alle ...«
Wir wurden im Gespräch unterbrochen, unsere paar Sätze in den »Verbrechern« waren dran.
Am nächsten Abend begann ich Deppe erneut zu bearbeiten, denn ich merkte, ihn juckte es doch, einmal Regie zu führen. Meine Taktik war goldrichtig. Deppe fing nun doch an zu grübeln, das merkte ich. Noch fünf Tage, besser gesagt fünf Abendvorstellungen, und ich hatte Hans Deppe überredet. Heute ärgere ich mich ein wenig darüber, daß es mir

damals an Selbstvertrauen fehlte. Warum hatte ich nicht selbst die Regie übernommen? Es blieb mir bis heute ein unerfüllter Wunsch. Deppe war zwar immer noch skeptisch: »Was wollen wir überhaupt für ein Stück spielen?« Aha, dachte ich, er sagt schon »wir«. »Wo willst du die Schauspieler und Techniker hernehmen, womit sie bezahlen? Und das wichtigste ist ja wohl ein Theater oder zumindest eine Bühne. Denke an Piscator, wie der um ein Theater für die Uraufführung von ›Hoppla, wir leben!‹ kämpfen mußte.« Natürlich hatte er mit seinen Einwänden recht. Aber Hans Deppe konnte noch soviel zweifeln, ausreden konnte er mir meine Idee ganz gewiß nicht mehr!

Ein Stück hatte ich bereits. Es lag im Büro Piscators herum, während eines Besuches war es mir aufgefallen. Es wurde immer wieder hin und her geschoben, weil sich keiner an die Uraufführung herantraute. Ursprünglich war es ein Roman »Jungen in Not«, von Peter Martin Lampel. Für Piscator war das nichts, das Stück brauchte keine monströse und teure Bühnentechnik, die er doch so liebte. In diesem Stück brauchte man als Bühnendekoration nämlich nur ein paar alte Stühle, Tische und Schränke.

Obwohl sich bereits mehrere Berliner Theaterdirektoren, unter anderem auch der später berühmt gewordene Leopold Lindtberg, zu meiner Zeit als Schauspieler und Regisseur bei Dieterle und Piscator, für dieses Stück interessierten, hatten sie alle die Uraufführung wieder verworfen. Der Vorsitzende der Bühnengenossenschaft, ein gewisser Herr Laubinger, hörte von unserem Vorhaben, Lampels Werk aufführen zu wollen und bestellte mich in sein Büro. Laubinger arbeitete damals schon für die sich formierenden Nazis. Und

Der Kern der Gruppe junger Schauspieler: Adolf Fischer, Kurt Werther, Werner Pledath (unten von links), Gerhard Bienert, Reinhold Bernt

mit dieser politischen Einstellung sagte er dann prompt zu mir: »Herr Bienert, Sie haben sich hier ein Stück von dem Lampel ausgewählt, ›Jungen in Not‹. Das Stück hat zwar völkische Gedanken, aber der Titel paßt nicht in unsere kommende Zeit. Unsere Jugend wird künftig keine Not mehr unter unserem Parteigenossen Adolf Hitler zu erleiden haben.«

Mein Gott, dachte ich, wenn ich schon das Wort »völkisch« höre, in Verbindung gebracht mit einem schlechten Schauspieler! Da soll doch unser Projekt auf keinen Fall am Titel des Stückes scheitern. Ich hatte auch gleich einen Vorschlag parat: »Wie finden Sie, Herr Laubinger, ›Revolte im Erziehungshaus‹?« Er fand den Titel letztendlich passabel und genehmigte uns die Uraufführung.

Die erste Hürde war also genommen. Nun brauchten wir Schauspieler. Ich muß sagen, Deppe war ein guter Organisator. Er brachte so nach und nach die notwendigen Schauspieler mit. Man muß wissen, daß Deppe Jungens sehr gerne hatte, und dieses Stück war ein Stück, das von Jungens gespielt werden mußte.

Zuvor hatten wir festgelegt, daß es eine Gruppe junger Schauspieler sein müsse, Schauspieler, die alle noch unbekannt waren. Sie mußten in erster Linie Freude am Theaterspielen mitbringen. Das Geldverdienen war nebensächlich.

Wir hatten ja auch überhaupt kein Startkapital und wußten im voraus nicht, wie das Stück beim Theaterpublikum einschlagen und ob es die Kassen füllen würde.

Und so bildete sich also der »Stab« der Gruppe junger Schauspieler.

Ich überzeugte meinen langjährigen Schulfreund und Schauspielerkollegen Werner Pledath, obwohl der stets nörgeln und zu Beginn allen Tuns immer erst einmal grundsätzlich nein sagen mußte. Seine Mitgliedschaft machte er schließlich davon abhängig, welche Rolle wir ihm anboten.
Meinen Bruder Reinhold Bernt brauchte ich nicht erst zu überzeugen. Er hörte von Kindheit an auf mich. Deppe hatte inzwischen Kurt Werther für unsere Gruppe gewonnen. Kutte, Sohn eines Kneipenwirtes aus Berlin-Spandau, war ein reizender Mensch und ein Phänomen als Schauspieler. Dann erklärte sich Ludwig Roth zur Mitarbeit bereit. Er war mit über 40 Jahren der Älteste in unserer Gruppe. Roth hatte damals, als er zu uns kam, eine sehr berühmte Freundin, nämlich Rosa Valetti, unter anderem bekannt aus dem Film »Der blaue Engel«.
Adolf Fischer war ebenfalls begeistert von unserem Plan.
Meine damalige Freundin Walburga Gmür, ich nannte sie immer Burgi, wurde Mitglied der Gruppe, ebenso der kleine Alfred Schäfer und für die erste Inszenierung der Gruppe junger Schauspieler noch Fritz Genschow. Er hatte einen Hang dazu – zum Ärger der anderen Gruppenmitglieder –, sich stets in den Vordergrund zu drängen. So gab er sich zum Beispiel in einem Interview mit der »Roten Fahne« entgegen unseren Satzungen als Leiter der Gruppe aus. Wir hatten immer deutlich gemacht, daß es bei uns nur eine kollektive Leitung gibt. Er verlangte dann auch noch, seine Freundin Renée Stobrawa in die Gruppe aufzunehmen. Wir hatten eigentlich nur insofern etwas gegen die Stobrawa, als sie an den Berliner Theatern bereits einen Namen hatte. Wir aber wollten doch unbekannten Schauspielern eine Chance geben.

Die Stobrawa war durchaus eine routinierte Schauspielerin und als robuster Typ eigentlich wie geschaffen für die Rolle der Viktoria. Nicht mit seiner Freundin Renée, sondern mit Fritz Genschow selbst spitzte es sich dann so weit zu, daß wir ihm nach vielen Gesprächen in der Gruppe nahelegten, unser Schauspielerkollektiv nicht weiter zu stören. Den I-Punkt setzte er damit, daß er einen weiteren Passus unserer Satzung mißachtete und ein zweites Engagement annahm. Genschow folgte einem Angebot von Intendant Leopold Jessner an das Staatstheater, erhielt eine Traumrolle, den Ferdinand in »Kabale und Liebe« – und blamierte sich in der Premiere bodenlos. Nach diesem Mißerfolg versuchte er, wieder in unserer Gruppe aufgenommen zu werden.
Für die Rollen der Zöglinge in unserem Stück wurde noch eine Reihe unbedeutend gebliebener Schauspieler engagiert. Einer von ihnen ging allerdings in die deutsche Theater- und Filmgeschichte ein, der damals auch noch unbekannte Rudolf Platte. Wer kennt ihn nicht aus rund 200 Tonfilmen, Unterhaltungsstreifen wie »Die lustigen Vagabunden« oder »Der Bettelstudent«. Nach seinem Überwechseln in das Charakterfach nach 1945 wurde er im Theater sowie im BRD-Fernsehen ein glänzender, das Publikum oft zu Tränen rührender Schauspieler. Rudi Platte war uns vom Direktor Barnowsky ausgeliehen worden. Mit Rudi habe ich nach dem Krieg noch einmal in dem Stück »Eintritt frei« gespielt, als er selbst Theaterdirektor war, an der Westberliner »Tribüne«. Wir waren darin zwei Freunde, die in eine leerstehende Villa einsteigen und da alle möglichen und unmöglichen Sachen erleben. Die weibliche Hauptrolle spielte seine Frau Georgia

Lindt. Mein lieber Freund Rudolf Platte starb mit 80 Jahren im Jahre 1984, wenige Tage nach dem Hinscheiden seiner Frau, die er über alles geliebt hat.
Nachdem wir nun einen Stamm der Gruppe junger Schauspieler hatten – es waren übrigens fast alles »Piscatorianer«, also Künstler, die bei Piscator vorher bereits mehrfach zusammen auf der Bühne standen –, berieten wir im Kollektiv (das war damals etwas ganz Neues), welcher Schauspieler welche Rolle spielen sollte. Dazu war es notwendig, daß wir uns in einer Versammlung erst einmal mit dem Inhalt des Stückes vertraut machten. Junge Menschen, Proletarier, werden in einem Erziehungshaus auf vielfältige Art schikaniert. Es gibt schlechtes Essen, die Erzieher sind ziemlich roh, nicht selten setzt es Schläge. Der Zögling Fritz ruft zur Revolte gegen die Anstaltsleitung auf, verrät aber schließlich die revoltierenden Zöglinge. Zum Schluß sehen sie sich dann alle im Gefängnis wieder.
Dieses Stück sollte die Jugend im damals überaus chaotischen Deutschland aufrütteln, sagte mir Lampel später einmal.
Die Hauptrolle, den hinterhältigen Zögling Fritz, spielte also Fritz Genschow. Für diese Rolle war Genschow schon vom Typ her geeignet. Renée Stobrawa verkörperte die Viktoria, die einzige weibliche Figur im Stück. Ludwig Roth war der Leiter des Erziehungshauses, der Vater der Viktoria. Rudolf Platte, Hans Werther und Regisseur Hans Deppe mimten Zöglinge, ich den unmenschlichen Erzieher.
Werner Pledath sollte den Anstaltspfarrer spielen, eine sehr schöne Rolle, wie wir alle meinten. Aber typisch Pledath: ihm kam diese Rolle »zu dumm« vor. »Ich kann doch

keinen Pfarrer spielen, ich bin ein Bonvivant«, war seine empörte Meinung. Daraufhin sagte ich zu ihm: »Na hör mal, dann wirst du eben den Pfarrer als Bonvivant spielen.«
Und Pledath spielte die Rolle dann wunderbar, ein kleinbürgerlicher Pfarrer, wie er im Buche steht. Und er hatte damit großen Erfolg beim Publikum.
Inzwischen hatte ich auch das wichtigste, ein Theater, gefunden. Es war das Thalia-Theater in der Dresdner Straße. Allerdings stellte uns die Direktion des Hauses für die Proben nur den Keller zur Verfügung. Lediglich die Generalprobe und natürlich die Uraufführung durften wir auf der Bühne spielen. Aber auch dafür gab es noch eine Vertragsklausel. Wir mußten unsere gesamten (!) Einnahmen an das Thalia-Theater abführen.
Wir spielten also umsonst, nur aus Freude am Theater. Immerhin noch besser als gar nicht, dachten wir. Und falls das Stück einschlagen sollte, würden wir dann später das große Geld verdienen.
Nach sechs Wochen hartem Proben war es dann endlich so weit. Die Premiere war auf einen Sonntag, auf den 2. Dezember 1928, um 11 Uhr festgesetzt.
Das »8-Uhr-Morgenblatt« der Nationalzeitung brachte wie üblich Reklame aller Theateraufführungen dieses Tages: Das Deutsche Theater spielte immer noch Bruckners »Verbrecher« in der Inszenierung von Heinz Hilpert. Ein Zufall oder sogar ein gutes Omen? Denn in »Verbrecher« war ja meine Idee für die Gründung der Gruppe junger Schauspieler geboren worden.
Fritz Kortner trat im Theater in der Königgrätzer Straße als »Der rote General« auf. Im Metropol sangen Richard Tauber und Käthe Dorsch in der Lehar-Operette »Friederike«. Im Theater am Schiffbauerdamm, dem heutigen Berliner Ensemble, lief die »Dreigroschenoper« von Brecht/Weill mit Harald Paulsen, Rosa Valetti sowie mit Kurt Gerron, den die Nazis später im Konzentrationslager ermordeten.
Als »Casanova« trat im Großen Schauspielhaus der bekannte Opernsänger Michael Bohnen in der Regie von Erik Charell vor das Publikum. Josephine Baker sang in der neuen Hollaender-Revue im Theater des Westens.
Und außer der unseren gab es noch zwei Premieren an diesem, unserem Tag: Im Boulevard-Theater in der Tauentzienstraße ein neues Programm mit dem Ungarn Szöke Szakall und dem Berliner Idol Claire Waldoff, im Berliner »Alkazar« in der Behrenstraße »30 Weltattraktionen«.
Wir bekamen immer mehr Zweifel. Wer würde schon bei dieser Fülle von erstklassigen Angeboten eine Matinee mit der unbekannten Gruppe junger Schauspieler besuchen? Würden die Arbeiter, würde die Jugend in unser Stück kommen? Denn sie ging es ja in erster Linie an. Aber die hatten gewiß auch andere Sorgen. Die Metallarbeiter streikten seit Wochen für höhere Löhne. Allein in der Provinz Brandenburg gab es rund 150 000 Erwerbslose. Und sogar die KPD machte uns an diesem bedeutsamen Tag noch Konkurrenz. Der Rote-Frontkämpferbund feierte mit Schalmeienkapellen und Rezitationen, vorgetragen vom Dichter Erich

Die Gruppe junger Schauspieler: Renée Stobrawa, Reinhold Bernt (vorn). Walburga Gmür, Wolfgang Böttcher, Kurt Werther, Ilse Fürstenberg, Gerhard Bienert, Werner Pledath. Obere Reihe: (unbekannt), Peter Holm, Alfred Schäfer, Adolf Fischer, (?) Zerner, Ludwig Roth

Thalia-Theater Berlin um 1925

Weinert, in der Neuköllner Hasenheide seinen vierten Gründungstag. Und schließlich noch das wunderschöne Sonntagswetter! Bei solch herrlichem Sonnenschein zieht es doch die Berliner sicher noch einmal in die Ausflugslokale, dachten wir. Unsere Generalprobe ging bis in die frühen Morgenstunden des Premierentages. Ich wurde am Schluß der Probe noch dazu heiser, daß ich bangte, ob ich überhaupt spielen könnte. Alle waren auf das Äußerste gespannt, gereizt und aufgeregt, als wir nach wenigen Stunden Schlaf – ich glaube, es hat von uns wohl kaum einer ein Auge zugetan – wieder auf der Bühne des Thalia-Theaters standen.
Ich kann mich noch genau daran erinnern, daß ich nie zuvor so oft durch das Loch des Bühnenvorhanges in den Zuschauerraum geschaut habe. Etwa zwanzig Minuten vor Beginn der Vorstellung war der Saal noch gähnend leer, obwohl man uns hatte wissen lassen, daß die Eintrittskarten recht gut verkauft worden waren. Ein nervenaufreibendes Warten und Bangen begann. Allmählich füllte sich der Zuschauerraum doch, schließlich bis auf den letzten Platz.
Endlich, der Vorhang öffnete sich. Welch ein Gefühl in uns an diesem Tage aufkam, ist kaum zu beschreiben. Im Spiel gaben wir alle unser Bestes. Mit einemmal spontane Zurufe aus dem Publikum, dann Beifall. Nachdem Ludwig Roth einen Zögling über den Tisch gelegt und mit dem Rohrstock auf ihn eingeschlagen hat, fällt der Vorhang für den ersten Akt. Atemlose Stille, bis eine Frau im Parkett »Saustück« brüllt. Bei einigen anwesenden Bourgeois schlägt die Anklage des Stückes also ein, sage ich mir. Doch die Worte der Frau gehen unter in dem stürmischen Beifall. Wenn ich daran denke, bekomme ich noch heute eine Gänsehaut.
Der Applaus begleitet unser Spiel nun bis zum Ende. Der Autor, Peter Martin Lampel, wird vom Publikum auf die Bühne gerufen. Und immer wieder Beifall und Bravorufe für das Ensemble. Die Gruppe junger Schauspieler hat ihre erste Bewährungsprobe bestanden. Tags darauf wurden wir in den Zeitungen von Freund und Feind gefeiert.
Hier nun einige Rezensionen. Im »8-Uhr-Morgenblatt« der Nationalzeitung vom 4. Dezember 1928 schrieb der Theaterkritiker Richard Wilde unter anderem folgendes: »Ereignisreicher Vormittag. Am Theater wird Leben, die Szene wird zum Tribunal. Angeklagt ist die sogenannte Jugendfürsorge, öffentlicher Ankläger ist Peter Martin Lampel, dessen Schauspiel ›Revolte im Erziehungshaus‹ von der ›Gruppe junger Schauspieler‹ aufgeführt wird. Lampel hat ein vielbeachtetes und doch viel zu wenig beachtetes Buch herausgegeben ›Jungen in Not‹. Sammlung von Dokumenten falscher Erziehung schwer Lenksamer. Lampels Werk prangert das System an und zeigt in drei machtvoll gesteigerten, mit dramatischer Kraft gestalteten Akten, wie die böse Tat fortzeugend Böses gebären muß. Wie Mißbrauch der Gewalt, Verhetzung, kalte Interessenlosigkeit die Zöglinge zum Trotz, zum Widerstand und schließlich zum offenen Aufruhr treiben.
Erstaunlich war, wie dieses Stück aufgeführt wurde, erstaunlich vor allem war die Regie Hans Deppes, der den Reinhardt-Bühnen angehört. Ein heißer Atem weht durch das Spiel, das ganz konzentriert, in immer leidenschaftlicherem Tempo, sich entwickelt. Die jungen Schauspieler (viele von ihnen kommen von

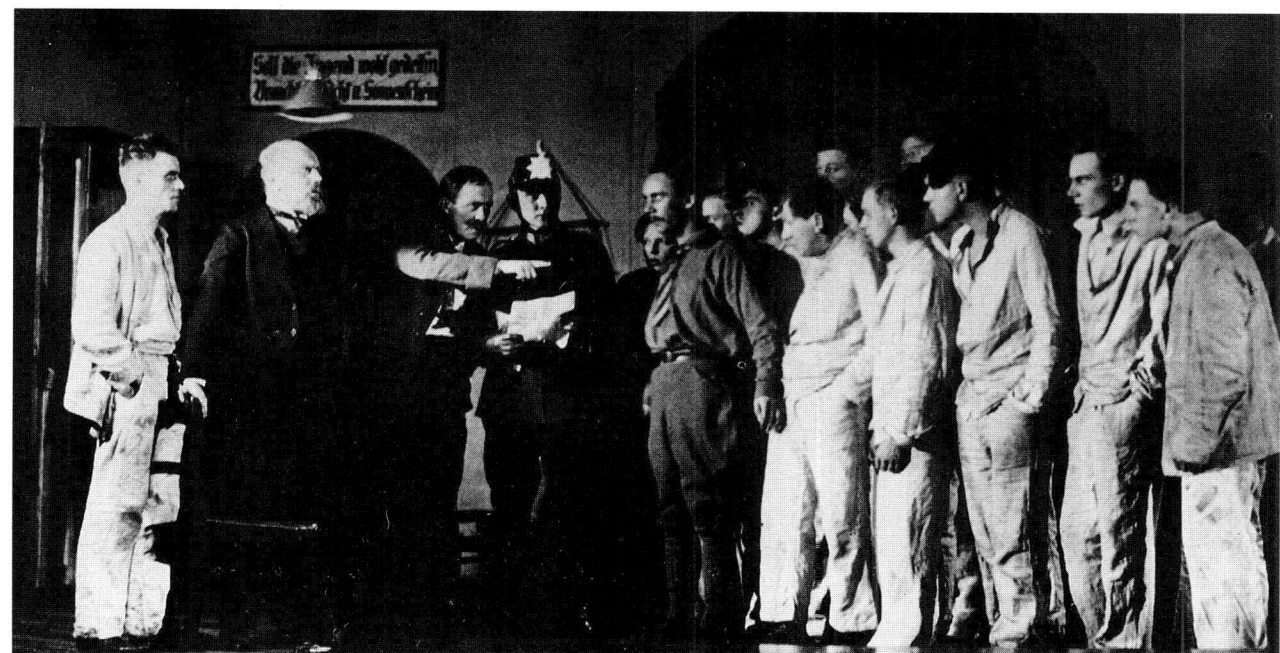

»Revolte im Erziehungshaus«

Piscator) waren willige Werkzeuge und freudige Helfer ihres Regisseurs. Fritz Genschow, verknurrt, energiegeschwellt, kühl-besonnen, war als Haupt der Revolte von stupender Echtheit. Vorzüglich Werner Pledath, der lässig-bequeme Anstaltspfarrer, Ludwig Roth als unväterlicher Hausvater, Gerhard Bienert als Erzieher, der jugendliche Peter Wolff, Reinhold Bernt, Hans Deppe selbst als Zöglinge. Die einzige Frau, die freche und lüsterne Tochter des Hausvaters, gab Renée Stobrawa hochmütig, dreist werdend und mit flammendem Temperament. Aus der Reihe trat nur Walter Gynt.

Spontane Zurufe des Publikums, allerlei Theater im Theater und stürmischer Applaus, der Lampel hervornötigte, das waren die Begleiterscheinungen dieser Vorstellung, die wert ist, in den Abendspielplan einer Bühne aufgenommen zu werden.« –

Soweit die vielbeachtete bürgerliche Zeitung.

Die »Rote Fahne« schrieb am gleichen Tage: »Dieses Schauspiel von Lampel erlebte am letzten Sonntag seine Uraufführung, ein Erlebnis für alle, die den Raum des Thalia-Theaters füllten. Selbständig verfaßte Aufzeichnungen junger Proletarier, die ihre Jugend in der Fürsorgeanstalt verbringen, liegen diesem Schauspiel zugrunde. ›Raus aus dem Laden.‹ ›Denn ebent int Gefängnis, da weeste wat de hast. Und dann schmeißt einem der Erzieher die geschliffenen Spaten auf die Beene, wo wir keene Strümpfe kriegen.‹ Diese jungen Arbeiter kommen in diese Anstalt, gezeichnet mit den Folgen von Syphilis, die sie von ihren Eltern geerbt, Sprößlinge der proletarischen Klasse. Hinter allem steht das große ?, warum? Die Antwort!? Zwei Erzieher vollziehen die Prügelstrafe an wehrlosen Jugendlichen. Das Milieu sehen wir auf der Bühne, sehen und hören die nackte Wahrheit.

Saustück, Saustück, brüllt auf einmal eine Stimme im Parkett ... Schikanen, schlechtes Essen, Roheiten der Anstaltsleitung, Aufhetzung von seiten des Kameradschaftsführers Kurt, der Spitzeldienste leistet, führen zur Revolte. Aber die Mauer um die Anstalt steht, und die Zöglinge rennen dagegen an – und gehen ins Gefängnis.

Die Gruppe junger Schauspieler unter der Leitung von Fritz Genschow meistert diese Vorgänge. Die Gruppe der Zöglinge fordert auf: Kämpft! Den Peter Wolff als der junge Erwin vergißt man nie wieder, Roth, Pledath, Deppe ...

Die Berliner Arbeiter, und besonders die Jungarbeiter, sollen nicht versäumen, die Gruppe junger Schauspieler in ›Revolte im Erziehungshaus‹ zu sehen, sie werden dort aufgerüttelt werden und neuen Mut finden.«

Ein großes Lob war es für uns auch, daß Dichter wie Zuckmayer (»Der Hauptmann von Köpenick«) und Toller (»Hoppla, wir leben!«) an die Berliner Volksbühne offene Briefe schrieben. Toller im Berliner Tageblatt: »Es waren für mich seit Monaten die stärksten Theaterstunden. Und die Volksbühne klagt über das Fehlen von Zeitstücken!«

Carl Zuckmayer schrieb unter anderem: »Es handelt sich keineswegs um eine der üblichen Uraufführungsmatineen ... sondern um eine Sache von vollstem Gewicht, von allgemeinster Bedeutung.« Und jetzt kamen endlich die Angebote, und zwar gleich von vier Berliner Theatern, die uns mit diesem Erfolgsstück in ihr Abendrepertoire übernehmen wollten.

Schließlich entschieden wir uns für Direktor Barnowsky vom Theater in der Königgrätzer Straße. Er wollte uns allerdings nur 50 Mark Gage pro Abend und Person zahlen. Und aus Barnowskys ohnehin schon lächerlichem Angebot wurden dann letztendlich nur noch 30 Mark. Jener Ludwig Körner nämlich, über den ich bereits im Kapitel über das Große Schauspielhaus berichtete, der als Vorsitzender der Bühnengenossenschaft während des Schauspielerstreiks eine recht zweifelhafte Figur abgab, war inzwischen zum Geschäftsführer bei Barnowsky avanciert. Er war es dann, der nicht mehr als 30 Mark zuließ. Barnowsky und sein Theater haben sich in dem einen Jahr mit unserer »Revolte« gesundgestoßen. Er hatte es auch nötig, denn kurze Zeit vor uns hatte sein Theater nämlich gerade Konkurs anmelden müssen. Aber Barnowsky war ein schlauer Theatermanager. Er engagierte damals für ein neues Stück eine

Gerhard Bienert mit Renée Stobrawa

junge Schauspielerin namens Eleonore von Mendelssohn, Tochter eines berühmten Berliner Bankhauses. Sie war es, die das neue Stück »Toboggan« über Soldaten im 1. Weltkrieg von dem umstrittenen UFA-Schriftsteller Gerhard Menzel finanzierte. Die Hauptrolle in »Toboggan« hatte mein guter Freund Rudolf Forster. Forster bekam jedenfalls in »Toboggan« 600! Mark Abendgage, soviel wie zum Beispiel auch Werner Krauss am Großen Schauspielhaus. Barnowsky führte bei »Toboggan« selbst Regie, aus purem Eigennutz, damit für ihn eine große Sondergage abfiel. Sein Regietalent nämlich war wirklich nicht umwerfend. Er galt, wie wir in Fachkreisen sagen, als ein »bequemer« Regisseur. Wes Geistes Kind Barnowsky war, das zeigt eine Episode, die sich bei den Proben zu »Toboggan« zutrug.

Regisseur Barnowsky wollte dem ganz hinten auf der Bühne im »Schützengraben« liegenden Rudolf Forster etwas sagen. Also stieg er hoch auf die Bühne, bewältigte die »Stacheldrahtverhaue«, noch eine »Böschung« und als letztes einen »Schützengraben«. Völlig erschöpft und außer Atem kam er bei Forster an. Tief nach Luft schnappend sagte er zu Forster einen Satz, den man sich bald in halb Berlin erzählte: »Mein Gott, da bekommt man ja richtig einen Begriff davon, wie schrecklich der Weltkrieg gewesen sein muß.« Ein Ausspruch eines weltfremden, jedoch sehr bekannten Theatermannes.

Seine Weltfremdheit und sein kindhaftes politisches Gemüt zeigt auch ein weiteres Barnowskyzitat. Als wir mit ihm bezüglich der Übernahme unseres Stückes in den Abendspielplan seines Theaters verhandelten, sagte er zu mir: »Also, Herr Bienert, ich habe mich nun entschlossen, das Stück mit Ihrer Gruppe in meinen Spielplan aufzunehmen. Denn ich bin zu der Überzeugung gelangt, daß die Zeit für einen gebildeten

Kommunismus in Deutschland gekommen ist.« – »Gebildeter Kommunismus«, Niveau und Verstand eines damals großen Theaterdirektors. Aber eben auch ein großer, unangenehmer Konkurrent von Max Reinhardt in Berlin.

Nach einigem Hin und Her stimmten wir dem Vertragsangebot zu, schließlich waren wir erst einmal die Sorge los, ohne Engagement zu sein. Hätten wir jedoch geahnt, daß unser Stück rund 250mal en suite über die Bühne des Theaters in der Königgrätzer Straße gehen würde, dann hätten wir auf eigene Rechnung mehr Geld verdienen und damit ein neues Projekt finanzieren können.

Als junge Menschen waren wir in Sachen Macht und Geld doch zu unerfahren. Auf der anderen Seite jedoch hatten wir die Gewißheit, daß wir mit unserem Erfolgsstück auf eine Deutschland-Tournee gehen konnten.

Der ersten folgten noch viele Tourneen, in Deutschland, in der Schweiz, der Tschechoslowakei und in der Sowjetunion. Doch darüber in einem anderen Kapitel.

Durch »Revolte im Erziehungshaus« wurde der theatergewaltige Barnowsky auf mich aufmerksam. Er und Regisseur Erwin Piscator boten mir eine Rolle neben Hans Albers in »Rivalen« an. Jedoch entschied ich mich für eine bereits perfekt gemachte Tournee mit unserem Stück. Daher bekam mein Bruder Reinhold Bernt die Rolle. Und als ich den Proben mit Albers und seinem »Rivalen« Fritz Kortner zusah, wußte ich, daß ich mich richtig entschieden hatte. Das Stück gab Anlaß zu viel Theaterklatsch.

Im ersten Weltkrieg verlieben sich zwei amerikanische Soldaten, dargestellt von Albers und Kortner, in ein französisches Mädel (Maria Bard, die erste Ehefrau von Werner

Szene mit Werner Pledath, Reinhold Bernt, Gerhard Bienert, Renée Stobrawa

Krauss), und die Rivalität zwischen Albers und Kortner war da, auf der Bühne wie auch im Leben.

Während der Proben kam es zu immer neuen Streitigkeiten zwischen den beiden. Kortner hielt überhaupt nichts von der Schauspielerei Hans Albers' und ließ ihn das auch zu jeder nur passenden Gelegenheit wissen.

Und Albers wiederum brachte Kortner bis zur Weißglut, indem er dessen Auftritte zum Beispiel durch Räuspern störte, eigene, langgespielte Pointen brachte oder ihm zu verstehen gab, daß Kortner ja von einem ganz primitiven Revuedirektor James Klein stamme.

Da sagte Kortner dann zu Albers: »Sie spielen heute wohl auf Pointe, was? Das ist natürlich etwas anderes. Ich dagegen *spiele*, und zwar mit Gefühl.« Albers konterte: »Natürlich, Herr Kortner, Pointe, Pointe, immer rin in't Parkett mit die Pointe.«

Das alles waren für Kortner ziemliche Schmähungen. In der Premiere war er dann merkwürdig leise und befangen, bekam Textunsicherheiten und spielte, im Gegensatz zu seinem »Rivalen«, miserabel.

Der Abend endete dann für Kortner mit einer deftigen Ohrfeige von Albers.

Und auch das ist noch eine Erinnerung an den blonden Hans. Vor seinem Auftritt gingen mein Bruder und ich in Albers' Garderobe, um ihm für das Spiel toi, toi, toi zu wünschen. Vor uns stand ein splitternackter Albers und sagte, auf drei in der Garderobe anwesende »Damen« weisend: »Darf ich euch meine Freundinnen vorstellen?«

Cyankali

Es war etwa im März des Jahres 1929, da entschloß sich unsere Gruppe, die weiteren Aufführungen nun doch in die eigenen Hände zu nehmen. Die Gruppe brauchte Geld, weniger für uns Schauspieler, vielmehr für ein neues Projekt.

Wir kamen überein, mit unserem Stück auf Tournee zu gehen und damit mehr Geld zu verdienen als bei Barnowsky. Ich schloß gleich mehrere Verträge ab, die uns durch Deutschland, die Tschechoslowakei, die Schweiz und durch Österreich führten. Wir hatten einigen Erfolg. Allerdings verpaßten wir es durch unsere Abwesenheit in Deutschland, in dem gleichnamigen Stummfilm mitzuwirken, der im Jahre 1929 mit Carl Balhaus und Tony van Eyck in den Hauptrollen gedreht wurde.

An den ersten Abend in Stuttgart, es war der erste Tourneetag überhaupt, erinnere ich mich noch genau. Unerfahren wie wir waren, machten wir uns Gedanken, wie denn die Tournee verlaufen würde. Voller Unruhe trottete ich in Richtung Theater. Ich staunte nicht schlecht: Vor dem Theater fuhr bereits eine Reihe schwarzer Limousinen wie Mercedes oder Pakkard vor, denen die Stuttgarter Stadtprominenz entstieg. Unsere Zweifel waren also unbegründet. Gerade das Bürgertum wollte einmal etwas Neues sehen, etwas Ungewöhnliches. Von Berlin bis Stuttgart hatte es sich herumgesprochen, daß da eine Gruppe junger Schauspieler erfolgreich progressives, politisches Theater mit neuem Stil machte. Mit unserem Stück und unserem Spiel kamen wir bei dem verwöhnten Publikum gut an.

Nach der Vorstellung wurden wir von einigen Theaterbesuchern zu einem Essen in den Ratskeller eingeladen. Im Gespräch stellte sich heraus, daß es progressiv gesinnte junge Ärzte aus der Stadt waren. Darunter befand sich auch ein praktischer Arzt und Schriftsteller namens Dr. Friedrich Wolf. Nach einigen Stunden heißer Diskussion über unsere Aufführung verabschiedeten wir uns, denn am nächsten Morgen sollte es in unsere zweite Tourneestadt, nach Dortmund, weitergehen.

Dort angekommen, informierte uns der Gastspielunternehmer ganz aufgeregt, daß der Polizeipräsident von Dortmund den Auftritt unserer Gruppe verboten hatte. Dieser Herr, dessen Name mir inzwischen entfallen ist, war Mitglied der SPD. Wir konnten es nicht verstehen, das ausgerechnet ein SPD-Mitglied unser Stück verbot.

Was nun tun? Bis zu unserem nächsten Gastspiel in Köln war noch eine Woche Zeit. Verlorene Zeit, verlorenes Geld. Da erinnerten wir uns des interessanten Gesprächs mit Dr. Friedrich Wolf in Stuttgart, der gerade begonnen hatte, ein Stück über ein Thema zu schreiben, das eng mit seiner Arbeit als praktischer Arzt verbunden war. Wir besuchten ihn. Sein Sohn Konrad war ein Jahr alt und ging mir, der ich schon immer Kinder liebte, nicht vom Schoße.

Wer konnte ahnen, daß aus diesem kleinen Konrad ein international geschätzter Regisseur, Präsident der Akademie der Künste der DDR werden sollte, daß ich einmal in einem seiner Filme, »Lissy«, mitspielen würde!

Doch zurück zu Vater Wolf. Er erzählte uns nun Einzelheiten über sein Vorhaben, und unsere Gruppe zeigte großes Interesse, dieses Stück uraufzuführen. Wolf schrieb es den Schauspielern unserer Gruppe buchstäblich auf den Leib.

Das Stück hieß »Cyankali«. Es war eine Anklage gegen den § 218, der den künstlichen Schwangerschaftsabbruch verbot. Zu dieser Zeit hatte

Deutschland Millionen von Arbeitslosen. Verhütungspraktiken für die Arbeiter gab es nicht. Und oftmals mußte eine bereits hungernde Großfamilie auch noch ein 15. Kind hinnehmen. Oder die Schwangeren gingen zu »hilfsbereiten« Frauen, die ihnen nicht selten das Leben verpfuschten. Daher setzte Ende der zwanziger Jahre, initiiert von real und progressiv denkenden Ärzten und unterstützt von der KPD, eine wahre Volksaktion gegen diesen unmenschlichen Paragraphen ein. In vielen Städten Deutschlands bildeten sich sogenannte Kampfausschüsse. Auch Dr. Friedrich Wolf trat gemeinsam mit seiner Stuttgarter Kollegin Dr. Else Kienle gegen den Abtreibungsparagraphen ein. Wolf bekannte sich offen für den Schwangerschaftsabbruch aus sozialer Not.

Gegen Dr. Wolf und viele andere Ärzte setzte nun ein regelrechtes Kesseltreiben von seiten der konservativen Ärzteschaft ein. Friedrich Wolf und Else Kienle wurden schließlich verhaftet. Frau Dr. Kienle begann im Gefängnis mit einem Hungerstreik. Jedoch immer mehr Protestdemonstrationen der Volksmassen erzwangen schließlich die Haftentlassung von Wolf und den anderen.

Während der Gefängniszeit reifte in Wolf die Idee, ein Schauspiel zu schreiben, das sowohl auf die Folgen des § 218 als auch der kapitalistischen Krise und der Arbeitslosigkeit hinweisen sollte. Die Uraufführung eines solchen Stückes sahen wir als eine hohe Verpflichtung an.

Kurz zum Inhalt von »Cyankali«. Die junge Frau Hete (dargestellt von Renée Stobrawa) verliebt sich in den jungen Arbeiter (Adolf Fischer); ursprünglich sollte Genschow die Rolle bekommen, aber der war endgültig abgesprungen.

»Cyankali« mit Renée Stobrawa und Gerhard Bienert

Hetes Mutter wurde gespielt von Ilse Fürstenberg, Pledath gab den Arzt, Reinhold Bernt den Zeitungsverkäufer Kuckuck und ich den Heizer Paul. Daneben waren Walburga Gmür, Ludwig Roth, Maria Krahn und Rose Grawz mit von der Partie. Regie führte Hans Hinrich.

Am 6. September 1929 war es so weit. In den Berliner Tageszeitungen stand zu lesen: »Lessing-Theater (Gruppe junger Schauspieler), Friedrich Wolf: ›Cyankali‹ (Uraufführung) 20.15 Uhr.« Die Konkurrenz war auch an diesem Tage groß, genau wie bei der Uraufführung von »Revolte im Erziehungshaus«. Im Großen Schauspielhaus brachte man Erik Charells »Drei Musketiere«, im Deutschen Theater »Die Fledermaus«.

Und dann auch noch zwei weitere Uraufführungen. Einen Tag vor uns war am Berliner Theater »Zwei Krawatten« mit Hans Albers und Marlene Dietrich herausgekommen – wer konnte damals ahnen, daß mir dieses Stück fünfzig Jahre später einen Riesenerfolg bescheren würde. Und bei Piscator im Theater am Nollendorfplatz wurde »Der Kaufmann von Berlin« aus der Taufe gehoben. Wenn ich Erwin Piscator einmal im »Olymp-Theater« wiedertreffe, möge er mir verzeihen, daß ich ihm dies sehr übel genommen habe. »Cyankali« sollte eigentlich bereits eine Woche eher herauskommen. Als wir aber erfuhren, daß Piscators »Kaufmann« am selben Tag Premiere haben wird, beschlossen wir, unsere Uraufführung auf den besagten 6. September zu verschieben.

Was tat Piscator daraufhin?
Er verschob ebenfalls auf den 6. September!

Unsere Bedenken waren auch bei der zweiten Uraufführung völlig umsonst. Die Vorstellung war bis auf den letzten Platz ausverkauft. Unsere Gruppe und Friedrich Wolf, der sich ebenfalls dem begeisterten Publikum zeigte, bekamen viel Beifall. Die

Pressestimmen waren am nächsten Tag rundum begeistert:
Die »Germania« schrieb: »Auf der Bühne wird das Urteil über den § 218 gefällt. Der Held hat ausgerufen: Ein Gesetz, das in jedem Jahr 800 000 Mütter zu Verbrechern macht, ist kein Gesetz mehr, worauf der Beifall des Premieren-Publikums, das etwas anders als sonst aussieht, einsetzt und sich zum Schluß demonstrativ steigert.
Man sieht eine Reihe altmodischer, naturalistischer Mietskasernenbilder. Bei Mutter Fent und ihrer Tochter Hete reicht es gerade zu einer Küche im Hinterhaus, obgleich Hete eine gute Bürostelle hat, obgleich der Bräutigam Spezialarbeiterposten bekommt. Und auch für die Küche sind sie Miete schuldig. Und eben aus diesem Grunde will Hete kein Kind haben. Hausverwalter kommt, um Hetes Bräutigam herauszuwerfen, aber gleichzeitig macht er bei Mädchen verbotene Eingriffe. Einbruch und Erschießung eines Polizisten bringen Bräutigam hinter feste Mauern.
Renée Stobrawa, Talent ergreifend dargestellt. Daß diese Schauspielerin, die mit so knappen Mitteln so viel zu sagen weiß, nicht von den Berliner Bühnenleitern längst ganz groß herausgestellt wurde, ist unbegreiflich.
Jeder stand für sich, weil dem Regisseur Hans Hinrich die Kraft der Zusammenfassung fehlte. Gut umrissene Type gab Ilse Fürstenberg und Ludwig Roth. Reinhold Bernt hatte seinen Zeitungsverkäufer zu breit ausgemalt. Gerhard Bienert fand für den Heizer Paul noch nicht das richtige Format. Zeittheater? Tendenztheater mit allen Mitteln und Formen!« So weit die bürgerliche »Germania«.
Die Rezension in der »Roten Fahne« hatte die Überschrift: Gruppe junger Schauspieler gegen den Paragraphen 218. »Cyankali« von Friedrich Wolf. »Die Gruppe junger Schauspieler: Von der ›Revolte‹ zu ›Cyankali‹ führt ein gerader Weg, und man kann sich nur freuen, die Gruppe sehr beglückwünschen und sehr wünschen, daß sie in der bisherigen Form erhalten bleibt.
Die schauspielerischen Leistungen sind so gut, von einer solchen Echtheit, daß man über sie einen besonderen Artikel schreiben könnte. Maria Krahn und Gerhard Bienert und Reinhold Bernt und Ludwig Roth und Ilse Fürstenberg und Rose Grawz (Renée Stobrawa nannten wir schon), alle geben sie Leben ... wirkliches, wirkliches Leben!
Nicht nur ein Erfolg des Schauspiels ›Cyankali‹ von Friedrich Wolf, der Regieleistung von Hans Hinrich und des hervorragenden Kollektivs, sondern vor allem – ein großer Erfolg der Propaganda gegen den § 218. Der Autor Friedrich Wolf als Kassenarzt und früherer Stadtarzt im Ruhrgebiet kennt die Schmach des § 218 aus der Praxis. Es ist ihm mit ›Cyankali‹ ein bedeutender dramatischer Wurf gelungen. Großartig im Stück die Szene, wo Proletarier von der Mutter Fent bis zum Heizer Paul sich mit Heißhunger auf das Essen stürzen und essen, essen, essen, als ob sie zum ersten Mal in ihrem Leben Nahrung zu sich nehmen würden ... Großartig die erschütternde Schlußszene.«
Erich Burger schrieb im »Berliner Tageblatt«: »Berlin, es gibt auch derartiges in Berlin: daß in diesem Massenbetrieb, in dieser kolossalen Lorbeermaschine, auf dieser windigen Theaterrutschbahn sich junge Menschen behaupten können. Junge Menschen, die nicht die großen Gelder reicher Hintermänner verpulvern dürfen, junge Menschen, die den Groschen zehnmal umdrehen müssen, ehe sie ihn in den Aufbau einer Dekoration stecken können, junge Menschen, die erst recht zusammenhalten, wenn der Führer mit saftiger Rolle in der Tasche von ihnen abspringt. (Gemeint ist Fritz Genschow, D. R.) Das gibt es in Berlin. Es geht auch ohne Hunderttausender. Es geht auch ohne den abgestiegenen Führer. Es geht, weil ein Wille da ist, eine Begeisterung, ein Arbeitsgefühl. Sie werden das Rennen schon machen. Sie haben es bereits gestern wieder so gewonnen, gegen eine waffenstarrende Konkurrenz. Sollen die anderen protzige Kulissen rüsten, sollen die anderen mit Technik blitzen, sollen die anderen jeden Abend unermeßliche Stargagen ins Parkett abfeuern. Sollen die anderen ruhig. Keine Angst. Sie stehen fest, ein Stoßtrupp, die Gruppe junger Schauspieler. Weiter sollen sie zusammenarbeiten in ihren friedlichen Schützengräben und keiner darf die Stellung künftig mehr verlassen, keiner mehr! Sie schleppen nicht den Ballast eines Programms auf Reklameschildern vor sich her. Sie haben einfach ein Programm, und sie haben gestern wieder dem Theater einen Dramatiker zugeführt, Friedrich Wolf.
Alarm gegen Abtreibungsparagraphen, Notsignal gegen überholte und veraltete Gesetze. Wie ein Mädel stirbt, weil der Arzt sie wegschickt, weil die weise Madame sie verpfuscht, weil sie ein paar Tropfen zuviel nimmt von dem Dreckszeug Cyankali. Aber schon verklingt es im Hauch der Worte, die das sterbende Mädchen spricht: ›Zehntausende müssen sterben, hilft uns denn keiner?‹ Diese einfachen Worte sagt Renée Stobrawa. Her mit allen Namen: Gerhard Bienert, Ludwig Roth, Maria Krahn, Rose Grawz, Werner Pledath.
Ein großer Erfolg der Gruppe junger Schauspieler. So weitermachen,

Lessing-Theater um 1930

jetzt zusammenbleiben, nicht größenwahnsinnig werden. Einfach bleiben und wehe, wenn einer auskratzt!« Diese Kritik war wohl die schönste für unsere Gruppe. Der 6. September bescherte uns einen enormen Erfolg. Piscator brachte er einen Theaterskandal. Die Inszenierung des »Kaufmanns von Berlin« war schlecht, wie die Zeitungen tags darauf schrieben.

Mit »Cyankali« kamen wir auf etwa 200 Aufführungen. Wir waren stets mit großem Ernst bei der Sache, ging es doch um ein so wichtiges Thema. Aber einmal passierte es doch, daß wir vor Lachen nicht weiterspielen konnten. Wir waren im letzten Akt. Als Heizer Paul habe ich in der Kantine der Fabrik eingebrochen, um Essen für die Familie zu besorgen. Ich trete in einem Mantel auf, den ich mir nur lässig übergehängt hatte. Unter dem Mantel sind die Pakete mit Brot und Wurst verborgen. Ich lege alles auf den Tisch, an dem die Familie sitzt, Mutter Fent (die Fürstenberg), Zeitungsverkäufer Kuckuck (mein Bruder) und die Hete. Da rollt doch eine Wurst vom Tisch herunter. Die Fürstenberg springt vom Stuhl der Wurst nach. Nun verhakt sich mein Mantel am Stuhl der Fürstenberg und zieht ihn weg. Als sich die Fürstenberg wieder setzen will, ein Schrei im Publikum: sie setzt sich neben ihren Stuhl auf den Hintern, die Beine und den Rock über den Kopf bleibt sie liegen.

Das Publikum kreischte immer noch vor Albernheit, aber ich mußte nun in meinem Text weiter. Ich riß mich also zusammen, aus diesem ernsten Stück durfte doch kein Lustspiel werden. Ich schaffte noch fünf Sätze. Als ich jedoch Publikum und Kollegen immer noch lachen sah – die Fürstenberg wälzte sich weiter in ihren Rock verwickelt auf der Bühne, war es auch mit meiner Beherrschung vorbei.

Der Vorhang fiel dennoch nicht, wir spielten weiter. Aber mir war unser Entgleiser ganz schön peinlich. Gott sei Dank war keine Presse im Zuschauerraum. Denn wie hatte doch einer der Kritiker, ich glaube, es war Alfred Kerr oder Herbert Jhering – geschrieben: »Sehen Sie sich diese jungen Leute an, sie spielen ohne große technische Aufmachung schlichtes, aber sehr wirkungsvolles Theater, es geht also, wenn man es kann.« Und das mußte auch so bleiben!

Für Piscator waren wir zur echten Konkurrenz geworden. Aber er sah nicht tatenlos zu. Was machte er, als die Zeit gekommen war, mit »Cyankali« auf eine Deutschlandtournee zu gehen? Er besorgte sich ein anderes Stück über den Abtreibungsparagraphen, von Carl Credé, »Paragraph 218« hieß es. Und ging damit auch auf Tournee. Und zwar war er uns immer ein paar Tage voraus. Oftmals hatten wir dadurch furchtbare Fehlanzeigen. Die Stadtgewaltigen sagten: »Das tut uns leid, solch ein Stück hatten wir gerade in unserer Stadt, und noch einmal wollen wir dieses Thema nicht.«

Aber dennoch gab es Städte, die uns auftreten ließen. Am 15. Januar 1930 begann unsere Supertournee, die uns durch viele Städte Deutschlands, schließlich bis in die Sowjetunion führte.

Der erste Auftritt war in Leipzig. Das Alte Theater war gut besucht. Aber die Technik, wir hatten einen ziemlich lahmen Bühnenmaler engagiert, klappte überhaupt nicht. Einen richtigen Inspizienten besaßen wir auch nicht, das besorgte so leidlich mein Bruder. Dann kam es zu Gagendiskussionen und weiterem Ärger in der Gruppe. In meinem Tagebuch steht da ein Satz vom Ende der Leipziger Aufführungen: »Und so gibt es Kämpfe in der Gruppe.«

Am 22. Januar waren wir in Braunschweig und ab 3. Februar hatten wir 14 Tage für Hamburg abgeschlossen. Aber Hamburg wurde ein großer Reinfall. In der ersten Aufführung gähnende Leere im Zuschauerraum. Die Zeitungskritiken waren dementsprechend. Und wir waren so verwöhnt. Doch wir kamen dahinter, woran es lag. Die Hauptursache war auch hier, daß Piscator ein paar Tage vor uns da war. Dabei war es bisher so gut gelaufen.

Kassel: riesiger Erfolg. Hannover: ausgezeichnet (mit »Revolte« hatten wir hier schlimme Erfahrungen gemacht). Dresden: Riesenerfolg. Und nun auf einmal die zweitgrößte Stadt Deutschlands eine Niete. Die Hamburger gehen scheinbar nicht in ein Zeittheaterstück. Dafür ist die Premiere im Schauspielhaus mit »Alt-Heidelberg« ein Ereignis. Die Kritiker versuchen sich in Superlativen zu übertreffen. Da kann man nichts machen. Hamburg wurde für mich zu einer Haßliebe auf alle Zeiten.

Ungewißheit breitet sich in der Gruppe aus, nagt an unseren Nerven, macht schlapp, führt bis zum Hasardspiel. Mein Bruder verliert an einem Tag 70 Mark. Mit Pledath gibt es einen Riesenkrach, weil er sich dem Alkohol zuwendet. Giftige Bemerkungen gehen hin und her. Die Disziplin schwindet zusehends. Wir reisen nach 14 Tagen mit einigermaßem Einspielgeld ab, nach Nideggen (Eifel). Mit der Tournee ist es schlimmer gekommen, als jeder hätte ahnen können. Unterbrechungen von zwei, drei Tagen sind schon belanglos. Ach ja, seufze ich, Köln hatte so wunderbar angefangen. Zur Erstaufführung am 15. Februar hatten wir 1000 Mark im Vorverkauf. Das war sehr guter Besuch. Die Presse am Montag war glänzend. Und das Geschäft blieb ausgezeichnet. Die Vertragsbedingungen mit dem Direktor Hünnes für vier Tage lauteten: 60 Prozent der Einnahmen für uns. Sofort wollten wir den Vertrag verlängern. Aber der Direktor machte nicht mit. Warum? Hünnes Abendoperette wurde immer schlechter besucht. »Cyankali« machte sein »Hollandweibchen« kaputt. Er bot uns nun nur noch 40 Prozent für drei weitere Vorstellungen im »Reichshallentheater« an, und zwar zu auch sonst nicht gerade günstigen Bedingungen, nämlich am Sonnabendnachmittag und am Sonntagvormittag. Für das Haus machte er so gut wie keine Reklame, und das Publikum stellte sich nun äußerst dürftig ein. An diesem letzten Tag in Köln kamen gleich aus fünf Städten des Rheinlands Absagen. Piscator reiste vor uns! Was solche Situation in der Gruppe für Schimpfereien, Hysterien, Prophezeiungen, Kräche auslöste, ist unbeschreiblich. Es kamen Stimmen auf, die Tournee abzubrechen.

Bremen, 4. April. Reklame erst seit drei Tagen, sehr dürftig. Daran ist jedoch unser Gruppenmitglied Werner Pledath Schuld. Er hatte den Bremer Vertrag in Heidelberg erst noch einige Tage in seiner Tasche herumgetragen, anstatt ihn sofort nach Empfang wieder unterschrieben abzusenden. Zum Glück sind 400 Karten an die Gewerkschaften ausgegeben. Aber das Publikum ist äußerst zurückhaltend. Am Vortag wurde im ganzen Stück und auch am Schluß nicht ein einziges Mal geklatscht. Eine Zeitung schrieb: »Das also ist die vielgerühmte Gruppe junger Schauspieler? Davon macht man soviel Aufhebens?« Wiederum andere Zeitungen schrieben gute Rezensionen, jedoch leidenschaftslos und kühl, sie sind wie das Publikum und das Wetter.

Das viele Geld, das wir bei unserer Schweiztournee verdient hatten (in Zürich mußten wir gleich um drei Tage verlängern), wird nun mangels Einnahmen aufgebraucht. Wir sind noch und noch tourneemüde. Und haben noch sieben Wochen Tournee vor uns. Es ist qualvoll, in Berliner Zeitungen zu lesen, was für Premieren gewesen sind, was für Tonfilme herauskamen. Ohne uns wurde ein »Cyankali«-Film, teilweise vertont, gedreht. Regie führte Hans Tintner, mit Grete Mosheim als Hete. Der Vertreter der KPD, Genosse Münzenberg, bereitet für unsere Gruppe ein Gastspiel in der Sowjetunion vor. Dafür sollen wir uns ab Mitte April bis Mitte Mai freihalten.

Unser letzter Spieltag in Deutschland ist der 14. April 1930. Danzig erlebt den Theaterskandal des Jahrhunderts. Schon auf dem Bahnhof erfuhren wir, daß das Stadttheater ausverkauft sei. Im Theater sagte man uns, daß die Zeitungen, die katholischen und die nationalen, mächtig gegen unser Gastspiel gehetzt haben. Der Intendant lief besorgt herum. Er war sich nicht mehr sicher, ob die Aufführung ungestört verlaufen würde. Denn vor dem Theater waren viele Menschen versammelt, die in Gruppen herumstanden, diskutierten und nicht gerade wie freundliche Theaterbesucher aussahen.

Alles wirkte sehr sonderbar. Und wirklich, im ersten Bild schon ging es los, beim geringfügigsten Anlaß. Die Stobrawa sagt zu mir: »Du, Paul, es ist weggeblieben!« Provozierendes Husten im Zuschauerraum, scheinbar

Mit Ilse Fürstenberg, Rose Grawz, Adolf Fischer, Reinhold Bernt und Renée Stobrawa in »Cyankali«

das Signal zum Anstoßnehmen, dann Pfui-Rufe, Schreien. Ich verstehe so etwas wie: »Ihr Bolschewistenschweine, geht nach Berlin zurück.« Im nächsten Augenblick fühle ich einen Schlag gegen meinen Bauch, da hängt ein zermantschtes Ei an mir. Bei den ersten Störversuchen bereits war sofort mächtiger Applaus losgegangen. Und nun war ein Tumult, ein gegenseitiges Anschreien im dunklen Zuschauerraum, daß ich unwillkürlich grinsen mußte. Ich versuchte, mir den Eiermatsch vom Bauch zu wischen und rief in die Kulisse: »Vorhang, Vorhang!« Der fiel, wir machten Licht im Saal. Werther ging vor den Vorhang und erklärte, daß wir weiterspielen würden, sowie der Krach zu Ende wäre. Die Polizei erschien im Zuschauerraum und warf ein paar lärmende dumme Jungs hinaus. Darauf setzte rasender Beifall ein, der die paar Pfiffe kaum noch hören ließ.

Im Zuschauerraum wird es wieder dunkel, der Vorhang geht auf. Die Stobrawa spricht ihren ersten Satz. Da sehe ich vor meinen Augen etwas herunterfliegen. Ein Knall. Haargenau vor meinen Füßen liegt eine zersplitterte Bierflasche und ein nasser Lappen, der um die Flasche gewickelt war. Eine dunkle Soße läuft von Flasche und Lappen in der Gegend herum. Ein mächtiger Gestank nach Jauche, nach faulen Eiern macht sich breit. Schwefelwasserstoff. Wir lassen den Vorhang erneut fallen. Im Zuschauerraum wüste Schreie, Riesentumult. Hinter dem Vorhang gedämpfte Schreie, erregte Dialoge. Die Stobrawa erklärt, daß sie auf keinen Fall weiterspiele, das sei ja geradezu gefährlich. Ich sage, nun erst recht weiterspielen, um Gottes willen nicht diesem Lumpengesindel den Gefallen tun und aufhören. Die Fürstenberg versichert mir darauf begeistert, ich sei ja direkt ein Held. Der Intendant schnauzt von der Beleuchterloge die Reinemachefrau an, sie solle sich gefälligst mit dem Wegräumen der stinkenden Flasche und dem Aufwischen des Fußbodens mehr beeilen. Ein Bühnenarbeiter kommt mit einer großen silbernen Spritze und sprüht Fichtennadeldüfte in die Luft. Mein Bruder Reinhold Bernt lacht auf einmal irrsinnig schrill auf. Werther fühlt eine ungeheure Lust, eine Rede an die Zuschauer zu halten, geht vor den Vorhang und verschafft sich sogar Ruhe. Doch seine Rede droht Unsinn zu werden. Ich ziehe ihn durch den Vorhang zurück.

Bange Fragen, was soll denn nun werden, die schmeißen doch wieder auf uns. Der kleine Roth hat einen lilaroten Kopf. Die Schrader hält ihr Monokel mit einer Hand vor ein Auge, mit der anderen Hand hält sie ihr Herz. Plötzlich kommt mir die Idee. Den Zuschauerraum erleuchten lassen und bei hellem Licht weiterspielen. Das findet allgemeinen Beifall und Werther darf es den Zuschauern sagen.

Und siehe da: die im Dunkeln Kühnen sind bei Licht feige und artig. Wir spielen über die gewagtesten Stellen des Stückes hinweg, ungestört bis zur Pause. Riesiger Applaus, der die paar Pfeifer übertönt.

In der Pause sprachen wir uns gegenseitig Mut zu. Und noch einer machte uns Mut, ein junger Schauspielerkollege, der die Aufführung im Orchestergraben miterlebt hatte, der Schauspieler am Danziger Theater Hans Söhnker. Seit diesem Tag verband mich mit Hans Söhnker eine nette Freundschaft.

Die Pause war zu Ende. Doch an einer der schlimmsten Stellen des Stückes, als Kuckuck der Hete etwas zum Abtreiben ihres Kindes gibt, woran sie dann zugrundegeht, aufs neue Krach, wenn auch ohne Wurfgeschosse. Wir sagen an, daß wir unterbrechen, um der Polizei Gelegenheit zu geben, die Störenfriede hinauszuwerfen. Noch drei-, viermal mußten wir unterbrechen. Und im letzten Bild gab es auf meinen »Gesetz«-Satz ungeheuren Applaus. Am Schluß der Vorstellung schier endloser Beifall, von den Pfeifern immer aufs neue angeregt. Als wir uns in der Garderobe umzogen, erhielten wir vom Intendanten die Bitte übermittelt, beim Gehen nicht den Bühneneingang zu nehmen, sondern eine kleine, verschwiegene Extratür. Weil aber einer meinte, auf der Straße sei es ganz ruhig, gingen wir doch durch den Bühneneingang. Aber auf der Stelle war die soeben noch menschenleer erscheinende Straße voll von Leuten. Die Menge links von uns rief »Pfui«, die auf der rechten Seite schrie »Bravo«. Wir gingen mit bemüht gleichgültigen Gesichtern hindurch. Aber alles schloß sich uns an. Die Polizei kam und trennte uns von der in ungefähr zehn Meter Abstand folgenden Masse. So zog also ein großer Menschenschwarm nachts gegen 23 Uhr vom Stadttheater zum Bahnhof Danzig. Die Polizei brachte uns bis auf den Bahnsteig. Aus dem Fenster des anfahrenden Zuges bedankten wir uns bei ihr. Und dann fuhren wir nach Zoppot, ins Kasino-Hotel, um unseren Sieg gehörig zu feiern.

Sowjetunion-Tournee. Wie weiter?

Am 19. April 1930, 10 Uhr, kommen wir in Moskau an. Auf dem Bahnhof werden wir fotografiert, gefilmt, drei Genossen halten Reden, man zeigt uns eine Zeitschrift. Auf der Titelseite steht: »Willkommen, Theater der Gruppe junger Schauspieler!« Darunter ein Bild von einer »Revolte«-Aufführung.
Wir fuhren durch viele Straßen ins Hotel. Der erste Eindruck, den ich mitbekomme, ist nicht gerade der beste, Häuser, Läden (und deren Warenangebot), Hotel, Straßen und Passanten machen einen äußerst ärmlichen, schlichten Eindruck. Mir fällt auf, daß man auf dem »Bürger«-Steig nur Proletarier sieht, ärmlich gekleidet, ohne Schlips oder weißen Kragen. Ich beginne zum ersten Mal, nach dem Warum zu fragen, danach, was dieses Volk nach dem Sieg der Revolution geleistet hat: Drei Jahre Weltkrieg, eine bürgerliche, dann eine blutige proletarische Revolution, fünf Jahre Bürgerkrieg (in der Ukraine hat die Herrschaft zwischen Weiß- und Rotgardisten mehrfach gewechselt). Und heute pumpt Sowjetrußland keinen anderen Staat an, um sich neu aufzubauen. Ein Land von Riesenausmaßen, wichtiger Gebiete beraubt, ohne ausreichendes Eisenbahnnetz, versucht es – und wird es schaffen! –, sich ganz aus eigener Kraft aufzurichten! Daß da Fragen der Eitelkeit, ja der Sauberkeit, der äußere Eindruck einer Hauptstadt erst einmal hintenan stehen müssen, ist nicht verwunderlich.
Willi Münzenberg hatte die Tournee mit der Gesellschaft für kulturelle Verbindungen der Sowjetunion mit dem Ausland vereinbart. Und die sowjetischen Genossen waren rührend um uns besorgt. Sie hatten für uns ein Riesenprogramm gemacht: wo, wie und in welcher Reihenfolge uns alles gezeigt werden soll. Im Hotel hatte man extra unseretwegen einen Deutsch sprechenden Genossen stationiert.
Am ersten Abend waren wir in Stanislawskis Künstlertheater. Das Stück hieß »Panzerzug 14-69«. Der Eindruck war überwältigend. Naturalismus, nicht breit ausgewalzt, bequem, langatmig altmodisch, sondern Tempo, Kraft, Schwung, Jugendlichkeit. Ein Ensemblespiel, wie ich es in meinem Leben noch nicht gesehen hatte! Schauspielerische Einzelleistungen, wie man sie in Berlin selten fand, die sich restlos zu einem organischen Ganzen zusammenschließen. Und dabei waren die Berühmten des Ensembles wie Moskwin, Leonidow, Katschalow nicht einmal in dieser Aufführung beschäftigt.
Verständlich, daß wir Angst um unsere Premiere bekamen. Einer Stadt, deren Theater derartiges bieten, konnten wir doch weiß Gott nichts mehr vormachen. Dabei galt Stanislawski hier inzwischen als veraltet und verstaubt. Einige Genossen waren erstaunt, daß wir so begeistert sein konnten.
Begrüßungsreden gab es am laufenden Band, vor und hinter der Bühne. Am 26. April waren wir beim Präsidenten der Gesellschaft für kulturelle Verbindung der Sowjetunion mit dem Ausland (genannt: Woks) eingeladen.
Am zweiten Abend waren wir im Arbeitertheater »Tram«. Hier spielten keine Berufsschauspieler, sondern Arbeiter, die an ihrem freien Tag ein Stück einstudiert hatten. Es war erstaunlich, was dabei herauskam, vor allem imponierte mir die Regie. Ich werde eine Prügelszene auf der Straße nicht vergessen. Das Stück richtete sich gegen Antisemitismus, Alkohol und Faulheit. Die Akteure spielten so überzeugend, mit solcher Spielfreude, daß man sie von Berufsschauspielern kaum unterscheiden konnte.

Ebenso wie dann auch bei Meyerhold und im Gewerkschafts-Theater wurden wir von der Bühne herab wie auch vom Publikum mit Applaus begrüßt, als wir unsere Plätze einnahmen. Nach der Vorstellung waren in einem kleinen Foyer Tische mit Kakao und Zwieback für uns gedeckt. Reden wurden gehalten, und dann sangen die Gastgeber uns zu Ehren russische Lieder. Herrlich! Ich fühlte mich klein gegenüber diesen Menschen. Überhaupt, als sie nun sagten, wir sollten doch auch eines von unseren Volksliedern anstimmen, sang dann Renée Stobrawa nach langem Zögern und schon fast peinlichem Drängen von der Spucke, die sich freut, weil sie Kahn fahren kann. Und wir sangen immer dazu das Holladrio, Holladriö. Am späten Abend wurde dann getanzt, aber nicht bourgeoise Tango oder Walzer, sondern russische Tänze, die man uns schnell beibrachte.

Am darauffolgenden Abend waren wir im Gewerkschafts-Theater. Wir sahen das Stück »Der Zorn«. Das Stück war hochaktuell und kolossal interessant. Es wurde ordentlich gespielt und hatte ein herrliches Bühnenbild. Man hätte noch länger als die dreieinhalb Stunden sitzen und zusehen können, obgleich man kein einziges Wort verstand. Danach gab es für uns Tee und Kuchen, der damals sehr selten war.

Tags darauf im Meyerhold-Theater, das während unseres Moskauer Aufenthalts mit »Brülle China« in Deutschland gastierte, sozusagen im Austausch gegen uns.

Die Kritik in der Berliner Presse war schlecht. Meine persönliche Meinung war, daß Meyerhold keine guten Schauspieler besaß und schlecht Regie führte. Hier in der Aufführung der »Wanze« mit den zu Hause gebliebenen Ensemble-Mitgliedern wurde nur geschrien.

Am nächsten Abend im Wachtangow-Theater »Kabale und Liebe« dafür melodramatisch, fast als Ballett, beinahe als Revue. Es gibt da das Chanson eines hübschen Mädchens, es gibt da Szenen zwischen Lady Milford und Luise in einem winterlich verschneiten Park, herrliche Dekoration, herrliche Schauspieler, eine herrliche, bunte, spielerische, einfallsreiche Regie.

Am 24. April unser erster Auftritt in Moskaus Meyerhold-Theater, einem Riesenhaus. Wir gingen bereits vormittags in das Theater, um eine Bühnen-Durchsprechprobe zu machen. Wegen der Größe des Theaters, sowohl der Bühne als auch des Zuschauerraumes, brauchten wir unbedingt eine akustische Probe.

Hier wurde anders als bei uns in Deutschland organisiert, für uns damals natürlich unverständlich. Bereits vor sechs Wochen hatten wir die Bühnenpläne zugesandt. Aber auf der Bühne war noch nicht das geringste Stück eines Zimmers für »Revolte im Erziehungshaus« vorhanden. Jedoch etwas hatte man uns hingestellt, drei zusammenhängende graue Leinwandteile, auf den einen war ein Schrank gemalt, auf den anderen ein Papagei! Es war reiner Hohn, wir erstarrten. – Nein, das brauchten wir ja nicht zu nehmen, war die Antwort. Es wären drei verschiedene Zimmer von einem anderen Theater unterwegs. Der Wagen müßte um 11 Uhr hier sein. Aber es war schon 12 Uhr.

Als ich dem Bühnenmeister über unseren Dolmetscher zu verstehen gab, daß wir die Proben abbrechen würden und die Aufführung heute ausfallen ließen, berührte ihn das wenig.

Das mit dem bald vorfahrenden Auto war eine große Schwindelei. Die vielen Vertreter der Woks beschlossen darauf endlich, mit einem Auto von Theater zu Theater zu fahren, um zu sehen, wo man ein Zimmer pumpen könnte. Um 16 Uhr kam das Auto ohne Erfolg zurück. Lediglich ein paar Kulissenwände aus Sperrholz brachte man mit. Wir begannen daraus die Kulisse zu bauen und zu bemalen. Anstatt um halb acht begannen wir mit der Vorstellung erst nach acht. Und in der noch malernassen Dekoration haben wir dann »Revolte« gespielt. Nein, gespielt ist falsch formuliert, geschrien ist richtiger. Wir wußten ja nur, daß das Haus riesengroß und von schwieriger Akustik war. Und so wurde unser erstes Auftreten in Moskau, wir machten uns da nichts vor, eine Enttäuschung.

»Cyankali« war zum Glück erst fünf Tage später angesetzt. So hatten wir Zeit, unsere schlechten Erfahrungen zu verwerten. Dennoch mußten wir erneut drohen, nicht zu spielen, falls es nicht wenigstens einigermaßen klappt. Das war für mich sehr unangenehm, mit den Genossen, die man herrlich gut leiden konnte, so schroff reden zu müssen.

Jedenfalls wurde nun »Cyankali« im Vergleich zu »Revolte« ein Erfolg. Das Stück war natürlich für einen Menschen, der unsere Sprache nicht versteht, angenehmer, weil viel mehr fürs Auge geschieht.

Den 1. Mai 1930 erlebten wir vier Stunden auf einer Tribüne auf dem Roten Platz. Präsident Kalinin hielt die Ansprache, junge Militärschüler wurden vereidigt, danach die Parade der Roten Armee. Dann die friedliche Demonstration der Werktätigen, für uns ein wiederum ungewohntes Bild. Unwillkürlich wurde man an den Karneval im Rheinland erinnert, so volkstümlich, voller Lebensfreude war dieser Umzug. Sieben Stunden dauerte der Vorbeimarsch der Massen, an der Tribüne, von der Stalin, Kalinin, Woroschilow ihnen zuwinkten. –

Die Gruppe junger Schauspieler beim Gastspiel in Moskau 1930 mit Kollegen vom Wachtangow-Theater. Gerhard Bienert hintere Reihe, 10. von links.

Einen Abend waren wir nach der Vorstellung sogar zu einem Essen bei einigen Legationssekretären in der deutschen Botschaft eingeladen. Eine blendende Wohnung, wie man sie sich in Moskau kaum noch vorstellen konnte. Wunderbares kaltes Büfett, dann Tanz nach Elektrola-Schallplatten. Es ergab sich, wie wir vorausgesehen hatten, eine lange, interessante Diskussion. Letzter Schluß aller herrlich rethorisch geschulten Weisheit dieser jungen Vertreter eines kapitalistischen Staates: Gottesgnadentum, unbedingte Entscheidungsfreiheit des einzelnen. Also es kommt auf das Genie des einzelnen an, die Millionen, die womöglich verhungern oder erschossen werden, sind gleichgültig und zählen nicht. So handelt auch die UdSSR, sagen sie. Der Keim zum Untergang, die Fäulnis ihrer Weltanschauung liegt darin: sie verleugnen, daß die endgültige Entscheidung des einzelnen getragen sein muß von dem Bewußtsein, daß Millionen Anonymer hinter diesem einzelnen stehen. Ihre Weltanschauung hat noch immer die Anmaßung und den Größenwahn, der einen August 1914 entstehen ließ. Sie haben nicht das Geringste hinzugelernt.

Unser Gastspiel in Moskau ist beendet, und es geht weiter nach Leningrad, wo wir vom 13. bis 17. Mai auftreten. Hier erfahren wir, daß für die Gruppe nach einer kurzen Rückkehr nach Deutschland über eine zweite Sowjetunion-Tournee verhandelt wird.

Am 25. Mai haben wir in Breslau eine gute Aufführung mit ausgezeichneter Presse.

Wien, 3. Juni 1930. Das Wort Operette scheint mir, ist für die Charakterisierung dieser Stadt extra geprägt worden. Denn Operette heißt charmant, sympathisch, nett, unterhaltsam, lieb, heerzig, seicht, billig, gehaltlos, unwichtig, belanglos. Alles das trifft meines Erachtens auf diese Stadt zu. Aber auch das ist Wien: Mitten in einer der Hauptstraßen hängt in einem Drogerieladen ein Schild: »Arier, besorgt Eure Einkäufe bei Ariern.« Der Nationalsozialismus formiert sich also auch hier. — Die Gruppe junger Schauspieler tritt auf. Das Publikum ist sehr nett. In unseren Vorstellungen klatschen sie buchstäblich nach jedem Bild. Das ist noch nie dagewesen.

Wien, 5. Juni. Endlich kommt die Nachricht, daß unsere zweite Sowjetunion-Tournee perfekt ist. Das war eine schwere Geburt. Ich bin der einzige in der ganzen Gruppe gewesen, der an der zweiten Tournee festgehalten hat, auf ihr bestanden, sich den Mund fusselig geredet hat, um ihre Wichtigkeit zu beweisen. Roth, Pledath, Werther und Bernt waren gegen eine zweite Sowjetunion-

reise, sie waren einfach tourneemüde.
Am 12. Juni steigen wir in den Zug nach Charkow. An der Grenze begrüßt uns ein Vertreter der Woks und übergibt uns eine große Kiste mit Verpflegung: Brot, Fleisch, Schokolade und Zigaretten! Auf dem Bahnhof Charkow wurden wir mit Militärmusik empfangen.
Am 14. Juni war Premiere in Charkow mit »Cyankali«. Wegen der vielen Reden, die gehalten wurden, spielten wir von 20 bis 24 Uhr.
Aber es war wie verhext. Die jeweils erste Vorstellung in jeder sowjetischen Stadt wurde ein Reinfall. So war es in Moskau mit »Revolte«, in Leningrad mit »Cyankali«, und so ist es in Charkow mit »Cyankali«. Das liegt wohl daran, daß wir jedes Theater und jedes Publikum erst ausprobieren müssen. »Revolte« kam hier gut an. Wie wird es wohl in Odessa und Kiew werden?
Am 28. Juni werden wir in Kiew erneut mit Militärkapelle und zehn verschiedenen Rednern empfangen (es werden von Stadt zu Stadt immer mehr). Daran muß man sich gewöhnen, ein Akt von Gastfreundschaft. Aber es ist eben nicht einfach, wenn wie in Charkow auf einmal mitten im Stück ein Tisch mit rotem Fahnentuch auf die Bühne getragen wird, eine lange Rede gehalten wird und wir danach eine zerstückelte Aufführung weiterspielen müssen.
Auch diese Tournee hatte ihr Ende. Über unseren Erfolg kann man streiten, nicht aber über die sowjetischen Menschen, über das erste sozialistische Land. Alles blieb mir bis heute in lieber Erinnerung.
Fünfzig Jahre später stand ich wieder auf einer Moskauer Bühne, mit Kollegen des Deutschen Theaters in einer Heine-Matinee.

Der Stamm der Gruppe machte im Juli den wohlverdienten Urlaub, in Venedig und Florenz. Nach Berlin zurückgekehrt, suchten wir wieder einmal ein Theater und ein neues Stück. In uns allen bohrte der Zweifel, ob sich solche Erfolge wie mit »Revolte« und »Cyankali« wiederholen ließen. Der Vollständigkeit halber muß ich erwähnen, daß es zwischen diesen beiden Stücken zwei Aufführungen gab, die keine große Resonanz fanden.
Unser Freund Lampel bot uns seine neueste Arbeit »Giftgas über Berlin« an. Es war ein utopisches, jedoch auch sehr politisches Stück, in dem es darum ging, daß die deutsche Regierung und die Wehrmacht den Versailler Vertrag mißachten und erneut Giftgas, wie seinerzeit für den ersten Weltkrieg, herstellen. Und irgendwann passiert es, daß dieses Giftgas entweicht und alle Menschen sterben, mit Ausnahme derer, die Gasmasken besitzen. Das ist aber nur das Militär. So bleiben nur die Angehörigen der bewaffneten Kräfte übrig, und die errichten eine Militärdiktatur.
Das Stück kam am 5. März 1929 in Dr. Aufrichts Theater am Schiffbauerdamm heraus.
Bis zur Premiere, die sozusagen illegal in einer geschlossenen Vorstellung stattfand, gab es jedoch Riesenprobleme. Leonhard Steckel trat noch vor der Generalprobe als Regisseur zurück. Wir standen also ohne Spielleiter da. Aufricht meinte, wir sollten mal mit Bert Brecht sprechen. Und Brecht, dessen »Dreigroschenoper« gerade mit riesigem Erfolg am Schiffbauerdamm uraufgeführt worden war, sagte unter der Bedingung zu, daß sein Name nicht genannt wird. Auch Slatan Dudow war mit an der Regie beteiligt.
Bei jener ominösen Premiere saß auch der gefürchtete Polizeipräsident

Theater am Schiffbauerdamm

Zörgiebel im Saal, und der hat das Stück sofort verboten. »Giftgas« wurde dennoch von uns gespielt. Wir umgingen das Aufführungsverbot, indem wir einen eingetragenen Verein der Freunde der Gruppe junger Schauspieler gründeten. Diejenigen Besucher, die nun an die Kasse gingen und sagten, daß sie dem Verein für 20 Pfennige beitreten möchten, erhielten eine Eintrittskarte. Aber wie gesagt, mit »Giftgas« hatten wir kein Glück. Das Stück war übrigens ein Jahr vor unserer Inszenierung mit Hans Stüwe und Lissi Arna verfilmt worden, mit etwas abgewandeltem Inhalt. Da ging es um die Herstellung eines Düngemittels, dessen Zwischenprodukt Giftgas wurde. So kam der Stummfilm unter der Regie von Michail Dubson wohl durch die Zensur. Auch unser zweites Stück, das vier Wochen vor »Cyankali« herauskam, war kein Erfolg. Es hieß »Josef«, stammte von Eleonore Kalkowska und richtete sich gegen die Todesstrafe. Es war bereits in der Volksbühne aufgeführt worden. Aber Frau Kalkowska gefiel dieses und jenes nicht, so daß man es kurzerhand wieder vom Spielplan absetzte. Da übernahm es die Gruppe, jedoch auch ohne Erfolg. Im August 1930 suchten wir nun ein neues Theater. Das Berliner Theater wollte uns mit dem geplanten Stück »Grœner bleibt« nur unter der Bedingung für mehrere Monate nehmen, daß es eine Art Zensurrecht über uns hätte. Das kam natürlich nicht in Frage.
Dann war eine Interessengemeinschaft mit Piscator im Wallner-Theater geplant. Sie sollte gemeinsames Abonnement, gemeinsame Geschäftsführung, gemeinsame Tournee-Dispositionen umfassen bei getrennter künstlerischer Verantwortung und eigenständigen Aufführungen in demselben Haus. Aber die Verhandlungen zogen sich hin, Piscator hatte keine richtige Meinung. Zunächst bot er uns Rollen in Theodor Pliviers neuem Stück »Des Kaisers Kulis« an, das er im Lessing-Theater inszenierte. Uns, das waren Werther, Fischer, Schäfer und ich. Mein Bruder war in Wien und spielte für gute Gage in einer Operette. Aber die Rolle, die er mir zugedacht hatte, einen ersaufenden Matrosen in der Skagerrak-Schlacht, und Piscators unmögliche Art, Regie zu führen, ließen mich dann doch Abstand davon nehmen. Bei der Generalprobe, die technisch unmöglich war, gab es Gelächter im Zuschauerraum, weil während meines markierten Ertrinkens hinter mir auf der Leinwand ein völlig falscher Film mit Bildern von Straßen, Gärten und Dächern ablief. Die Pressezeichner flohen aus dem Saal. Freunde Piscators sagten, daß diese Aufführung ihm den Todesstoß gäbe.

Aus Gerhard Bienerts Rollenverzeichnis

Zweimal war er ja bereits pleite gegangen.
Ich tat Piscator einen Gefallen damit, daß ich die Rolle abgab, er tat mir einen Gefallen, indem er sie mir abnahm. So einig waren wir uns noch nie. Piscator hatte mich darauf gebeten, eine andere Rolle in Theodor Pliviers Stück, den Beckers, zu übernehmen. Sie sei wichtiger und besser, meinte er zu mir. Leider war die Rolle noch nicht einmal geschrieben, und ich konnte nicht sehen, ob er recht hatte. Das ganze Stück ist dann zur Premiere ein einziger Lärm, nervenaufpeitschend mit vielen Bühnengeräuschen, ewigem Wechsel von Filmen, Lautsprecherdurchsagen, Massenszenen, Musik. Plivier liest zum Beispiel im 2. Akt seinen Roman vor. Das muß aber mit den laufenden Filmbildern übereinstimmen, was natürlich nie klappt.
Und die Zeitungsrezensionen sind

fast durchweg schlecht. Berliner Tageblatt: »Tragisch ist es für Piscator, seine große Idee auf dem Theater einer Niederlage ausgesetzt zu haben...« Montag Morgen: »Aus Pliviers großartigem Buch wird ein zerrissenes, bleiern langweiliges Etwas...«, Vossische Zeitung: »Piscator zieht mit seinem Bühnenbildner Traugott Müller alle Register, freilich bisweilen mehr ermüdende als überwältigende, er blendet mit Film, überrumpelt mit der wilden Musik von Edmund Meisel...«

Danach begann Piscator bei Saltenburg »Brest-Litowsk« von Rehfisch zu inszenieren. Doch er will uns keine Rollen geben. Wir sind empört, nennen es Verrat. Dabei hat Piscator bei den »Kulis« von unserer Anspruchslosigkeit und Selbstlosigkeit profitiert, wir haben keine Gagen genommen, damit die hohen Kosten für die Dekorationen bezahlt werden konnten. Nun fallen böse Worte. Es ist eine große Verlogenheit von Piscator, heißt es, den Begriff »Kollektiv« zu gebrauchen, immer von der »Idee« zu sprechen. Dabei heiligt auch bei ihm der Zweck die Mittel.

Er sagt: Die Schauspieler aus dem »Kollektiv« sind nicht gut, also nehme ich sie so lange, bis mir bessere zur Verfügung stehen, lasse die schlechteren dann fallen. Dabei hat jeder einzelne aus dem Kollektiv privates Geld von seinem Sparbuch für die Inszenierung der »Kulis« gegeben! Wir beschweren uns also beim Direktor Saltenburg. Tags darauf werde ich mit Pledath zu Saltenburgs Sekretärin, Frau Jakoby, bestellt, nun doch noch einen Vertrag zu unterschreiben. Aber man bietet uns nur eine kleine Gage, und Pledath meint, wir sollten noch nicht sofort unterzeichnen. Ich wurde bereits zu Proben bestellt.

Da hieß es plötzlich, das 2. Bild würde ganz gestrichen. Nun erhielt ich eine andere Rolle. Aber der Probenkrach um »Brest-Litowsk« ging weiter. Noch ehe es überhaupt zu den Hauptproben kam, legte Piscator die Regie nieder. Es hieß, die KPD, deren Mitglied Piscator ja war, habe ihm verboten, Regie bei einem Kriegsstück zu führen, in dem Trotzki verherrlicht wird. Mit der Spielleitung wurde nun Richard Weichert beauftragt. Fritz Genschow untersagte Renée Stobrawa die Mitarbeit, auch dann noch, als wir ihr zuredeten, daß bestimmte politische Aussagen von Rehfisch umgeschrieben würden. Fritz Kortner war für die Rolle des Trotzki vorgesehen. Wegen Tonfilmarbeiten sagte er kurzfristig ab. Den General Hoffmann sollte Eugen Klöpfer spielen. Anfangs gefiel ihm die Rolle, dann legte er sie wieder nieder. Friedrich Kayßler spielte nun die Rolle des Generals. Paul Henckels konnte die Probenzeiten nicht einhalten, weil er gerade filmte. Theodor Loos sprang für ihn ein. Meine Rolle, ein Arbeiter, war sogar dreimal umbesetzt worden, bis ich ihn zu guter Letzt spielte. Den Trotzki gab schließlich Oscar Homolka.

Am 10. Oktober 1930 kam »Brest-Litowsk« im Theater des Westens heraus. Das Kurfürstendamm-Publikum saß im Parkett. Es war erschreckend zu sehen, wie die Sätze des Generals Hoffmann bedeutend mehr einschlugen als die von Trotzki, obwohl Homolka meines Erachtens weitaus besser war als Kayßler. Ich konnte nicht verstehen, wie das Publikum, darunter viele Juden, auf das Stück reagierte. In der Zeit des aufkommenden Faschismus, vor dem die Juden doch Angst haben mußten, paßten sie sich an, machten sogar Antisemitismus mit.

In der zweiten Aufführung wird der 4. Akt auf einmal gestrichen, in dem ich mit Homolka auftrete. Es geht darum, ob der Krieg weitergeführt oder Frieden geschlossen werden soll. Nun protestiert der Autor, und so wird der 4. Akt wieder gespielt. Die Kritik in den Zeitungen ist schlecht, und auch der Besuch wird von Tag zu Tag schlechter. »Brest-Litowsk« droht eine Katastrophe zu werden.

In der ungewissen Probenzeit ahnte ich schon, daß dieses Stück nicht gut gehen konnte und hatte zwischendurch Verhandlungen mit Direktor Saltenburg vom Lessing-Theater über den Auftritt unserer alten Gruppe (ohne Piscator) mit Werner Ackermanns Schauspiel »Flucht nach Shanghai«. Saltenburg bestellte mich zu sich und sagte: »Das Stück, das Sie mir da gegeben haben, ist ja fabelhaft. Ich habe die ganze Nacht danach nicht schlafen können. Aber kann man denn dem Publikum so etwas Aufregendes vorsetzen? Na gut, ich mache eine Matinee mit euch. Und wenn es ein Erfolg ist, geben wir das Stück auch in der Abendvorstellung.« Aber ich dachte mir, einen Vertrag mit Saltenburg haben wir noch nicht, lieber noch ein weiteres Theater für unser Stück interessieren. Da eröffnete Herr von Ostau sein Berliner Theater mit »Schluck und Jau«. In den Hauptrollen Eugen Klöpfer und Paul Graetz. Das Stück war ein katastrophaler Reinfall, obwohl die beiden sehr gut waren. Ostau hatte mich zur Premiere eingeladen, und ich sollte ihm in der Pause das neue Stück zum Lesen geben. Am nächsten Vormittag sagte er: »Ich nehme Ihre Gruppe mit dem Shanghai-Stück, wenn Sie in 14 Tagen spielbereit sind.« Ostau machte aber auch zur Bedingung, daß die Politik im Hintergrund stehen müsse. Er wollte einen Reißer mit wenig Gesinnung. Ich hingegen meinte, wenn wir es spielen, müßte man einiges verändern, damit man eben gerade die revolutionäre Weltanschauung erkennt, auf die es dem Dichter ankommt. Herbert Jhering schätzt nämlich Ackermann sehr! Und mit dem Starkritiker wollte ich es mir nicht verderben.

Ob nun die Politik im Stück der Grund war, weiß ich nicht. Jedenfalls ruft mich Ostau wenig später an und erklärt mir, daß es mit der Aufführung nichts werde, weil Moissi zugesagt hätte, bei ihm den »Idiot« von Dostojewski zu spielen.

Am nächsten Tag erfahre ich den wohl eigentlichen Grund der Ablehnung. Ostau will »Flucht nach Shanghai« vom Verlag erwerben, ohne sich uns verpflichtet zu fühlen. Und auch der Verlag verspricht sich größere Einnahmen, wenn nicht wir, sondern Ostau selbst das Stück spielt.

Am 26. September steht in der »Berliner Zeitung« folgendes geschrieben: »Die Gruppe junger Schauspieler beginnt am 23. Oktober anschließend an das japanische Gastspiel ihre Tätigkeit im Lessing-Theater. Zur Aufführung gelangt Ackermanns Schauspiel »Shanghai«. Regie führt ein für Berlin neuer Mann, Max Ophüls vom Breslauer Stadttheater«.

Die Notiz in der BZ steigert nun noch die täglichen Telefonanrufe bei mir. Viele Kollegen, vor allem Frauen, wollen Theater spielen. Die Arbeitslosigkeit ist groß. Ich habe gerade erst bei Rundfunkaufnahmen zum Hörspiel »Grete Schmidt« gesehen, wie viele junge und talentierte Kolleginnen dort hin und wieder beschäftigt werden, aber eigentlich verbittert sind, weil sie kein festes Engagement haben.

Am 4. Oktober trifft Ophüls in Berlin ein. Wir hatten ihn während unserer Tournee in Breslau kennengelernt und für eine Zusammenarbeit gewonnen. Nun begannen die Besetzungskämpfe. Pledath soll die herrliche Rolle des alten Fürsten spielen. Aber er will den Bolschewisten-Major, da er es ablehnt, als alter Mann und noch dazu mit Glatze aufzutreten.

Es ist immer mehr zu merken, daß die Gruppe auseinanderzufallen droht. Die Existenzschwierigkeiten nach »Cyankali« haben bereits etliche Mitglieder in alle Winde verstreut. Roth filmt in Paris, Bernt spielt Operette in Wien, die Gmür tritt bei Saltenburg in einem belanglosen Stück auf, und die Stobrawa wirkt in Schüleraufführungen mit. Wir bieten ihr in »Shanghai« erneut eine schöne Rolle als Chinesenmädel an. Doch sie erklärt, daß sie in so einem Stück nicht mitspiele. Werther erklärt ihr, daß die Gruppe dann eben auch ihre Konsequenzen ziehen wird. Aber auch Werther selbst hat Probleme, überhaupt bei den Proben dazusein. Er hat endlich eine Gelegenheit, viel Geld zu verdienen. Bei der Synchronisation zum Film »Im Westen nichts Neues«. Ich sage ihm darauf, daß auch ich zu Mikrofonproben für die Synchronisation des Filmes bestellt worden bin, es aber vorziehe, mit der Gruppe »Shanghai« herauszubringen.

Ophüls bekommt unsere Debatten mittlerweile mit und droht, die Regie hinzulegen und wieder nach Breslau abzureisen.

Schließlich gelingt es mir zumindest, meine gute Freundin Walburga Gmür

Erwin Piscator, Herbert Jhering und Friedrich Wolf in Moskau 1931

zu überzeugen, ihre Rolle in
»Elisabeth« bei Saltenburg niederzulegen. Und die Gruppen-Mitglieder erklären Max Ophüls, daß sie bis zur Premiere von »Shanghai« nichts anderes Berufliches mehr annehmen werden. Darauf willigt Ophüls ein zu bleiben.
Jetzt endlich haben wir alle Rollen besetzt, und es kann mit Volldampf gearbeitet werden. Ophüls führt recht eigenartig Regie. Er läßt zum Beispiel einen jungen Kollegen bei uns proben, wo sich jeder fragt: kann der wirklich die Rolle spielen? Und Ophüls sagt uns: »Ach, ganz ausgeschlossen. Aber solange ich noch keinen anderen für die Rolle habe, lasse ich ihn. Ich lach mich einfach tot dabei.« Mir ist das peinlich, denn ich könnte ja auch einmal in solch eine Situation kommen.
Dann läßt er den Schäfer ewig eine Szene spielen, wo er nur stöhnen muß, und bringt ihn fast bis zur Weißglut. Schäfer sagt mir nach der Probe: »Mensch, mit dem Provinzler, glaube ich, krieg ick noch den jrößten Krach.« Ophüls Ton auf den Proben wird von Tag zu Tag herausfordernder und anstrengender. Er beginnt zu schreien, besonders auf der Durchsprechprobe vor der Premiere.
Am 25. Oktober kommt im Lessing-Theater »Flucht nach Shanghai« heraus. Die Theaterwelt Berlins ist in unserer Aufführung: Käthe Dorsch, Rosa Valetti, Ernst Legal, Fritz Lang, Ernst Deutsch, Paul Bild und (Donnerwetter!) Erwin Piscator! Ferner sitzen die größten Theaterkritiker Berlins wie Polgar, Kerr und Jhering im Parkett. Am Schluß der Vorstellung leidlicher Applaus. Was wird die Presse schreiben? Die Kollegen aus »Brest-Litowsk« sagen mir, um Gottes willen, wie kann die Gruppe so ein nationalistisches Stück spielen, etwas Sowjetunion-Feindlicheres gibt es gar nicht. Saltenburg ist jedoch ganz anderer Meinung. Er läßt mich zu sich rufen: »Also Sie haben sich gestern Ihr Stück geschmissen! Sie haben einen 4. Akt gespielt, wie er im Stück nicht gestanden hat. Sie haben Ihre verfluchte Politik wieder in das Stück hineingezwängt. Diese abgeleierten Leitartikelsätze, die Sie da den Major jetzt sprechen lassen, waren in dem Manuskript, das Sie mir zum Lesen gegeben haben, nicht enthalten. Sie haben ein bolschewistisches Tendenzdrama aus dem Ding gemacht. Ach, man kann eben mit euch nicht Theater spielen. Laßt euch doch in den Reichstag wählen, aber spielt nicht Theater. Man will doch im Theater nichts von Politik wissen. Ich mache das jetzt auch nicht wieder. Ich spiele Lustspiele in Zukunft, das einzig Richtige.« Ich antwortete schlagfertig: »Jawohl, wir auch, wir suchen jetzt ein Lustspiel mit Chansons, eine proletarische Operette!« Als ich das gesagt hatte, war er eine Weile ruhig. Dabei blieb es dann auch.
Wir setzten daraufhin eine Versammlung der Gruppen-Mitglieder an. Eine Menge »Hätten-wir-doch« und »Ich-habe-ja-gleich-gesagt« fielen natürlich. Aber was wollten wir? Als engagementslose Schauspieler experimentieren, vielleicht auch ein wenig Ruhm erwerben, eine Avantgarde sein, den Spielplan der Berliner Theater anregen, befruchten, neue Dichter und neue Regisseure entdecken?
Daß wir das Stück »Shanghai« gespielt haben, um das von uns erworbene Stück »Groener bleibt« aufführen zu können, weiß natürlich kein Mensch. Wir haben doch den Reißer nur gespielt, um ein Theater zu bekommen für ein Stück, das kein Theater nehmen wollte. »Groener« wäre weiß Gott ein Experiment gewesen, aber ein knalliges und ein lohnendes. Das sieht man schon daran, daß es verboten worden ist, bevor es überhaupt zu einer Aufführung kommen konnte.
Max Ophüls ist dennoch gut in Berlin angekommen. Er hat etwas Karrieristisches, das ihm von Nutzen ist. In letzter Zeit ist er sehr viel mit der Valetti zusammen. Die Valetti ist die Freundin von unserem Roth. Außerdem ist sie eng mit der Käthe Dorsch befreundet. Die nun wiederum hat Beziehungen und dadurch Einfluß beim Film. Käthe Dorsch will einen Film drehen. Die Regie soll Ophüls führen. Unsere Gruppe soll ebenfalls in dem Tonfilm mitspielen. Nur sucht die Dorsch noch ein geeignetes Manuskript. Ich sagte, daß ich da ein sehr gutes Manuskript kenne, das der russische Regisseur Fjodor Ozep einmal für seine Frau Anna Sten geschrieben hat und das die Terra-Film einmal mit der Gruppe und der Sten drehen wollte. Aber Ozep will das Manuskript nicht herausrücken.
Ophüls hatte mehr Glück mit dem Film. Er ging mit seinen späteren Filmen »Liebelei« und »Der Reigen«, beide nach Schnitzler, und mit seinem letzten Film (1955) »Lola Montez« in die Filmgeschichte ein. Auch er mußte 1933 aus Berlin weg, ging nach Hollywood.
Ende November 1930 flammten noch einmal die Diskussionen um die Zusammenarbeit mit Piscator auf. In den Zeitungen vom 30. November 1930 standen mehrere Artikel dazu. Herbert Jhering schrieb: »Zwischen dem Piscator-Kollektiv und der Gruppe junger Schauspieler ist eine Interessengemeinschaft abgeschlossen worden. Beide Gruppen bereiten jetzt gemeinsam in der Piscator-

Bühne im Wallner-Theater als nächste Uraufführung das Schauspiel von Friedrich Wolf ›Tai Yang erwacht‹ vor. Die Inszenierung besorgt Erwin Piscator ...« Ähnlich schreibt die BZ. Erich Burger vom Berliner Tageblatt wurde schon konkreter und hielt sich an die Tatsachen: »... ein fester Zusammenschluß ist zwar nicht geplant, aber schon in der nächsten Aufführung Piscators, Friedrich Wolfs ›Tai Yang erwacht‹ werden verschiedene Mitglieder der Gruppe mitwirken. Im Januar wird dann die Gruppe wieder eine selbständige Aufführung herausbringen ...«
Die Interessengemeinschaft der Gruppe mit Piscator stand natürlich nur auf dem Papier der Zeitungen, sie hieß in Wirklichkeit nichts weiter als: Piscator wollte drei Schauspieler von uns für sein neues Stück haben, ohne eine Garantie geben zu müssen, die drei nach seiner Meinung besten Schauspieler, Roth, Bernt und Bienert. Wir hatten nichts bei der Besetzung mitzureden, wir kannten das Stück nicht, nicht einmal die Rollen, die wir spielen sollten. So also sah Piscators Interessengemeinschaft aus. Es fiel mir nicht schwer, nach der ersten Arrangierprobe meine Rolle wieder abzugeben, als das Nelsontheater mir anbot, in der neuen Revue mitzumachen.
Schließlich fanden wir für die Gruppe ein neues Stück, »Hotel Eden« von Emil Bernhard. Hans Rodenberg brachte es uns, führte auch selbst Regie. Das Stück behandelte den Mord an Rosa Luxemburg und Karl Liebknecht. Ich spielte den Jäger und Mörder Guhlke (in Wirklichkeit hieß er Runge). Aber auch dieses Stück bescherte uns nicht den erwarteten Erfolg, weder für die Gruppe noch für Rodenberg. Das Stück hatte 24 Bilder, und jede Umbaupause dauerte vier bis fünf

Die erste Filmstar-Postkarte Gerhard Bienerts 1931

Minuten. Alfred Kerr schrieb zu Recht: »... Pausen, Pausen, ich zerschlage das Parkett ...« Das war im April 1931.

Unser letztes Stück, das die Gruppe junger Schauspieler am 17. September 1931 im Berliner Theater herausbrachte, war »Avantgarde« von Valentin Katajew mit Gustav von Wangenheim und mir in den Hauptrollen. Aber das Thema dieses Stückes über fortschrittliche Maßnahmen in der Landwirtschaft der Sowjetunion interessierte keinen. »Avantgarde« wurde also erneut ein Reinfall.

Wir hätten ein anderes Stück von Katajew, zum Beispiel das Lustspiel »Die Quadratur des Kreises«, nehmen sollen, das bereits bei Aufricht im Theater am Schiffbauerdamm mit Peter Lorre in der Hauptrolle gelaufen war. Mit »Avantgarde« ging die Gruppe junger Schauspieler nach fünf Aufführungen pleite.

Und da die Gruppe inzwischen ein »eingetragener Verein« geworden war, hatten wir nun finanzielle Verpflichtungen an die Techniker, Bühnenarbeiter und Schauspieler. Die letzten Verbindlichkeiten, ein paar Tausend Mark, bezahlte uns mein alter Freund aus der Anfängerzeit, Willy Fritsch!

Die Gruppe junger Schauspieler löste sich auf. Das heißt, sie löste sich nicht ganz auf. Bertolt Brecht brachte »Die Mutter« nach Gorki heraus, am 16. Januar 1932 im Komödienhaus, und auf dem Plakat stand: Unter Mitwirkung der Gruppe junger Schauspieler. Wir spielten fast alle bei ihm. Ich weiß noch, ich bekam für fünf Wochen Proben und fünf Wochen Aufführungen im ganzen 10 Mark. Aber ich spielte eine wunderschöne Rolle, den Lehrer Lapkin, für den zuerst Peter Lorre vorgesehen war. Auch Ernst Busch, Helene Weigel und die anderen Hauptdarsteller bekamen sicher nicht mehr. Die »Gage« brachte uns dann persönlich Wilhelm Pieck. Übrigens spielte auch Theo Lingen in der »Mutter« eine kleine Rolle.

Daß man bei einem Genie wie Brecht aus Überzeugung und Verehrung umsonst arbeitete, das war selbstverständlich. Und die Zeit der Arbeit mit ihm ist eines der unvergeßlichsten Erlebnisse meiner Theaterlaufbahn. Außerdem bekam ich für die Rolle des Lapkin eine meiner schönsten Kritiken. Alfred Polgar schrieb in der »Weltbühne«: »Der Schauspieler Gerhard Bienert spielt ungeniertes, saftiges Theater. Den Zuschauern zur Erquickung. Wenn er auf der Bühne ist, entfernt sich das Epische mit eingeklemmter Theorie.«

Nach diesen künstlerisch bedeutsamen Arbeiten gab es kaum noch besonders Erwähnenswertes am Theater. Ich hielt mich unter anderem mit Revuen über Wasser, den ersten Auftritt hatte ich 1930, wenn man von den Roten Revuen bei Piscator absieht.

Als ich in den Filmstudios Kurt Gerron traf, ließ der mich wissen, daß er in Kürze eine Nelson-Revue herausbringen wollte, und er hätte Interesse an meiner Mitarbeit. Gerron, ein dickes, sentimentales, äußerst sympathisches, jüdisches Baby, führte selbst Regie. Es arbeitete sich ausgezeichnet mit ihm, denn er war auch ein guter Pointenmann.

Am 25. Dezember 1930 kam im Nelson-Theater die Revue »Glück muß man haben« heraus. Autoren waren Hans J. Rehfisch und Otto Katz. Es war nicht gerade ein großer Erfolg, zumal am Weihnachtsfeiertag das Publikum lieber zu Hause blieb. Aber es war eine gute Besetzung: die blonde Lee Perry, dann Ernst Busch, die schöne Tänzerin Edith Meinhardt, zwei gute Schauspieler wie Gerhard Bienert und Reinhold Bernt (so stand es in der Rezension der Mittagszeitung). Gustaf Gründgens brachte seinen Song vom Prince of Wales. Grethe Weiser wirkte mit in ihrer herzhaften

1931. Das erste Auto »Balduin«

Berliner Schnoddrigkeit und last not least mein lieber Paul Henckels. Rudolf Nelson und Peter Kreuder spielten an zwei Flügeln ihre Noten. Ein Jahr später wirkte ich am 18. November im Bachsaal in einer Revue von Bertolt Brecht und Ernst Ottwald mit. Sie hieß: »Wir sind ja so zufrieden«. Auch mit dieser Revue hatten wir kein rechtes Glück. Die Chansons und Texte waren zwar gut. Namen wie Kate Kühl, Busch, Weigel und Brecht ließen eine politische Revue erkennen, aber das richtige Publikum fehlte.

Und dann kam meine letzte, die wohl auch schönste Revue an Friedrich Hollaenders Tingel-Tangel-Theater. Neben Hollaenders Frau Blandine Ebinger spielten Hermann Schaufuß, Toni van Eyck, Hubert von Meyerinck, Hans Deppe, Hedi Schoop und Werner Finck. Es war, glaube ich, Hollaenders vorletzte Revue, bevor auch er emigrierte, zunächst nach Wien, später nach Hollywood. Der Titel: »Höchste Eisenbahn«, eine äußerst aktuelle Revue. Und eines Abends, als es um die Notbremse der Eisenbahn ging, schrie eine Stimme aus dem Publikum: »Du wirst nicht mehr lange dran ziehn, mein Junge.« Ich spielte einen der Gepäckträger, gemeinsam mit meinem Bahnhofs-Kollegen Heinrich Gretler. In Eisenbahner-Uniform mußten wir zu Hollaenders Musik wie Balletteusen tanzen und singen. Meinen Text des einen Liedes kann ich noch heute, nach über 50 Jahren, nämlich:

Wir sind die Träger, wir sind die Träger, noch träger gehts nicht, wenn die uns rufen, komm'n wir erst jarnich, denn komm wir langsam, wer spart gewinnt. Wir trag'n Ihr Fußgepäck, Ihr Kopfgepäck, janz langsam trag'n wirs, janz langsam weg, denn schließlich spiel'n wir ja nicht zeck.

Auf dem Weg zum Revue-Star

Hinter der Bühne mußten wir uns unerhört schnell für die einzelnen Bilder umziehen, von der Uniformhose in eine zivile, denn jetzt war ich ein Bergführer, der den Eisenbahnfahrgästen Hedi Schoop, Hermann Schaufuß, Kate Kühl und Hubert von Meyerinck die Berge erklären soll. Ich beginne also: »Hier sehn Sie das berühmte Matterhorn (Lacher im Publikum), 5000 Meter von hinten und von vorn (vor Lachen kreischende Frauen)...« Und ich konnte mir die Lacher einfach nicht erklären, an den vorherigen Abenden waren da keine. Schließlich flüsterte Hubsi mir zu: »Bienus, deine Hose.« Ich sah mir meine Hose an, aber die war an der bestimmten Stelle zwar zu, jedoch was guckte da rosarot aus meinem Hosenschlitz? Es war das Trikot aus der vorherigen Szene. Nun konnte ich mir alles erklären. Bereits als ich mich umzog, hatte ich gemerkt, daß mir die Hose, die da auf meinem Stuhl lag, viel zu groß war. Aber was macht man, wenn man in Sekunden wieder auf der Bühne erscheinen muß? Man zieht die Hose an. Ich befestigte sie schnell mit einer Nadel, damit sie mir nicht runterrutschte. Ich hatte in der Aufregung die Hose vom weitaus stärker gebauten Heinrich Gretler erwischt. –

Die gefährliche Zeit

1933. Das unheilvolle Jahr, die unheilvolle Zeit begann. Es fällt nicht leicht, über die Zeit des faschistischen Deutschlands zu erzählen. Auch für uns Künstler war es die Zeit der Spielverbote, Verhöre, Verhaftungen. Viele Schauspieler von internationalem Rang mußten Hitler-Deutschland verlassen. Durch meine fortschrittliche Theaterarbeit, insbesondere durch meine Sowjetunion-Tourneen mit der Gruppe junger Schauspieler, war ich den braunen Machthabern auf alle Fälle ein Dorn im Auge. Jedoch hatte ich ein erstaunliches Glück und erhielt weder ein direktes Spielverbot an den Berliner Bühnen noch beim Film. Jedoch ließ man es mich spüren, daß ich an den großen Häusern nicht unbedingt erwünscht war.

Und dabei begann die finstere Zeit von 1933 bis 1945 auch für mich ziemlich unrühmlich. Hitler hatte noch nicht sein Tausendjähriges Reich übernommen, da drehten wir in den UFA-Ateliers im Jahre 1932 »Morgenrot«. Regie führte der Österreicher Gustav Ucicky. Unter ihm hatte ich bereits 1931 im Film »York« gespielt. Was ich damals nicht sah, war, daß Ucicky auf dem Weg zu einem der perfidesten Naziregisseure war. Als Freund des UFA-Konzernchefs Hugenberg, einem der frühen Finanziers der Nazis, schuf er mit seinen Filmen – die berüchtigsten waren wohl »Flüchtlinge« und »Heimkehr« – das ideologische Vorfeld für den Nationalsozialismus. Es strotzte nur so von Führerkult und Lob des Kadavergehorsams.

In »Morgenrot« schart sich die neunköpfige Besatzung des U 21 (darunter die Besatzungsmitglieder Gerhard Bienert, Fritz Genschow, Friedrich Gnass und Paul Westermeier) um ihren U-Bootkommandanten Kapitänleutnant Liers, gespielt von Rudolf Forster. Ich habe dem Kapitänleutnant zu melden: »Schiff in Sicht, großer feindlicher Kreuzer!« »Zischend ziehen die Torpedos ihre unheimliche, schaumige Bahn durchs Wasser. Hurra, getroffen. Zu Tode verwundet gleitet der Kreuzer mit wehender Flagge in die salzige Tiefe«, heißt es im Programmheft zum Film.

Nicht darin vermerkt wurde der Todeskampf der englischen Besatzung, die ihr Heimatland vor dem Angriff der deutschen Kriegsmarine schützt. Und der U-Bootkommandant mußte laut Drehbuch sagen: »Zu leben verstehen wir Deutsche vielleicht schlecht, aber sterben können wir fabelhaft.«

Hugenberg und seine UFA-Männer scheuten für diesen ersten Kriegsfilm des faschistischen Deutschland weder Geld noch Mühen. Da Deutschland nach dem verlorenen ersten Weltkrieg gemäß einem Beschluß der Siegermächte keine U-Boote mehr besitzen durfte, baute die UFA die Innenräume des U 21 originalgetreu in den Ateliers nach. Es fehlte kein Schalter, keine Anzeigetafel, alles bis ins kleinste Detail stimmte.

Die Außenaufnahmen drehten wir in Helsinki. Dort gab es U-Boote, nämlich die beschlagnahmten deutschen aus dem ersten Weltkrieg. Bei den Dreharbeiten fiel auf, daß Ende 1932 eine schier hektische Betriebsamkeit einsetzte. Der Film sollte schnell fertig werden.

Warum? Wir erfuhren es bald. Am 30. Januar 1933 wurde Adolf Hitler Reichskanzler. Am 2. Februar 1933 wurde im UFA-Palast am Zoo »Morgenrot« mit großem Propagandarummel für Berlin erstaufgeführt. In der ersten Reihe der Loge saßen Hitler, von Papen und Hugenberg. Tags darauf verherrlichten die bürgerlichen Zeitungen in ihren Rezensionen den

Krieg, den deutschen Militarismus. Auf dem Weg zum zweiten Weltkrieg! Der »Völkische Beobachter«, die Zeitung der Nazi-Partei, schrieb unter anderem: »Morgenrot ist das Antlitz des Krieges zur See ... Der zeitlose Wert von ›Morgenrot‹ liegt in seiner kompromißlosen Wiedergabe dessen, was war, was ist und was wieder sein wird: des Krieges!«
Gedanken, wie sie auch im Schlußlied des Filmmachwerkes zum Ausdruck kommen, in dem es heißt:

»Morgenrot, Morgenrot, leuchtet mir zum frühen Tod, Tod!
Bald wird die Trompete blasen, dann muß ich mein Leben lassen, ich und mancher Kamerad.
Kaum gedacht, kaum gedacht – wird der Lust ein End gemacht!
Gestern noch auf stolzen Rossen, heute durch die Brust geschossen, morgen in das kühle Grab!«

Beim ersten Ansehen des komplett abgedrehten Films und erst recht, als wochenlanger Propagandarummel um diesen Film einsetzte, da wurde mir schnell klar, worauf ich mich eingelassen hatte. Beim Vertragsabschluß Anfang 1932 war über den Inhalt lediglich gesagt worden, es handle sich um einen pazifistischen Film. Und in dem Wort Pazifismus sah ich nichts Schlechtes, das hat doch mit Frieden zu tun. Und vom Krieg hatte ich ja genug!
Es war damals beim Film üblich, daß man nicht das ganze Drehbuch zu lesen bekam, sondern es wurde einem nur der Text seiner Rolle gegeben. Aber kann dieses »Nichtwissen« über den vollständigen Inhalt eine Entschuldigung sein?
Ich hegte damals wirklich gar keine Zweifel, denn neben mir spielte der große Eduard von Winterstein einen Hauptmann. Fritz Genschow, Mitglied

Während der Dreharbeiten zu »Morgenrot« mit Rudolf Forster

der KPD, kannte ich aus der Zeit der Gruppe junger Schauspieler. Friedrich Gnass spielte mit. Auch Hans Leibelt, Adele Sandrock und die später aus Deutschland emigrierte Camilla Spira, Schwester von Steffi Spira von der KPD-Truppe 31, waren ja ganz gewiß keine Nazi-Anhänger.
Und es gab noch einen wichtigen Grund, das Filmangebot damals anzunehmen: ich brauchte Geld, um zu leben.
Ich spielte zwar zur gleichen Zeit bei Bertolt Brecht in der »Mutter«, aber was ich da verdiente, habe ich ja schon gesagt. Jedoch jedes Mal, wenn die Rede auf den Film »Morgenrot« kommt, ärgere ich mich ganz schön, daß man Geschehenes nicht ungeschehen machen kann.
Genau zu dieser Zeit, als der Vertrag für den Film perfekt war, bekam ich das Angebot von Reinhardts Deutschem Theater, in einer Inszenierung von Gerhart Hauptmanns »Rose Bernd« mit der großartigen Paula Wessely mitzuspielen. Ich konnte es nicht annehmen.

Keinerlei Skrupel hatte der in dem Film ebenfalls mitwirkende Paul Westermeier, er war als SA-Mann ein Nazi der ersten Stunde. Ich erinnere mich noch genau, wie ich einmal in ein Theaterstück ging, das »Arm wie eine Kirchenmaus« hieß. Die Hauptrolle spielte die grandiose Grete Mosheim. Sie war seit 1922 am Deutschen Theater engagiert, mußte als Jüdin schließlich 1934 in die USA emigrieren.
An diesem Abend besuchte auch Paul Westermeier die Vorstellung. Er saß in der ersten Reihe. Als die Mosheim die Bühne betrat, stand er auf und sagte laut: »Ach, hier spielen noch Juden? Da bin ich wohl falsch.« Und verließ den Saal. Zum Glück blieb es unter den Zuschauern bis auf ein Gemurmel ruhig, und es kam zu keinen weiteren Schmähungen. Als wenige Tage nach Hitlers Machtübernahme am 27. Februar 1933 der Reichstag in Flammen aufging, weilte ich zu Filmaufnahmen in den Alpen, an der Zugspitze. Der berühmte Harry Piel, Sensationsdarsteller und -regisseur, drehte »Sprung in den Abgrund«. War das nicht ein eigenartiger Titel, der das Motto für zwölf Jahre Nazi-Barbarei hätte sein können?
In dieser Zeit mußte man immer mit der Angst leben. Wem konnte man noch vertrauen? Dabei waren es doch fast ausschließlich nette Kollegen gewesen. Zum Beispiel Mathias Wieman. Er besuchte mich einmal mit seiner Frau Erika Meingast, die ich aus unserer Zeit am Bergtheater Thale kannte; sie war damals unser Gretchen im »Faust«. Erika Meingast war für mich eine großartige Schauspielerin und Kollegin, wie eigentlich auch Wieman.
Wieman erzählte mir, daß es eine großartige Sache wäre, einmal »Tristan und Isolde« zu verfilmen.

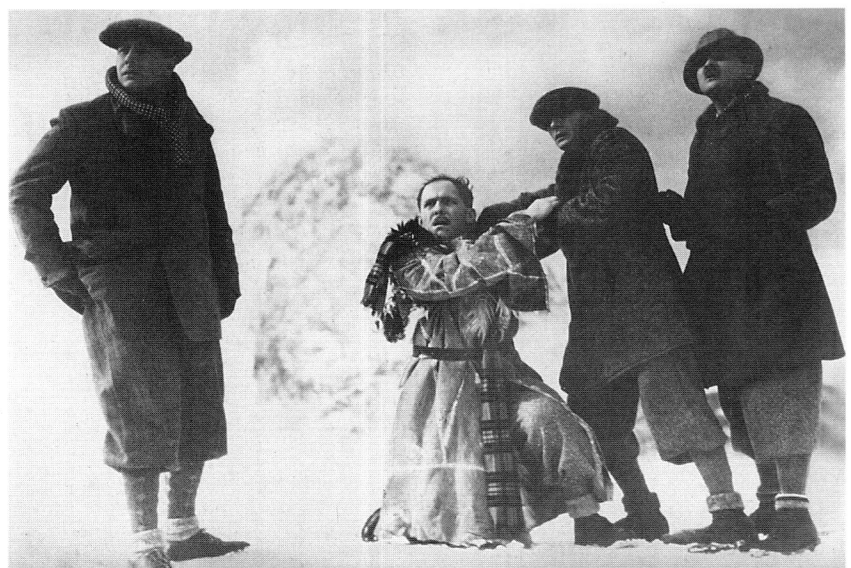

1933. »Sprung in den Abgrund«

Dann fachsimpelten wir über den »Schimmelreiter«, in dem er gerade unter der Regie von Hans Deppe gespielt hatte.
Es wäre ein rundweg schöner Abend gewesen, wenn Wieman nicht beim Verabschieden vor der Haustür gesagt hätte: »Bienus, was schimpfst du nur so sehr auf die Nazis, warum bist du so gegen sie? An deiner Stelle würde ich mitarbeiten.«
Mir fiel es wie Schuppen von den Augen. Also auch Wieman war einer von ihnen. Ich konnte nur noch verdattert stammeln: »Mensch, bist du denn verrückt? Das kann ich nicht machen. Wie soll ich bei denen mitarbeiten?« Er daraufhin: »Na, zumindest dadurch, daß du nicht dagegen sprichst.«
Wieman hat meine Offenheit nicht mißbraucht.
Immer weniger Theaterleiter gab es, die mir eine Rolle anboten. Dennoch: viele Kollegen vom Theater, die ich aus gemeinsamem Wirken lange Jahre kannte, besetzten mich, meist in kleineren Rollen. Es ging ums Leben und Überleben.
Mein Freund Hans Deppe brachte im Mai 1933 im Lessing-Theater das Lustspiel »Schwarz-rote Kirschen« von Alexander Hunyadi heraus, mit Leopoldine Konstantin, Herbert Hübner und Erich Fiedler in den Hauptrollen. Im Sommer spielte ich auf der Freilichtbühne in Spandau den Katte in Paul Ernsts »Preußengeist«. Im Dezember war ich der Petrus im »Apostelspiel« von Max Moll im Theater Spremberg. Heinz Hilpert ließ mich im Januar 1934 den Buyck in Goethes »Egmont« spielen.
Und so ging es dann weiter, Rollen für ein paar Tage, kleine Rollen, Scheißrollen, von Theater zu Theater. Kleiner konnten die Rollen nun wahrlich nicht mehr werden: ein Bauer im »Wallenstein«!
Im Jahre 1935 gab es für mich endlich wieder zwei schöne, dankbare Aufgaben. Im Theater am Schiffbauerdamm spielte ich unter der Regie von Veit Harlan, damals noch nicht ganz so größenwahnsinnig und gefährlich, in den Lustspielerfolgen »Hochzeit an der Panke« und »Krach im Hinterhaus«, das dann auch später mit mir als Bäckergesellen sowie mit der Fürstenberg und Henny Porten verfilmt wurde.
Im Jahre 1937 hatte ich noch einmal Glück mit einem Stück im Lustspielhaus in der Friedrichstraße 236. Regisseur Erich Papst, unter dem ich am Harzer Bergtheater Thale gespielt hatte, gab mir die Hauptrolle, den Schneider Bartel, in »Der Schneider treibt den Teufel aus« von Juliane Kay. Meine Partnerin war anfangs Toni van Eyck, später auch meine damalige Frau Edith Edwards. Das Stück wurde ein Renner.
Als Dekoration brauchte man nur ein Zimmer. Es war das, was man heute ein Boulevardstück nennen würde. Kurios war, daß das Ehepaar die Rollen auf berlinerisch spielen sollte, Toni van Eyck jedoch ihr bayrisch nicht verleugnen konnte. Während einer Probe zu »Der Schneider treibt den Teufel aus« sagte Toni van Eyck: »Bienus, du kennst doch den Hupsi Meyerinck, da sieh dich mal ein bißchen vor, wenn du mit ihm telefonierst. Der wird nämlich überwacht. Ich kenne den Gauleiter Heydrich, und der fragte mich kürzlich so beiläufig auch nach dir aus, was denn der Bienert nach seinen kommunistischen Theaterstücken jetzt so spiele. Bienert und Konsorten sind Leute, die wir abhören!«
Hubert von Meyerinck, wir nannten ihn Hubsi, war ein stets fideler Mensch und bei allen Kollegen sehr beliebt. Er war alles andere als ein Nazi-Sympathisant. Aber sein sorgloses Gerede, daß der oder die »Agenten« seien, konnte einem damals schon gefährlich werden.

Barbara Hofen

Mit seiner ersten Ehefrau Barbara Hofen

Aus einem Porträt über Gerhard Bienert in der »Filmwoche« 11/1936

Silvesterfeier 1934/35 in der Wetzlarer Straße 10. Zweiter von links Werner Pledath

1937 muß es wohl auch gewesen sein, als wir die unglaubliche Geschichte von Leo Reuß erfuhren, jenem Kollegen, der mich mit zu den Greifensteiner Passionsspielen genommen hatte. Seiner jüdischen Herkunft wegen war er seit 1933 ohne Engagement. Da startete er in seiner Verzweiflung einen ganz großen Coup! Er färbte sich von Kopf bis Fuß semmelblond, gab sich als bayerischer Laienschauspieler aus und sprach auf Schloß Leopoldskron bei Max Reinhardt vor. Ich weiß nicht, ob Leo Reuß dabei an unsere gemeinsamen Auftritte dachte, jedenfalls sagte er, er habe viele Jahre bei den Oberammergauer Passionsspielen mitgemacht. Er muß den Professor ziemlich beeindruckt haben, denn er wurde sofort in das Reinhardt-Seminar aufgenommen. Sein erster Auftritt im Wiener Theater in der Josefsstadt in einer Dramatisierung von Schnitzlers »Fräulein Else« wurde ausgerechnet von den rechtsstehenden Zeitungen als ein Ereignis gefeiert! Mit diesem Kaspar Brandhofer, so nannte er sich, sei der »Erdgeruch des Echten in das verlogene Machwerk« gekommen.

Aber wie lange kann man selbst mit solch einer falschen Identität leben? Und die Kollegen waren natürlich auch mißtrauisch. Heinrich Schnitzler, der Sohn des Dichters, der mit Reuß am Berliner Staatstheater eine Garderobe hatte, erkannte ihn schließlich. Leo Reuß konnte zwar im Ensemble bleiben, aber nur ein paar Monate, 1938 annektierten die Nazis bekanntlich auch Österreich. Reuß soll sich nach Amerika gerettet haben, aber seither hat man nichts mehr von ihm gehört.

Warum ich kein Spielverbot bekam, ist mir bis heute ein Rätsel geblieben. Aber kein großer Theaterdirektor ging das Risiko ein, mich

Familienfoto in Senzig

Premierenplakat zu »Krach im Hinterhaus«, noch ohne Gerhard Bienert

in seinem Ensemble zu dulden, ob George oder Gründgens.
Mein Freund Viktor de Kowa lud mich zu einer Premiere am Staatstheater am Gendarmenmarkt ein. Nach der Vorstellung besuchte ich de Kowa in der Garderobe. Ich hatte mit ihm gerade den Film »Die große und die kleine Welt« abgedreht. – Kurz nach mir trat Gustaf Gründgens ein, und ich sagte (wegen seines Titels »Staatsrat«) wieder Herr Gründgens zu ihm. Ich glaubte, daß man einen Staatsrat nicht mehr mit »du« ansprechen dürfe.
Gründgens hat mir das erneute »Sie« nie verziehen.
Ich verdiente mir meinen Lebensunterhalt mit oftmals belanglosen Rollen in der Filmkonfektion und in Boulevardstücken. Aber ich hatte eben mein kleines Glück, ich wurde nie verhaftet oder verhört.
Ich war ein Gegner der Nazis, aber in dem Sinne politisch gearbeitet, wie es viele Kommunisten und Antifaschisten taten, habe ich eigentlich nicht.
Es kam allerdings nicht selten vor, daß ein gewisser Genosse Naumann sowohl in meine Berliner Wohnung in der Wetzlarer Straße, als dann auch später in mein Haus in Stahnsdorf Leute zum Übernachten schickte. Vermittler für diese Logiergäste war Hans Meyer-Hanno von der Truppe 31 (bekannt geworden durch die Aufführung von Gustav von Wangenheims Stück »Die Mausefalle« mit Curt Trepte, Steffi Spira, Inge von Wangenheim).
Er sagte manchmal zu mir: »Paß mal auf, Genosse Bienert, kannst du wieder mal einen Genossen bei dir eine Nacht schlafen lassen?«
Und dann kam dieser nachts gegen 23 Uhr und ging morgens gegen 6 Uhr.
Natürlich wußte ich, daß es sich dabei jedesmal um antifaschistische Kämpfer, um gefährdete Genossen handelte. Aber ich habe sie nie gesehen, die Tür hatte ich vorher schon geöffnet. Wer sie waren, weiß ich bis heute nicht.
Sicherlich hätte diese Art politischer Mitarbeit für mich gefährlich werden können, aber es war wohl auch so eine Art Wiedergutmachung für »Morgenrot«.

Film, Film und nochmals Film!?

Filmprogramm zum »Blauen Engel«

Meine Tonfilmkarriere begann mit Josef von Sternbergs Film »Der blaue Engel«, uraufgeführt am 1. April 1930. Ludwig Roth aus unserer Gruppe junger Schauspieler hatte mir den Tip gegeben, daß Sternberg noch einen Darsteller für die Rolle des Schupos sucht. Er wußte es von seiner Freundin Rosa Valetti, die schon engagiert war.
Ich fuhr also nach Neu-Babelsberg. Sternberg sagte zu mir: »Ich habe

In »Voruntersuchung«. 1931

Mit Albert Bassermann und Oscar Sima in »Voruntersuchung«

Sie in ›Cyankali‹ gesehen. Sie haben mir gefallen. Und wenn Sie dort den Arbeiter gut spielen konnten, dann können Sie bei mir auch einen Schutzmann spielen.« Ich war mit 150 Mark Gage engagiert, für zwei Tage. Größer war die Rolle nicht. Eigentlich sollte Fritz Odemar sie bekommen. Aber dem war sie wohl zu »gewaltig«.
Mein Bruder Reinhold Bernt war auch dabei, er spielte den alten Clown, der dann von dem neuen (Emil Jannings) verdrängt wird.
In diesem heute zur Legende gewordenen Streifen hatte Marlene Dietrich ihre erste große Filmrolle. Sie wurde zum Beginn ihrer Weltkarriere.
Im nächsten Film »Der Mann, der seinen Mörder sucht« hatte ich erneut eine Schupo-Rolle, und in dem darauf folgenden Film »Schachmatt« bin ich zum Kommissar erhoben worden.
Damit war ich endgültig als „Schupo des deutschen Films" festgelegt.
Ich habe insgesamt neun Polizisten und sieben Kriminalkommissare im Film und darüber hinaus mindestens weitere zehn Gesetzeshüter im Theater gespielt.
Bei der DEFA wurde ich dann auf Grund meiner langjährigen »Polizeierfahrung« befördert zum Gefängnisdirektor, in »Der Prozeß wird vertagt«, und in der deutschfranzösischen Koproduktion »Die Elenden« mit dem berühmten und unvergessenen Jean Gabin war ich sogar der Gerichtspräsident.
Aber im Jahre 1930 war an solche hohen Ränge noch nicht zu denken.
In »Voruntersuchung«, wieder unter der Regie von Robert Siodmak, stand ich neben dem großen Albert Bassermann, der den Kriminalkommissar spielte, als sein Gehilfe vor der Kamera. Albert Bassermann war für mich ein Genie. Er gehörte seit der Jahrhundertwende zu den Großen des Deutschen Theaters. Er spielte so ziemlich alle klassischen Rollen. Bassermann als Konsul Bernick in »Stützen der Gesellschaft«, Bassermann als Shylock im »Kaufmann von Venedig«, als König Lear, Othello, Wallenstein, Nathan der Weise, in vielen Ibsen- und Hauptmann-Uraufführungen. Ich habe ihn an den Reinhardt-Bühnen in fast allen seinen Rollen gesehen, genossen, bewundert und gefeiert.
In Strindbergs »Wetterleuchten« verlor er einmal bei einem Monolog in hohem Bogen seine dritten Zähne. Bassermann hat sich nicht das geringste anmerken lassen, ging in die Richtung, wo die Prothesen lagen, und spielte darauf mit seinen wiedergefundenen Zähnen ruhig weiter. Als ob nichts gewesen wäre.
In »Voruntersuchung« war Bassermann nicht mehr jung. Einmal meinte er zu mir: »Mit meinen 65 Jahren muß ich nun etwas kürzer treten, denn ich bin jetzt immer so müde.«

Aufklärung über Syphilis: »Feind im Blut« mit Walburga Gmür

Das war kein Wunder. Bassermann besaß eine Riesensammlung von Rollenbüchern und las und übte aus wahrer Begeisterung für das Theater oftmals 20 Stunden am Tag.
Gustav Fröhlich, der ebenfalls in »Voruntersuchung« mitwirkte, erzählte mir einmal in einer Drehpause, wie Bassermann während seiner Gastspiele in der Provinz Theater spielte.
Bassermann hatte die Titelrolle in Gerhart Hauptmanns Schauspiel »Kollege Crampton«. Gustav Fröhlich, noch am Beginn seiner Laufbahn, war ein Gepäckträger.
Bassermann, der an diesem Abend keine große Lust zum Spielen und wenig Zeit hatte, meinte zu Gustel Fröhlich: »Also, Fröhlich, das machen wir doch heute abend alleine.«
Das Spiel begann, und als nun Gustav Fröhlich mit seinem Text an der Reihe war, flüsterte Bassermann ihm leise ins Ohr: »Halt, halt, nicht weiterreden, jetzt mach ich eine große Pause..., zähle bis acht..., dann kommt ein Schluchzer von mir, ich nehme die Hände hoch... So und jetzt können Sie weiterspielen.« So hat man damals Theater gespielt.
Als nächstes bekam ich eine Rolle in Fritz Langs Film »M«, mit Peter Lorre als Mörder und Gustaf Gründgens als Bandenchef. Ich war der Kriminalsekretär. Lang ließ mich spielen, wie ich es für richtig hielt, ohne daß er mir etwas sagte oder anwies. Das kam bei Lang nicht oft vor. Er war eigentlich als tyrannisch und brutal bekannt.
Die Arbeit mit ihm war ziemlich anstrengend. Man bekam bei ihm nie das Drehbuch zu lesen, sondern nur die jeweilige Textpassage. Keiner, nicht einmal der große Gründgens, sollte wissen, wie der Film am Ende ausgeht.
Der Inhalt des Films »M« ist wie folgt: Ein pathologischer Kindermörder (Peter Lorre) macht monatelang eine Großstadt unsicher. Die Unterwelt mit dem Bandenchef (Gustaf Gründgens) an der Spitze wird durch die Intensität der polizeilichen Ermittlungen erheblich in ihren Geschäften gestört und nimmt daher selbst den Kampf gegen die Mörderbestie auf. Vom Ganovengericht wird der Kindesmörder zum Tode verurteilt. Jedoch in letzter Minute gelingt es dem Kriminalkommissar, dargestellt von Otto Wernicke, und mir als seinem Assistenten, den Täter der gerechten Strafe zuzuführen.
Weitere Gangsterrollen waren mit Theo Lingen, Paul Kemp, Fritz Odemar und Friedrich Gnass besetzt. Nach »M« kamen dann »Panik in Chikago«, »Die Schlacht von Bademünde« und »Feind im Blut«. Im letztgenannten Film ging es um das Problem der Syphilis.
Piel Jutzi gab mir in seinem Film »Berlin – Alexanderplatz« wieder eine Hauptrolle. Den Franz Biberkopf spielte Heinrich George. An der Seite von Heinrich George, Bernhard Minetti (dem Vater des DDR-Schauspielers Hans-Peter Minetti) und Albert Florath spielte ich den Klempner-Karl. »Berlin – Alexanderplatz« wurde danach im Rundfunk als Hörspiel produziert, unter der Leitung von Altmeister Alfred Braun. Die Besetzung war die gleiche wie im Film. Inhaltlich gab es aber ein paar Veränderungen. Ich muß wohl damals in meiner Film- und Hörspielrolle George gut

Als Klempner-Karl

Bernhard Minetti, Gerhard Bienert, Albert Florath

BERLIN ALEXANDERPLATZ
Die Geschichte vom Franz Biberkopf
Nach dem Roman von ALFRED DÖBLIN
S. Fischer Verlag / Berlin
Manuskript: Alfred Döblin und Hans Wilhelm

Regie: PHIL JUTZI

Dialogleitung: Karl Heinz Martin
Fotografische Leitung: Nikolaus Farkas / Bauten: Julius v. Borsody
An der Kamera: Erich Giese / Kompositionen: Allan Gray
Standfotograf: Fritz Vopel
Musikalische Leitung: Arthur Guttmann
Ton: Fritz Seeger / Schnitt: Géza Pollatschik

 Tonsystem: Tobis=Klangfilm

Produktionsleitung: Dr. Wilhelm Szekely

Darsteller:

Franz Biberkopf . . . . Heinrich George
Cilly . . . . Maria Bard
Mieze . . . . Margarete Schlegel
Reinhold . . . . Bernhard Minetti
Klempner-Karl . . . . Gerhard Bienert
Pums . . . . Albert Florath
Henschke, Wirt . . . . Paul Westermeier
Oskar Höcker, Hans Deppe, Käthe Haak, Julius Falkenstein, Jakob Tiedtke,
Siegfried Berisch, Arthur Mainzer, Karl Stepanek, Ernst Behmer, Paul Rehkopf,
Anna Müller-Lincke, Hermann Krehan, Heinrich Schroth, Heinrich Gretler,
Willy Schur, Walter Werner, Karl Harbacher, Franz Weber

Ein Heinrich George=Film
der Allianz=Tonfilm G.m.b.H.
 im Verleih der
SÜDFILM

1931. »Berlin Alexanderplatz«

Mit Heinrich George als Franz Biberkopf

Unteroffizier mit Pickelhaube: »Reserve hat Ruh«, 1931

gefallen haben. Denn als wir einmal ein paar hundert Schritte vom Deutschen Theater entfernt im »Albrechtseck« am S-Bahnhof Friedrichstraße mit Heinrich George und Albert Steinrück zusammensaßen, trug sich folgendes zu: George, der wohl mit Steinrück dort schon recht lange gesessen hatte, sagte dauernd beschwipst zu mir: »Du oller Suppenkasper.« Als er etwas nüchterner war, hat er dann wohl den »Suppenkasper« wieder gutmachen wollen und sagte: »Mensch, Bienus, det war aber fabelhaft, wie du den Reinhold verklagt hast, der det junge Mädel umjebracht hat.« Er spielte auf unsere Zusammenarbeit in »Berlin – Alexanderplatz« an. Solches Lob aus dem Munde eines gestandenen Mimen, dem späteren Intendanten des Berliner Schiller-Theaters, das tat schon wohl.
In der Verfilmung von Carl Zuckmayers »Hauptmann von Köpenick« 1931 unter der Regie von Richard Oswald war ich ein im Café Viktoria randalierender Gardegrenadier. Die Titelrolle spielte Max Adalbert von den Reinhardt-Bühnen. Meines Wissens gibt es vier Verfilmungen dieses Stoffes, eine davon auch mit Heinz Rühmann. Aber für mich ist und bleibt Adalbert der überzeugendste Darsteller des Hauptmanns von Köpenick.
Bevor ich im Jahre 1932 in Slatan Dudows »Kuhle Wampe« oder, wie der Untertitel hieß, »Wem gehört die Welt« mitwirkte, gab es noch einige unbedeutende Rollen als Schupo und Sergeant in »Der Stolz der 3. Kompanie«. Eine typische Soldaten-Klamotte, insofern jedoch eine dankbare Rolle, weil ich neben Fritz Kampers arbeiten durfte.
Wir hatten einen Sketch zu geben, Kampers mimte als Feldwebel in Frauenkleidern ein mannstolles Weib.
Schließlich kam mein erster Film in der Regie von Erich Engel, ich spielte den Bühnenmeister in »Die Fünf von der Jazzband«, mit der beliebten Jenny Jugo in der Hauptrolle.
Der Film »Kuhle Wampe«, dessen Drehbuch weitgehend von Brecht stammte, brachte mir einen weiteren Erfolg. Heute zählt er zu den Klassikern der sozialistischen Filmkunst. Als es um die Uraufführung ging, war den damaligen Regierungsstellen die ursprüngliche Fassung nicht recht, sie wurde verboten. Die Zensur sah den Film als staatsgefährdend an. Die beanstandeten Szenen mußten herausgeschnitten werden. Am 30. Mai 1932 kam er schließlich doch heraus, in Berlins größtem Uraufführungs-Filmtheater »Atrium«, das 2000 Sitzplätze hatte. In wenigen Tagen wurden über 14 000 Besucher gezählt.

Als lächelnder Schupo. Zum ersten Male mit Heinz Rühmann 1932 in »Es wird schon wieder besser«

Als Bühnenmeister in »Fünf von der Jazzband«. 1932 mit Jenny Jugo

Aus dem Filmprogramm »Der Polizeibericht meldet ...«

In den Hauptrollen spielten Ernst Busch und Hertha Thiele, daneben Fritz Erpenbeck, Hugo Werner-Kahle sowie Adolf Fischer von unserer Gruppe junger Schauspieler, der nach 1945 über lange Jahre Produktionsleiter bei der DEFA war. Darüber hinaus wirkten 4000 Fichtesportler mit, unter ihnen zum ersten Mal als Statist der junge Erwin Geschonneck, dann die Arbeitersänger von Groß-Berlin, die Arbeiterspieltruppe »Rotes Sprachrohr« und viele andere. Hanns Eisler schrieb die Musik für den Film, die Lieder wurden von Ernst Busch und Helene Weigel gesungen.

Als ich im Jahre 1932 zum erstenmal heiratete, drehte ich bei Richard Oswald einen Film nach Edgar Allen Poe »Unheimliche Geschichten« mit Eugen Klöpfer, Viktor de Kowa und Paul Wegener. Nach meinem Dafürhalten brachte Wegener, das Genie von Bühne und Film, in diesem Streifen nicht gerade eine Glanzleistung. Und Harald Paulsen spielte den Kriminalkommissar übertrieben albern. Wirklichkeitsnah und gut, so hieß es damals in den Kritiken, seien nur die beiden jungen Schauspieler Walburga Gmür und Gerhard Bienert.

Paul Wegener war es, der mir folgende, nicht gerade hoffnungsvoll stimmende Prophezeiung gab, als mich Barbara Hofen, meine junge Ehefrau, einmal nach Drehschluß vom Film-Atelier abholte: »Bienert, das war aber leichtsinnig, diese schöne Frau zu heiraten. Ich gebe Ihnen höchstens fünf Jahre.« Wegener behielt recht. Fünf Jahre später heiratete ich die Schauspielerin Hilde Volk.

Im unheilvollen Jahr 1933 filmte ich bei Fritz Lang in »Das Testament des Dr. Mabuse«. Elf Jahre zuvor hatte Lang bereits einmal einen Mabuse-Film gedreht. Dies nun war sein letzter Film in Deutschland. Er floh nach Paris, nachdem sich seine Frau von ihm hatte scheiden lassen. Der Film wurde kurz nach der Uraufführung verboten.

Rudolf Klein-Rogge war der Dr. Mabuse. Weitere Rollen waren besetzt mit Theo Lingen, Camilla Spira, Otto Wernicke, meinem Bruder Reinhold Bernt und ... Paul Henckels. Wer erinnert sich nicht gern an den kauzigen Lehrer im Film »Die Feuerzangenbowle« mit seinem berühmten Vortrag über »de Dampfmaschin«. Diese liebe Kinderseele von einem wahrhaften Kollegen habe ich im »Mabuse«-Film kennengelernt und später mit ihm am Deutschen Theater und beim Film zusammen gearbeitet.

Einmal hatten wir zusammen eine Großaufnahme. Vor uns der Mann mit der Filmklappe hatte einen völlig verbildeten Daumen. Da sagte Paul Henckels zu mir in seinem Kölnschen Dialekt: »Mensch Bienus, guck dir doch mal de Daumen von de Jung an.« – Die Kamera beginnt zu surren und Henckels kann vor Lachen seinen Text nicht weitersprechen. Viermal mußte diese Szene gedreht werden, weil Paule immer wieder an den Daumen denken mußte.

Weitere Filme in diesem Jahr waren

»Kuhle Wampe« mit Ernst Busch und Hertha Thiele

Auf einer Schiffsreise zu Dreharbeiten in Tripolis

»Lockvogel«. Gerhard Bienert mit Hilde Weißner. 1934

Harry Piels »Sprung in den Abgrund«, Heinz Hilperts »Ich will dich Liebe lehren« sowie eine kleine Rolle als Tunnelingenieur in der Verfilmung von Bernhard Kellermanns berühmtem Roman »Der Tunnel«. In letzterem hatte ich den gerade zu einem anderen Land durchgestoßenen Tunnel wieder zu versiegeln.
In diesem Jahr gab es noch eine denkwürdige Begegnung. Bei der UFA drehte ich einen Kurzspielfilm, dessen Titel mir jedoch entfallen ist. Als Partner hatte ich einen etwa sechsjährigen, kleinen, finster dreinblickenden, mopsgesichtigen Jungen, der später ein großer Schauspieler wurde: Wolfgang Kieling, der auch bei der DEFA filmte und leider viel zu früh im Jahre 1985 verstarb.
In Georg Jacobys 1934 entstandenen Kriminalfilm »Der Polizeibericht meldet« bin ich einmal kein Kommissar, sondern, an meine früheren Erfolge anknüpfend, ein Arbeiter. Es war eine schöne, mittlere Rolle.
Als Schiffsoffizier mit schneeweißer Uniform durfte ich in »Mein Herz ruft nach Dir« Jagd auf den im Mastkorb singenden blinden Passagier Jan Kiepura machen. Als diese Szene mit Kiepuras herrlichem Lied »Mein Herz ruft immer nur nach Dir, oh Marita« (das galt seiner mitspielenden Frau Martha Eggert) abgedreht war, sagte ich zu Kiepura auf polnisch etwa: »Wy bardse dobsze Tenor.« Kiepura muß wohl angenommen haben, daß ich perfekt Polnisch spreche, denn er antwortete mir mit einem langen Satz ebenfalls auf polnisch. Noch heute überlege ich, was er mir wohl geantwortet hat!
Paul Wegener führte Regie zu dem Film »Ein Mann will nach Deutschland«, in dem ich neben Harald Paulsen spielte. Erich Engel gab mir eine Hauptrolle in »Pechmarie«.

Mal nicht als Schupo, sondern als Gefangener.
»Schwarze Rosen«, 1935

Als einer der »beiden Seehunde«, der andere ist Weiss-Ferdl. 1934

Mit seinem Freund Willy Fritsch in »Schwarze Rosen«

In »Alles um eine Frau«. In seinem Album schrieb er unter das Bild: »Furchtbarer Film«.

Unter Erich Engel zu spielen war für mich stets eine Erfüllung. Er war ein ausgezeichneter, immer nach Qualität suchender Regisseur, der so manche Szene zwanzigmal wiederholte. Seine Filme waren zwar überwiegend im Unterhaltungsmilieu angesiedelt, aber dennoch waren es keine Schnulzen.

Hans Deppe, der nach seinem Regie-Debüt mit »Revolte im Erziehungshaus« dann bald Filmregisseur wurde, machte seine eigene Produktion auf und drehte mit mir als Fremden Herrn »Herr Kobin geht auf Abenteuer«. Und was war der Fremde Herr? Wieder einmal ein Kriminalkommissar. Aber diesmal war der Kommissar der Verbrecher. Einmal etwas ganz Neues, oder?

In »Lockvogel« spielte ich auf der »Adrian Termeer«, so hieß der Luxusdampfer, den Ersten Offizier. Fritz Rasp und Oskar Sima sind die Schmuggler, Hilde Weissner ist der Lockvogel, der von Viktor de Kowa entlarvt wird, bevor das Schiff nach einer Explosion zu sinken beginnt.

Zum Jahresabschluß 1934 noch eine Filmpremiere als Händler in »Die beiden Seehunde«. In die Haut der Titelhelden war der Münchner Komiker Weiss-Ferdl geschlüpft, eine Art Doppelrolle.

Das Jahr 1935 brachte für mich Arbeit in sechs Filmen. Erwähnen möchte ich nur eine Hauptrolle in »Schwarze Rosen« unter der Regie von Paul Martin. Er war der Entdecker der Lilian Harvey. Ferner wirkten noch Willy Birgel und Willy Fritsch mit. Der Film spielt im Finnland des 18. Jahrhunderts. Nicht nur wegen der liebenswerten und brillanten Schauspieler erinnere ich mich an diesen Film, sondern auch, weil Paul Martin ein grauenvoller Regisseur war. Ich hatte unter anderem eine große

Gerhard Bienert, neben ihm Inge Conradi, in »Scherereien um Fortuna«. 1936

1935 wurde das Theaterstück »Krach im Hinterhaus« von Veit Harlan verfilmt. Gerhard Bienert als Bäckergeselle Kluge und Ilse Fürstenberg

Verhörszene mit der Harvey zu spielen. Das wurde nun nach Martins Anweisung folgendermaßen gedreht. Zuerst schickte er mich hinaus und drehte mit der Harvey alle Antworten. Dann holte er mich herein und schickte nun die Harvey hinaus. Ich mußte ohne die Harvey meine ganzen Fragen stellen. Das war für einen Theaterschauspieler grauenvoll. Meinem Freund Willy Fritsch habe ich übrigens in der drehfreien Zeit in Finnland das Radfahren beigebracht.

Ein weiterer Film, an den ich mich gerne erinnere, war Johannes Riemanns »Die große und die kleine Welt«. Ich war, genau wie mein Filmfreund Fritz Schuster, dargestellt von Viktor de Kowa, Taxifahrer. Während ich meiner Droschke treu blieb, versuchte sich Fritz als Rennfahrer. Gedreht wurde unter anderem am Ammersee mitten im Winter, und zwar eine Badeszene. Nach dem eiskalten Bad mußte ich mich auf einen Baum hocken und Fritz alias Viktor de Kowa mit Tannenzapfen bewerfen. Das war wieder so ein Klamauk, wie ich ihn überhaupt nicht mochte, aber Regisseur Riemann bestand darauf. Natürlich kam das beim Filmpublikum an. In diesem Film waren Heinrich George und die gute Adele Sandrock mit von der Partie.

Dann drehten wir die Millöcker-Operette »Der Bettelstudent« unter der Regie von Georg Jacoby mit seiner damaligen Frau Marika Rökk, mit Carola Höhn, Johannes Heesters, Fritz Kampers und dem herrlich skurrilen Wilhelm Bendow.

Im Gegensatz zu mir machte sich Bendow überhaupt nichts aus Frauen. Im Hitler-Reich hatte er diesbezüglich oft Ärger mit den Machthabern. Einmal ging Heinz Rühmann im Atelier an ihm vorbei. Bendow schaute ihm sehnsüchtig nach und

Die im Winter gedrehte Badeszene. Mit Victor de Kowa und Edna Greiff in »Die große und die kleine Welt«, 1936

Gerhard Bienert und Viktor de Kowa als Taxifahrer in »Die große und die kleine Welt«

Filminserat »Das Leben kann so schön sein«

In »Der Mann, von dem man spricht«

»Gewitterflug mit Claudia«. Als Flugkapitän Willy Fritsch, als Bordfunker Rudolf Schündler

»Dahinten in der Heide«. Mit Albert Florath. 1936

meinte: »Ach, ist das ein doller Knochen.« Großes Gelächter im Filmstudio.
Wir drehten unter anderem in München. Ich wohnte in einem Hotelzimmer des »Königshofs« am Stachus, einem riesigen Verkehrsknoten. Mein Nachbar im Hotel war der holländische Tenor und Filmschauspieler Johannes Heesters, ein liebenswürdiger, ungezwungener Kollege. Nach Drehschluß ging man abends natürlich aus, so in das Gartenrestaurant vom Hotel »Regina«. (Ursprünglich wollten wir in das Hotel »Vier Jahreszeiten«, jedoch dort zu wohnen und zu speisen konnte sich nur Hans Albers leisten.)
Im Garten des »Regina« traf ich Aribert Wäscher, Ernst Dumcke und die hübsche Fita Benkhoff, bekannt aus unzähligen Unterhaltungsfilmen. Als sich unsere Feier feuchtfröhlich dem Ende zu neigte, meinte Aribert Wäscher, daß ich bei ihm im »Regina« schlafen könne, um nicht mehr den langen Weg zum »Königshof« zu haben. Jedoch Fita Benkhoff sagte mir leise ins Ohr: »Bienus, bis gleich, wir sehen uns noch« und flüsterte mir ihre Zimmernummer zu. Es war die 55. Das weiß ich noch ganz genau. – Ich bin nicht hingegangen. Schade!
Die nächsten Filme waren »Fährmann Maria« mit Sybille Schmitz, dann »Stadt Anatol« unter der Regie von Viktor Tourjansky, »Annemarie«, »Dahinten in der Heide« (wieder einmal ein Gendarm in der Lüneburger Heide) und schließlich unter Erich Engel die Komödie »Donner, Blitz und Sonnenschein« mit Karl Valentin.
Das Jahr 1937 war für mich ein erfolgreiches Filmjahr. Gleich in zwei Filmen bekam ich Hauptrollen. Zum zweiten Mal stand ich mit Heinz Rühmann vor der Kamera, in »Der Mann, von dem man spricht«.

Als Gegenspieler von Heinz Rühmann mit Gusti Huber in »Der Mann, von dem man spricht«. 1937

Einmal nicht lächelnd. In »Fährmann Maria« mit Sibylle Schmitz und Peter Voss

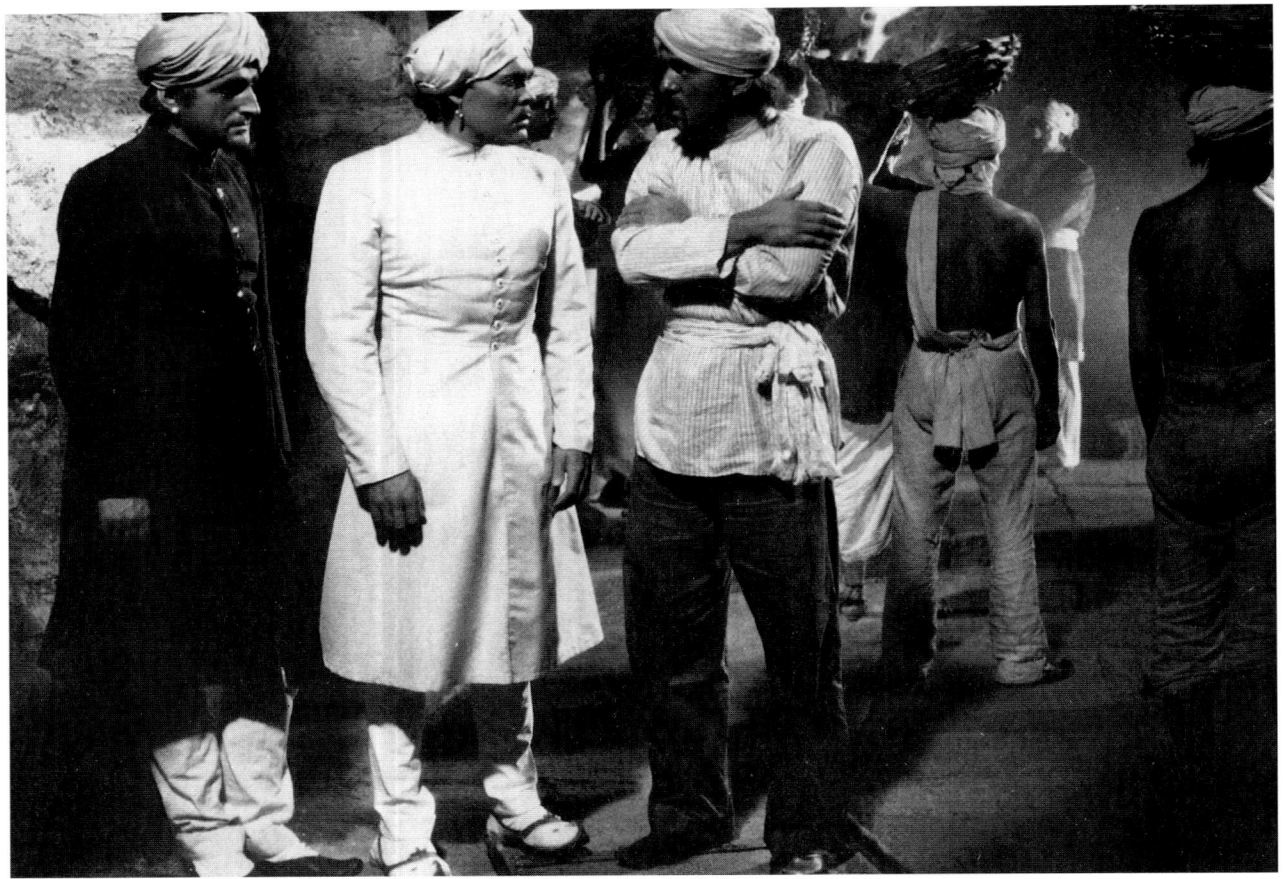

Mit Turban in »Das indische Grabmal«. 1938

Und man sprach von ihm, dem mutigen Rühmann. In einer Löwen-Szene spielte er ohne Double und ohne Glaswand direkt mit den Löwen im Käfig. Hans Moser und Theo Lingen waren natürlich auch dabei. Paul Wegener holte mich für »Krach und Glück um Künnemann«. In »Gewitterflug zu Claudia« hatte ich neben Willy Fritsch eine Hauptrolle. Weiter waren Olga Tschechowa und Rudolf Schündler dabei, in einer Nebenrolle Werner Pledath. Durch diesen Film kam ich das einzige Mal in meinem Leben nach London. Der Film handelte im Milieu der Lufthansa. Willy Fritsch war der Flugkapitän und ich sein Bordmechaniker. Während des Fluges nach London wurde original in der Luft gedreht. Die Maschine wurde natürlich nicht von Willy geflogen. Bestimmt wären wir da nicht heil auf dem Londoner Flughafen gelandet. Nach sieben Stunden Aufenthalt (auf dem Flugplatz!) flogen wir nach Berlin zurück. Viel hatte ich von Englands Hauptstadt wahrlich nicht gesehen.

Das Jahr 1938, noch ein Friedensjahr, hatte für mich gleich sechs Filme parat. »Heiratsschwindler«, auch unter dem Titel »Rote Mütze« bekannt, spielte im Eisenbahnermilieu. Eduard von Winterstein war der Vorsteher des kleinen Bahnhofs von Lassan in Mecklenburg, wo die Außenaufnahmen entstanden. Richard Eichberg nahm sich in »Das indische Grabmal« noch einmal der Geschichte des Tigers von Eschnapur an. Ich spielte einen Werkmeister. Wer den Film gesehen hat, der wird sich der Szene entsinnen, in der der Architekt (Hans Stüwe), der dem Maharadscha von Eschnapur (Frits van Dongen) ein Grabmal errichten soll, im Innern dieses fast fertigen

Ludwig Schmidt-Wildy, Friedrich Gnass, Paul Westermeyer, Gerhard Bienert in »Aufruhr in Damaskus«

Baus vom Vetter des Maharadschas (Alexander Golling) in einen Kampf auf Leben und Tod verwickelt wird. In diesen Kampf platze ich hinein mit der Meldung, daß die Wassermassen in die Räume des Grabmals stürzen. Vorher hatte man Berechnungen angestellt, daß man für diese Aufnahmen, die in einem großen Stauwerk gedreht wurden, zwei Wasserschotten öffnen mußte. Doch die Rechnung ging nicht auf. Die Wassermassen kamen mit solch gewaltiger Kraft angebrodelt, daß die Schauspieler und der Drehstab in Lebensgefahr gerieten. Sie hatten Mühe, ihr nacktes Leben zu retten. Die Kameras nebst Filmmaterial, Beleuchtung und anderen Utensilien schwammen auf Nimmerwiedersehen davon.
Die Maharani wurde von der kurz nach den Dreharbeiten verstorbenen berühmten Berliner Tänzerin La Jana gespielt.
Eine Hauptrolle bekam ich in Rolf Hansens Film »Das Leben kann so schön sein«. Die blutjunge Ilse Werner war meine Partnerin, Rudi Godden mein Gegenspieler. Der Film wurde von Hitler persönlich verboten. Auf einer Voraufführung soll er geäußert haben, daß es solch einen deutschen Ehemann, wie Rudi Godden ihn darstellte, nicht gebe und daß ihm recht geschehe, wenn er arbeitslos sei.
Verboten wurde auch die Verfilmung von Hans Falladas »Altes Herz geht auf Reisen« im Jahre 1939. In diesem Film war ich der Partner von Eugen Klöpfer. Das Aufführungsverbot wurde mit der Begründung ausgesprochen, daß kein deutscher Bauer – den spielte ich – sein Anwesen ansteckt, nur um in den Besitz der Versicherungssumme zu gelangen.

Im gleichen Jahr spielte ich in »Aufruhr in Damaskus«. Die Hauptrollen hatten Brigitte Horney und der später von den Nazis mit seiner Familie in den Freitod getriebene Joachim Gottschalk. Gottschalks Frau war Jüdin. Auf Befehl von Goebbels sollte er sich von ihr trennen. Gottschalks Leben wurde in dem DEFA-Film »Ehe im Schatten« ein Denkmal gesetzt.

»Aufruhr in Damaskus« entstand in Nordafrika, im Königreich Libyen. Von Bremerhaven ging es über den Atlantik, vorbei an Gibraltar in das Mittelmeer. Eine herrliche vierzehntägige Schiffsreise. In Tripolis wohnten wir im Hotel »Mehari«. Den Namen habe ich mir deshalb gemerkt, weil Mehari »Kamel« heißt. Gedreht wurde in der Libyschen Wüste, bei Gluthitze und Sandsturm. Der mitspielende Paul Westermeier pöbelte als Herrenmensch treudeutscher Rasse laufend die Bevölkerung des Landes an. Die Schwarzen waren für ihn Untermenschen. Das widerte mich dermaßen an, daß ich beim Aufnahmeleiter Lehmann um Ruhe und Ordnung bat. Hans Söhnker, der mir seit dem Theaterskandal mit »Cyankali« in Danzig sehr verbunden war, hatte mir eine Rolle in »Gold in New Frisco« verschafft. Ich spielte darin einen Trapper. Im »Lied der Wüste« mit Zarah Leander (Regie Paul Martin) war ich ein Hafenbeamter. Im Kriegsjahr 1940 wurde ich, wie viele andere auch, oft zur Truppenbetreuung befohlen – fürs Militär war ich Gott sei Dank schon zu alt. Daneben hatte ich in zwei belanglosen Unterhaltungsstreifen zu tun, als Wachtmeister in Theo Lingens Komödie »Was wird hier gespielt« und in »Rote Mühle« mit der unverwüstlichen Grethe Weiser, meiner angeheirateten Cousine, die oft ihre eigenen Texte einfließen ließ.

Amtliche Zulassungskarte für den 1937 gedrehten Schmaltonfilm »Die perfekte Sekretärin«

Ein Mord in der »Parkstraße 13«. Kriminalkommissar Warnke leitet die Untersuchungen. Auch im Theater hat Gerhard Bienert diese Rolle oft gespielt.

Theo Lingen fragt »Was wird hier gespielt?« Der dritte: Otto Wernicke.

Der Ganove Schielauge (Rudolf Platte) zwischen den beiden Kriminalkommissaren Karl Martell und Gerhard Bienert. »Alarm«, 1941

Gerhard Bienert während der Frankreich-Tournee in Paris. 1942

Mit drei recht zwielichtigen Damen auf der »Flucht ins Dunkel«. 1939

»Das andere Ich«, 1941. Mathias Wieman (rechts)

Als Fischer Hinnerk alarmiert er die Männer der Insel. 1941 drehte Hans Schweikart »Das Mädchen von Fanö«

Grete war immer beschäftigt und hatte kaum Zeit für Familienfeiern. Ich traf sie hauptsächlich in den Filmateliers oder in der S-Bahn. Da meinte sie einmal völlig außer Puste und wie immer quirlig: »Tach Bienus, ich komme gerade vom Stimmunterricht.« Und ich erwiderte, daß sie fleißig sei und viel arbeite. »Ja, siehste Bienus, von nischt kommt nischt.« Die liebe Kodderschnauze mit so viel Herz! Sie kam 1970 im Alter von 67 Jahren mit ihrem Ehemann Graf von Schwerin bei einem Autounfall ums Leben. Manche meinten, sie wollten gemeinsam sterben!?

Im Jahre 1941 drehte Hans Schweikart, den ich von meinen Anfängerjahren am Deutschen Theater gut kannte, auf der Insel Hiddensee die Außenaufnahmen zu »Das Mädchen von Fanö«, wieder mit Brigitte Horney und Joachim Gottschalk. Im Film geht es um eine Dreiecks-Liebesgeschichte. Der dritte im Bunde war Gustav Knuth. An der Seite von Paul Wegener hatte ich eine mittlere Rolle.

In Wolfgang Liebeneiners »Das andere Ich« mit seiner Frau, Hilde Krahl, mit Mathias Wieman und Erich Ponto war ich wieder einmal ein Arbeiter. Und dann noch einmal ein Schutzmann auf dem Berliner Steubenplatz in Kurt Hoffmanns »Ich vertraue Dir meine Frau an«, meinem dritten Film gemeinsam mit Heinz Rühmann.

Von 1930, dem Beginn meiner Tonfilmzeit, bis zum Zusammenbruch Hitlerdeutschlands spielte ich in insgesamt 75 Filmen.

Nicht wenige Filme waren unbedeutend, nicht wenige Rollen auch.

In Erinnerung geblieben sind mir vor allem die vielen Begegnungen mit liebgewordenen kleinen und großen Kollegen.

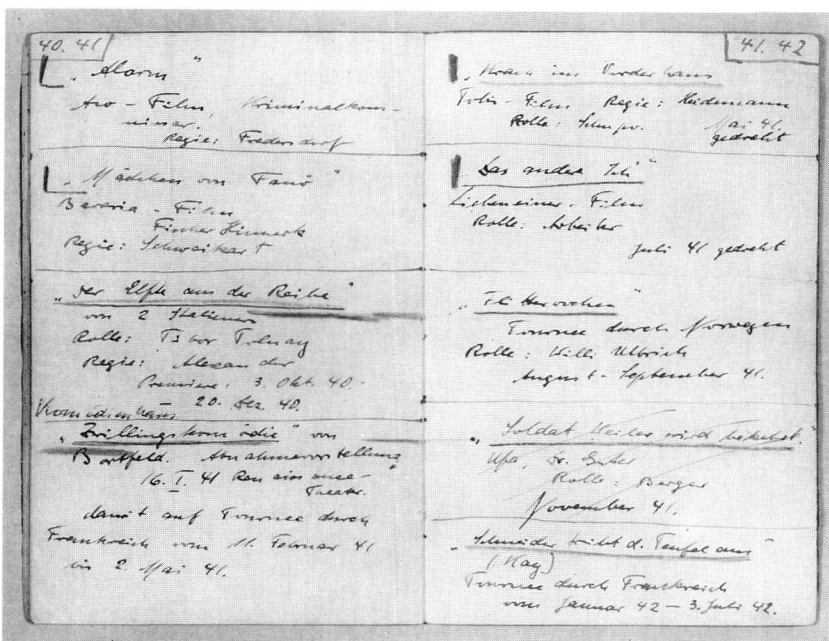

Aus dem Rollenverzeichnis

Tournee in Frankreich. 1942

Ende und Anfang oder Towarischtsch Artist

Es stand in keiner Zeitung, war in keiner Nachricht der Reichssender zu hören, aber fast jeder wußte es. Der furchtbarste aller bisherigen Kriege, der zweite Weltkrieg, ging seinem Ende entgegen. Im Berliner Sportpalast verkündete Goebbels den Totalen Krieg, der einherging auch mit blutigster terroristischer Willkür gegen die deutschen Antifaschisten. Auch viele Schauspielerkollegen wie Otto Wallburg oder Kurt Gerron waren in den faschistischen Konzentrationslagern zu Tode gekommen. Täglich starben Tausende Soldaten an den Fronten für »Führer, Volk und Vaterland«.

Die Rote Armee hatte bereits ihr von den Faschisten überfallenes Land wieder befreit und stand schon im Deutschen Reich vor Königsberg. Die Reichshauptstadt Berlin erlebte immer mehr anglo-amerikanische Luftangriffe und verwandelte sich in ein Trümmerfeld.

Die Berliner Soldatenbühne, auf der ich vor Verwundeten Theater spielte, das Stück hieß »Der Reiter« von Heinrich Zerkaulen, brannte wenige Tage nach unserem Auftritt bei einem Luftangriff mit Spreng- und Brandbomben ab.

Am 1. September 1944 befahl Goebbels die Schließung aller Theater in Deutschland. Aber Filme drehte man immer noch. Es waren überwiegend Streifen billiger Machart, die das deutsche Volk unterhalten und vom Krieg ablenken sollten.

Zarah Leander sang davon, daß noch mal ein Wunder geschehen würde. »Das kann doch einen Seemann nicht erschüttern« trällerten Heinz Rühmann und Hans Brausewetter im Film »Wunschkonzert«. Rühmann verlor sein Haus, Brausewetter sein Leben. Die meisten Berliner Filmateliers waren durch Bombenangriffe zerstört. Es wurde vornehmlich in den Barrandov-Film-Ateliers in Prag gedreht. Jedes Mal, wenn ich dorthin fuhr, hat mich das Goldene Prag mit seinen vielen Türmen, der Karlsbrücke und dem Veitsdom fasziniert. Auf dem Barrandov-Hügel selbst war es kein schönes Arbeiten. Die gesamte Filmleitung war mit Deutschen, fast ausschließlich Nazis, besetzt. Barrandovs Produktionschef war ein Österreicher tschechischer Abstammung, E. W. Emo. Regisseure, Kameraleute und Schauspieler waren durchweg Deutsche. Jedoch die Hilfsarbeiten, wie Kulissenfertigung und Beleuchtung, durften die Tschechen besorgen. Sie stellten auch die Komparserie. Da war es kein Wunder, daß die tschechischen Kollegen uns nicht gerade liebten. In den Ateliers herrschte daher eine ziemlich eisige Arbeitsatmosphäre. Es gab kaum Kontakte zu den Tschechen. Sie ließen es uns spüren, daß wir unerwünschte Eindringlinge waren. Die Schar von Männern des SD und von Gestapo-Spitzeln wurde immer größer. Sie hatten auch alle Hände voll zu tun. Denn es kam nicht selten vor, daß Sabotageakte in den Ateliers verübt wurden. Mal brannte ein Scheinwerfer nicht, mal erlosch in der Aufnahmehalle das Licht völlig. Am nächsten Tag fehlten dann wieder ein paar Barrandov-Arbeiter. Willkürlich, erzählte man sich, wurden sie zu Verhören abgeholt und kamen nie wieder.

Diese eisige Stimmung übertrug sich auf uns. Wie viele andere meiner Kollegen war ich froh, wenn man sich abends im Hotel traf. Es war das »Alcron«, in dem vornehmlich die deutschen Künstler wohnten. Ich hatte in Prag gleich in vier Filmen zu tun. Aber nur einer davon, »Die Nacht der 12«, wurde noch fertiggestellt.

Den ersten Film drehte ich unter Geza von Cziffra. Er sollte einmal

»Leuchtende Schatten« heißen. Es war ein Kriminalfilm, der im Unterhaltungsmilieu spielte. Man hatte noch einmal alles aufgeboten, was Rang und Namen hatte: Rudolf Prack, O.W. Fischer, Carola Höhn, Paul Kemp, Oskar Sima und viele andere. Der nächste Film hieß »Die Schenke der ewigen Liebe«, Regie führte Alfred Weidemann, und dann kam »Die Nacht der 12« unter der Spielleitung von Hans Schweikart. Mein letzter Film war »Shiva und die Galgenblume«. Die Hauptrolle spielte Hans Albers, und der nazitreue Hans Steinhoff führte Regie. Ich erinnere mich an Steinhoff deswegen, weil es damals eine Anekdote gab, die man unter uns Künstlern erzählte: Hans Albers soll den Steinhoff in einem Streitgespräch einmal als »das größte Arschloch des Jahrhunderts« bezeichnet haben. Und er fügte hinzu, daß er, Albers, ihn eines Tages erschlagen würde, »so wahr ich der liebe Gott bin«. Als lieber Gott gab sich der blonde Hans oft aus.

Nach dem Krieg hörte ich, daß Steinhoff kurz vor der Befreiung Prags durch die sowjetischen Truppen nach Berlin geflohen war und sich von dort mit einem der letzten Flugzeuge aus Berlin absetzte. Die Maschine wurde über Luckenwalde abgeschossen! Hans Albers soll es damals dementiert haben, daß die Russen die Maschine abgeschossen hätten, so seine Worte: »Das war nämlich ich, so wahr ich der liebe Gott bin!«

Etwa im März 1945 erhielt ich von meiner Frau aus Berlin ein Telegramm, daß meine Mutter Selbstmord verübt hätte. Sie war schon immer etwas hysterisch und hatte schon oft gedroht, sich das Leben zu nehmen.

Und einmal, erinnere ich mich, habe ich ihr sogar erwidert: »Ja, wenn du das immer sagst, wirst du es wohl auch eines Tages einmal tun.« Als sie dann hörte, die »bösen Russen« ständen kurz vor Berlin, hat sie sich in meiner Stahnsdorfer Villa aufgehängt. Zuvor verbrannte sie noch die jahrelang wie einen Schatz gehütete Kiste mit verbotenen Büchern und Bildern, darunter das Originaldrehbuch zu »Mutter Krausens Fahrt ins Glück«, Bücher von Tucholsky und Bilder von Otto Dix. Das Begräbnis meiner Mutter war für mich ein Grund, mich bei Regisseur Steinhoff abzumelden. Auf dem Trittbrett des überfüllten Zuges hängend, den Koffer in der Hand, kam ich glücklich auf dem zerbomten Anhalter Bahnhof in Berlin an. Wenige Tage zuvor hatte Berlin den schwersten aller Luftangriffe erlebt. Über tausend Bomber der US-Air-Force legten das Stadtzentrum in Schutt und Asche. Über Berlin war eine Katastrophe hereingebrochen, die 1933 ihren Anfang genommen hatte und nun mit Tod, Feuersbrunst und furchtbarster Zerstörung endete.

Das Bühnenhaus des Großen Schauspielhauses war eine Ruine. Auch das Deutsche Theater hatte einen Bombentreffer abbekommen. Das Staatstheater am Gendarmenmarkt, flankiert vom Deutschen und vom Französischen Dom, brannte tagelang, brannte bis auf die Grundmauern nieder.

Ich fuhr durch mein verwüstetes Berlin. Immer näher kam ich dem Zuhause in Stahnsdorf. Würde mein Haus, das beim Ausbruch des Krieges eine Bau-Ruine war, dann doch noch fertig wurde, nun erneut eine Ruine sein?

Fünfhundert Meter von meinem Haus entfernt befanden sich Kasernen der SS. Die waren bestimmt das Ziel von Bomben geworden. Erleichtert konnte ich aufatmen. Mein Haus war heil geblieben. Ich wußte es, fast jeder wußte es, das »Tausendjährige Reich« fand nach zwölf Jahren hitlerischer Schreckensherrschaft ein trauriges Ende. Die Befreiung Berlins durch die Rote Armee stand unmittelbar bevor.

Unwillkürlich mußte ich an die einzigartige Gastfreundschaft der Russen anläßlich meiner Sowjetunion-Tournee denken. Das war genau fünfzehn Jahre her. Nicht wenige Deutsche hatten Angst vor den herannahenden Russen, geblendet und erschreckt von den Naziparolen über die »wilden Horden aus dem Osten«. Für mich traf die Angst nicht eine einzige Sekunde zu. Ich wurde jäh aus meinen Erinnerungen und Gedanken gerissen. Fliegeralarm, die Bomber waren schon in der Luft zu hören. Am Horizont, dort, wo das Zentrum Berlins lag, war es taghell. Schwarze Wolken quollen in den Himmel.

Nur noch einige wenige Flakscheinwerfer tasteten mit ihren grellen Strahlen den Himmel nach der todbringenden Bomberlast ab. Kaum eine Flakbatterie holte noch ein Flugzeug herunter. Da zischte eine Phosphorbombe in der Nähe meines Hauses herunter und blieb hell lodernd auf der Straße liegen. Es mag absurd klingen. Aber indem ich zu der brennenden Bombe ging, zählte ich jeden meiner Schritte. Es waren genau achtundsiebzig Schritte. Das weiß ich noch heute. Da liegt nun dieses grünlich-gelb lodernde Ding, dachte ich, Gott sei Dank achtundsiebzig Schritte entfernt von meinem Haus. Mit Sand habe ich das unheilvolle Geschoß dann gelöscht.

Am nächsten Tag rückten die SS-Einheiten aus ihrer Kaserne. Sie sollten die herannahenden Russen aufhalten.

Ich war froh, daß ihnen mit dem gestrigen Bombardement der Boden hier zu heiß geworden war und sie das Weite suchten, den Weg in den sicheren »Heldentod«.
Also wurde Stahnsdorf nicht zum Schlachtfeld und mein Haus sowie mein Garten nicht zur Frontlinie erklärt. So erging es zum Beispiel Heinz Rühmann, als sich eine faschistische Kampftruppe auf seinem Grundstück in Berlin-Wannsee einnistete und sein Haus daraufhin anvisiert und zerschossen wurde.
Im Morgengrauen des 26. April 1945 nahm ich, aufgewacht von Schritten und fremdartigen Kommandorufen, huschende Gestalten in meinem Garten wahr. Ich hatte noch keinen klaren Gedanken fassen können, da flog plötzlich die Glastür zu meinem Wohnraum auf, und ich wurde umringt von sowjetischen Soldaten.
»Faschist?« fragte mich einer.
»Njet, Artist!« antwortete ich und zeigte auf ein an der Wand hängendes Foto vom Wachtangow-Theater und seinem Ensemble in Moskau aus der Zeit meiner Sowjetunion-Tournee.
»Artist« war ein Zauberwort, es wirkte Wunder. Die Sieger wurden zusehends freundlicher und verließen kurz darauf mein Haus.
Am darauffolgenden Tag wurde es mir aber doch etwas mulmig, als ein Offizier, die Brust voller Orden, allen Stahnsdorfer Männern Befehl erteilte, sich auf dem Marktplatz zu sammeln.
Ohne Tritt Marsch – ohne zu wissen, wohin – mußten wir losmarschieren. Vielleicht wollen sie uns nur aus der Kampflinie für den bevorstehenden letzten Angriff auf die Reichshauptstadt bringen, dachte ich so bei mir. Auf jeden Fall war deutlich zu erkennen, daß es Richtung Osten ging.
Wir hatten schon ein paar Dörfer durchwandert, als uns an einer Straßenkreuzung plötzlich ein sowjetischer Offizier das bekannte »Stoi!« zurief.
Ich merkte, daß er ein bißchen beschwipst war. Und dann sagte er uns in radebrechtem Englisch: »You must go on to Stalingrad to work.«
Um Gottes willen, dachte ich, den Sinn dieses Marsches und seiner Worte verstehend. Das kann ja heiter werden. Nun gehts wohl doch noch nach Sibirien in die Verbannung.
Wir marschierten im Schneckentempo weiter, bis uns ein anderer Rotarmist erneut ein »Stoi!« zurief. Jetzt wurde jeder der Männer gefragt, wie alt er sei. Und da ich schon immer etwas älter aussah, als ich war, sagte ich anstatt 47 nun 57 Jahre. Ich wurde daraufhin zu der Gruppe der Alten gestellt. Der neue Befehl für uns hieß nun: »Dawai, na doma!«

Das war der schönste Tag meines Lebens. Für mich war endlich Frieden.
Als ich an meinem Hause ankam, war ich nicht der einzige Bewohner. Die große Empfangshalle meiner Villa – 11 Meter lang und 5 Meter breit –, ich erkannte sie kaum noch wieder. Viele meiner Möbel waren zur Seite geräumt. In der Mitte des Raumes hatten ordengeschmückte Soldaten eine Riesentafel aufgebaut und mit all meinen Bettlaken feierlich eingedeckt. Darauf befanden sich so zauberhafte Sachen wie Wodka, Brot und Speck.
Die Sowjetsoldaten feierten mit ihrem »Artist« Gerhard Bienert den 1. Mai 1945.
Die Feier war kurz, denn die Befreier mußten ihre letzte große Siegesschlacht Unter den Linden, am Brandenburger Tor, dem Reichstag und in der Reichskanzlei schlagen.

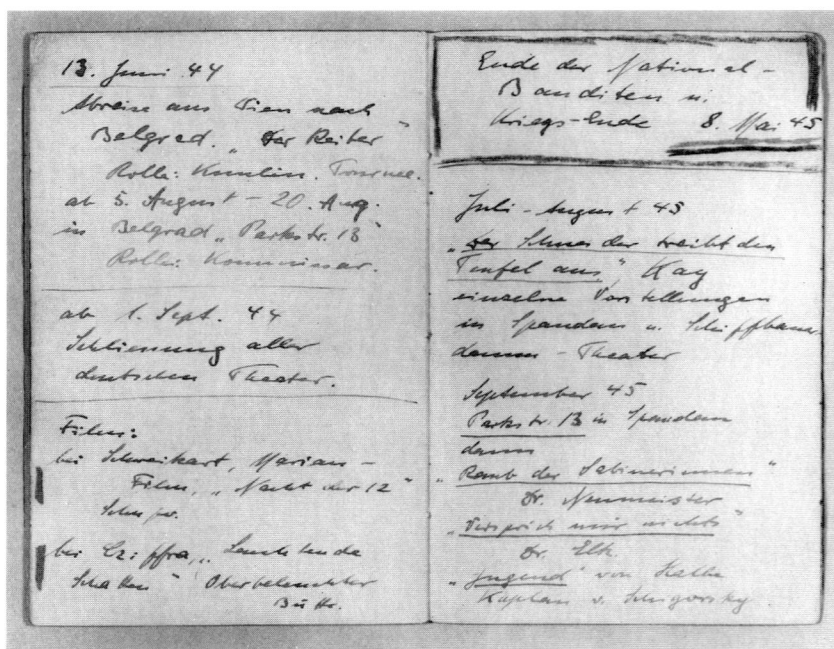

Im Rollenverzeichnis doppelt unterstrichen: 8. Mai 1945

Wie viele von meinen 1. Mai-Gästen mögen wohl den ersten Tag des Friedens in Berlin, den 2. Mai 1945, erlebt haben?

Meine Heimatstadt Berlin mit meinen geliebten Theatern lag nun in Schutt und Asche. Freunde und Kollegen gab es nur noch wenige. Vielen hatte der verheerende Weltkrieg den Tod gebracht, oder sie waren in andere Städte des untergegangenen Dritten Reiches geflüchtet. Da traf ich in den ersten Friedenstagen in Berlin, vermittelt durch meine damalige Frau, Edith Edwards, die in der Mecklenburger Straße eine Stadtwohnung besaß, Erich Fiedler. Er gründete in der Aula der Freiherr-vom-Stein-Schule in Berlin-Spandau die neuen Kammerspiele und eröffnete sein Theater mit Paul Hedwigs Erfolgsstück »Flitterwochen«. Und da er mich in seinem zweiten Stück, das er herausbringen wollte, »Der Schneider treibt den Teufel aus« in der Rolle des Schneiders in den 30er und 40er Jahren gesehen und für gut befunden hatte, trug er mir die Regie für dieses Stück auf. Damit ging für mich ein langgehegter Lebenswunsch in Erfüllung, nämlich selbst einmal Regie zu führen.

Den »Schneider« haben wir an den Spandauer Kammerspielen am 30. Juni 1945 aus der Taufe gehoben. Das Stück spielten wir dann im Juli und August noch einige Male im Theater am Schiffbauerdamm. Wieder im Arbeitsprozeß zu stehen war damals insofern auch wichtig, weil man damit in den Besitz der begehrten Lebensmittelkarten kam.

Mein Regiedebüt war und blieb eine »Eintagsfliege«, denn danach inszenierte Fiedler wieder selbst. Im August und September spielte

Juni 1945: hoffnungsvoller Neubeginn. »Der Schneider treibt den Teufel aus«, Regie und Titelrolle: Gerhard Bienert. Kammerspiele Berlin-Spandau

ich in Axel Ivers Kriminalstück »Parkstraße 13« die Hauptrolle. An der gleichen Bühne folgten Rollen in Charlotte Rissmanns »Versprich mir nichts«, dann in »Raub der Sabinerinnen« unter der Regie von Otto Stoeckel, weiter in Max Halbes »Jugend« als Kaplan und zuletzt an diesem ersten Nachkriegstheater in Erich Kästners »Das lebenslängliche Kind«.

An Fiedlers Spandauer Bühne spielte mit mir Willi Rose, einst selbst Theaterbesitzer in der Frankfurter Allee, vom Rose-Theater, das es auch nicht mehr gab.

Aber auch im damaligen sowjetischen Sektor von Berlin war man, obwohl die Menschen gewiß noch andere Sorgen hatten, sogleich daran gegangen, das Kulturleben in Gang zu bringen.

Nach der Befreiung Berlins suchten Sowjetsoldaten nach dem Schauspieler Paul Wegener. Durch die aus der Emigration zurückgekehrten Künstler war dem sowjetischen Stadtkommandanten Bersarin und seinem Kulturoffizier Tulpanow bekannt, daß Wegener die Nazis immer gehaßt und sich nicht in den Dienst der Faschisten gestellt hatte. Daher beauftragten ihn die sowjetischen Genossen mit der Leitung der Kammer der Kunstschaffenden, aus der dann später in der legendären Sitzung im Großen Rundfunksaal in der Masurenallee der Kulturbund zur demokratischen Erneuerung Deutschlands hervorging. Zu diesem bedeutsamen kulturpolitischen Akt in Berlin waren viele mir aus der Theater- und Filmarbeit bekannte Künstler geladen. Wir diskutierten über den Neuanfang, und da hörte ich auch, daß am Deutschen Theater, das durch den Krieg ebenfalls in Mitleidenschaft gezogen war, die Wiedereröffnung bevorstand.

Wenige Tage später klopfte sogar ein Bote des Deutschen Theaters an meine Stahnsdorfer Wohnungstür und richtete mir aus, daß der gerade eingesetzte neue Intendant in der Schumannstraße, Gustav von Wangenheim, mich zu sprechen wünsche. Wangenheim, ebenfalls ein Reinhardt-Schüler, Mitglied der KPD und Leiter des Zentralen Sprechchores der Partei, hatte das Berufsschauspielerkollektiv »Truppe 31« gegründet.
Die »Truppe 31« war so etwas wie eine Nachfolgerin der im selben Jahr zum letzten Mal aufgetretenen Gruppe junger Schauspieler. Wangenheim, von 1933 bis 1945 im sowjetischen Exil, war nun von der sowjetischen Kommandantur in Berlin mit der Wiedereröffnung des Deutschen Theaters beauftragt worden. Und durch seinen Boten holte er nun einen Künstler nach dem anderen wieder an das Theater zurück.
Tags darauf setzte ich mich also auf mein Fahrrad – das war damals das sicherste Verkehrsmittel – und radelte von Stahnsdorf nach Berlin-Mitte, quer durch das in Schutt und Asche liegende Berlin. Den zerbombten Eingang des Deutschen Theaters hatte man bereits wieder notdürftig geflickt.
Der erste Kollege, der mir auf der Treppe im Hause entgegenkam, war Ernst Busch. Viel Leid hatte er ertragen müssen. Von der Gestapo verfolgt, in die Sowjetunion emigriert, in Spaniens Thälmann-Brigade erneut gegen den Faschismus gekämpft, dann von der Gestapo verhaftet, wurde ihm im Jahre 1944 der Prozeß in Berlin gemacht. Nur dem Eintreten von Gustaf Gründgens, dessen wissentlicher Falschaussage, daß er Busch als einen völlig unpolitischen Menschen kenne, und dem Engagement der von ihm bezahlten Verteidiger ist es zu

Gerhard Bienert 1946

verdanken, daß Ernst Busch nicht wegen Hochverrats zum Tode verurteilt wurde.
Und nun lagen wir uns in den Armen. Wie froh war ich, Ernst Busch lebend wiederzusehen. Jedesmal, wenn ich an dieses Wiedersehen mit dem lieben Kollegen denke, wird mir heute wie damals wässerig um die Augen.
Dort, wo ich vor über 25 Jahren für meine Aufnahme in Reinhardts Schauspielschule vorgesprochen hatte, empfing mich nun der erste Nachkriegsintendant Gustav von Wangenheim. Er bot mir die Rolle des Marcellus im »Hamlet« an. Ich weiß noch genau, was ich Wangenheim darauf sagte: »Eigentlich bin ich etwas traurig. Es ist zwar eine ganz hübsche Rolle auf der Wache, aber doch recht klein und nur im ersten Akt. Die Rolle des Marcellus hatte ich bereits vor über 25 Jahren am Anfang meiner Laufbahn im Großen Schauspielhaus gespielt.«
Ich sagte Wangenheim, daß ich lieber den Geist des Vaters oder den Horatio spielen möchte, aber er meinte, daß diese Rollen bereits besetzt wären. Den Hamlet hatte einstmals Moissi gespielt, nun der junge Horst Caspar. Walter Richter verkörperte den Claudius und Paul Wegener den Polonius. Und der Geist war besetzt mit Paul Bildt. Der Horatio wurde von einem ganz neu hinzugekommenen Mann gespielt. Er hatte gerade bei Wangenheim vorgesprochen und bekam die Rolle. Es war Harry Hindemith. Und der spielte seine erste Rolle am Deutschen Theater recht gut. Max Gülstorff und der gerade aus der Sowjetunion zurückgekehrte Heinrich Greif – ehemaliges Mitglied der »Truppe 31« – wirkten ebenfalls mit.
Als dann Walter Richter, der den Claudius mit dem noch alttheatralischen rollenden Zungen-R spielte, in die Schweiz übersiedelte, war ich zu feige, Wangenheim zu sagen, daß ich gerne diese Rolle weiterspielen würde. Also spielte sie letztendlich Wangenheim selbst. Wangenheim hatte das Deutsche Theater am 7. September 1945 mit Lessings »Nathan der Weise« eröffnet. Paul Wegener spielte den Nathan, Eduard von Winterstein den Klosterbruder, Regie führte Fritz Wisten. Die Premiere des »Hamlet« war am 11. Dezember, eine gute Wangenheimsche Inszenierung. Ich war also wieder ordentliches Mitglied des Schauspieler-Ensembles am Deutschen Theater. Gustaf Gründgens, dessen Staatstheater am Gendarmenmarkt es nicht mehr gab, fuhr eines Tages ebenfalls mit seinem Fahrrad am Deutschen Theater vor.
Wer zählt die Häupter, nennt die Namen. Fast alle waren sie wieder gekommen, um Theater zu spielen: Käthe Dorsch, Hans Leibelt, Elsa Wagner, Käthe Haack, Paul Esser, Herwart Grosse, Werner Hinz und Ernst Legal, Regisseure wie Arthur Maria Rabenalt und Erich Engel.

Vom Theobald Maske bis zum Bannermann

Die Zeit nach 1945 wurde meine fruchtbarste auf der Bühne. Endlich durfte ich wieder richtiges Theater spielen, Stücke mit Gehalt, herrliche Rollen, Traumrollen unter den neun Intendanten von Wangenheim, Langhoff, Wisten, der Weigel, Heinz, Perten, Wolfram, Rohmer und schließlich unter Dieter Mann. Über 100 Rollen.

Auf alle Stücke einzugehen fällt heute schwer. Einige liefen nur wenige Male, manche kennt kaum noch einer. Doch viele, sehr viele Aufführungen sind Theatergeschichte geworden, da muß ich einfach wieder einmal in meinen Gehirnwindungen kramen.

Anekdoten über diese 40 Jahre neues, demokratisches, freies Theater zu erzählen fällt schon etwas schwerer. Es ist die Zeit, in der ein viel besseres und korrekteres Theater gespielt wird als früher. In den zwanziger Jahren sagte der Abendregisseur zu mir: »Nee nee, Herr Bienert, die Pausen machen nicht Sie, sondern Herr Moissi!« Heute hält man sich an den Rollentext und daran, was auf den Proben festgelegt worden ist.

Allerdings muß ich heute gestehen, daß ich, besonders in den Jahren, da ich als über 80jähriger auf der Bühne stand, doch so manches Mal den Text vergessen hatte, meine eigenen Texte sprach. Ob das wohl die Zuschauer bemerkt haben?

Doch noch einmal zurück zu den Jahren nach 1945. Was mußte da nicht alles improvisiert werden. Wenige Monate nach Kriegsende fehlte es an vielem.

Nach der Wiedereröffnung des Deutschen Theaters am 7. September kam am 18. September bereits eine weitere Inszenierung heraus, »Gerichtstag« von Julius Hay. Es ist die Tragödie einer deutschen Familie kurz vor Kriegsende. Walter Richter, Aribert Wäscher und Paul Bildt spielten in der Regie von Gustav von Wangenheim die Hauptrollen, dazu der bereits von Krankheit gezeichnete Heinrich Greif, den ich noch aus der Piscatorzeit kannte, der Freund von Lotte Loebinger.

Im Januar übernahm ich die Rolle von Paul Bildt, einen etwas humorlosen Geschäftemacher. Und dann kam Heinrich Greif ins Krankenhaus, wurde vom berühmten Professor Sauerbruch an der Berliner Charité operiert und verstarb an den Folgen der Operation. Wir trauerten damals alle um eine große Persönlichkeit, um einen Kollegen, der sich durch Ruhe und Bescheidenheit auszeichnete.

Das Stück »Gerichtstag« wurde mit großem Erfolg auch in Sälen von Außenbezirken Berlins gespielt. Mir wurde dann Greifs Riesenrolle, der Walter, ein Nazioberbonze, übertragen.

Am 9. März 1946 war die Uraufführung von Friedrich Wolfs »Beaumarchais« in der Regie von Paul Bildt. Es war ein Stück mit sehr vielen Rollen, ich spielte den Tonneau. Neben Horst Caspar in der Titelrolle waren Wäscher, Gülstorff, Grosse und viele andere dabei, so der damals blutjunge Peer Schmidt, heute ein großer Charakterdarsteller in der BRD. Dieses Stück war für mich insofern von Bedeutung, weil mich Fritz Wisten, der das KZ Sachsenhausen überlebt hatte, darin sah und mir sagte, daß er ein neues Ensemble für sein Theater zusammenstelle. Ich bin ehrlich, das Gagenangebot von dort lockte auch. Und so sagte ich nach einiger Zeit zu und bin für einige Jahre zwischen dem Deutschen Theater und dem damaligen Theater am Schiffbauerdamm hin- und hergependelt. Bis Wisten jedoch seine ersten

Stücke herausbrachte, gab es noch eine ganze Reihe Aufführungen verschiedener Stücke am Deutschen Theater und anderswo.
Im September 1946 brachte Heinrich Goertz sein Stück »Peter Kiewe« heraus. Während der Proben beobachtete ich einen blutjungen Schauspieler, der die Hauptrolle spielen sollte. Ich dachte so bei mir: »Wat macht'n der da, is ja doll, wie der sich in den Pausen die Zeit vertreibt, indem er Fliegen fangen spielt. So täuschend echt, der muß begabt sein, aus dem wird bestimmt mal was.« Er hieß Horst Drinda.
Am 4. Oktober 1946 wurden auch die Kammerspiele wieder eröffnet. Gustaf Gründgens brachte Shaws »Kapitän Brassbounds Bekehrung« heraus. Mit Gründgens zu arbeiten war herrlich. Er war ein angenehmer Regisseur. Auch bei diesem Stück standen wieder viele große Namen in der Besetzungsliste, so Käthe Dorsch, Hans Leibelt, Carl Heinz Schroth und Wolfgang Lukschy. Ich spielte den Kapitän Kearney.
Der Kritiker Paul Rilla schrieb damals: »Gustaf Gründgens und Käthe Dorsch und das fidele Räuberensemble ... ein großer Theaterabend und ein reizender Komödienauftakt für die Kammerspiele.«
Ernst Tollers »Pastor Hall« wurde Anfang 1947 uraufgeführt, mit der liebenswerten Käthe Haack und dem unvergessenen Eduard von Winterstein. Meine Rolle war der Peter Hofer, einer der KZ-Häftlinge. In einer Szene sangen wir das Moorsoldaten-Lied, zunächst leise summend und dann bedrohlich anschwellend.
Auf dem völlig zerbombten Kurfürstendamm im Westen Berlins hatte die »Komödie«, behelfsmäßig aus Trümmern zu einem Theater zusammengeflickt, am 27. März 1946

Das Deutsche Theater spielt wieder. Probe mit Gustav von Wangenheim zu »Hamlet«. 1945. Gerhard Bienert vorn links, daneben Paul Wegener

Szenenfoto aus Ernst Tollers »Pastor Hall«. Deutsches Theater 1947

»Was ihr wollt«. Der junge Mann an Bienerts Seite ist Horst Drinda

In »Kapitän Brassbounds Bekehrung« (Regie Gustaf Gründgens) mit Hans Leibelt und Käthe Dorsch

wieder aufgemacht. Die Leitung lag in den Händen von Achim von Biel. Wie im Deutschen Theater hatte auch Biel ein Ensemble mit berühmten Namen um sich geschart. Da waren Ernst Waldow, Winni Markus, Carl Raddatz, Eric Ode, Hans Nielsen, Fritz Genschow, Hubert von Meyerinck, Georg Thomalla, Bruni Löbel, Brigitte Mira. Regisseur Herbert Hübner bot mir eine Rolle in der »Antigone« an. Und ich spielte noch ein zweites Mal an der Komödie am Kurfürstendamm. Ende Februar 1947 war die Premiere von Tschechows »Kirschgarten«, bei der ich den Lopachin, eine der Hauptrollen, an der Seite der berühmten Lil Dagover als Ranjewskaja, spielte. Otto Gebühr, der »alte Fritz«, hatte hier seine erste Rolle nach dem Krieg, den alten Diener Firs.

Über diese Aufführung unter der Regie von Ernst Stahl-Nachbauer schrieb Paul Rilla in der Berliner Zeitung: »Gerhard Bienert als emporgekommener ehemaliger Leibeigener hat starke Augenblicke. Hinter der lärmenden Klobigkeit ein Gesicht, das sich mit Zügen einer naiven, beklommenen Einfalt fast liebenswert vermenschlicht.« Und Lil Dagover war eine bezaubernde Ranjewskaja, voller Wärme und Glanz. Wenn ich an den »Kirschgarten« zurückdenke, fällt mir noch etwas ein. Als ich Lil Dagover nach vielen Jahren wiedersah, sagten wir beide synchron: »Sie haben ja dieselben Augen wie ich.« Komisch, daß man sich so etwas Belangloses bis heute gemerkt hat.

Im April 1947 öffnete dann auch die Volksbühne wieder ihre Pforten, und zwar zunächst in einem Filmtheater in der Kastanienallee, dem heutigen Prater. Unter H.W. Littens Regie spielte ich in den »Webern« den roten Becker.

Und dann wirkte ich, nun bereits zum dritten Male, im von Ernst Legal inszenierten »Hauptmann von Köpenick« mit. Paul Bildt war der falsche Hauptmann, Werner Hinz der Bürgermeister von Köpenick, ich der Schwager Hoprecht. In weiteren Rollen unter anderem Ehmi Bessel, Horst Drinda und Angelika Hurwicz. Über »Hauptmann« Paule Bildt alias Schuster Wilhelm Voigt fällt mir auch eine Anekdote ein. Als ich mich um die Rolle des Hoprecht bewarb, fragte ich Ernst Legal, ob ich sie nach George Grosz oder mehr auf Simmel spielen sollte. Er antwortete mir: »Die Hälfte von jedem, wenn ich bitten darf.« Der Beginn der Proben stand bereits vor der Tür, aber ob ich spielen sollte, war immer noch nicht entschieden. Legal hielt mich mit einem Jein hin. Einen Tag vor Probenbeginn erhielt ich die Rolle doch. Wenig später stellte sich heraus, warum diese Verzögerungstaktik. Nach der erfolgreichen Premiere kam Paul Bildt in meine Garderobe und sagte: »Lieber Bienus, ich muß mich bei dir entschuldigen. Ich war an diesem Hin und Her schuld. Ich wollte eigentlich, daß Walter Richter die Rolle bekommt. Aber du bist so gut gewesen, daß ich jetzt ehrlich froh bin, daß du sie spielst.« Daraufhin erzählte ich ihm, was sich kurz zuvor zugetragen hatte. Carl Zuckmayer war in die Garderobe gekommen, um mir zu sagen, daß ich für ihn der bis jetzt beste Hoprecht gewesen sei. – Kann es ein größeres Lob geben?

Im Januar 1948 wurde Brechts »Furcht und Elend des dritten Reiches« von Wolfgang Langhoff, der nun für viele Jahre mein Intendant werden sollte, inszeniert. Im ersten Teil, betitelt »Das Kreidekreuz«, spielten Werner Hinz und ich die Hauptrollen, er den Arbeiter, dem ich als SA-Mann das Kreidekreuz auf den Rücken stempelte. Werner Hinz kannte ich schon seit der Zeit der Schauspielschule. Er war oft bei uns in der Familienvilla in Senzig zu Besuch gewesen. Ebenfalls im Januar 1948 gastierte ich in »Die Bresche« im damaligen Haus der Kultur der Sowjetunion, dem heutigen Maxim Gorki Theater. Im Sommer des Jahres 1948 hatte ich wieder einmal Gelegenheit, auf einer Freilichtbühne zu spielen. Mein alter Freund Viktor de Kowa bot mir einen Auftritt in seinem, besser gesagt einem seiner Theater an. Er leitete damals in Westberlin die »Tribüne« und die Naturbühne Rehberge, auf der Zuckmayers

Gerhard Bienert als SA-Mann in »Das Kreidekreuz« aus Brechts »Furcht und Elend des Dritten Reiches« (Regie Wolfgang Langhoff). Mit Marianne Dohm-Franke, Erich Dunskus und Werner Hinz. Deutsches Theater. 1948

»Katharina Knie« auf der Freilichtbühne Rehberge.
Gerhard Bienert, Otto Gebühr und Hertha Saal. 1948

Im Januar 1949 rollte erstmals der heute legendäre
Planwagen von Bertolt Brechts »Mutter Courage«
über die Bühne des Deutschen Theaters.
Gerhard Bienert als Feldwebel mit Helene Weigel

In »Die Bresche« von Boris Lawrenjow. Haus der
Kultur der Sowjetunion 1948

Mit Ursula Meißner in »Eine Dummheit macht auch der
Gescheiteste«. Theater am Schiffbauerdamm. 1949

»Katharina Knie« gegeben wurde, ein Stück über die berühmte Zirkusfamilie Knie. Otto Gebühr spielte den alten Direktor, Hertha Saal seine Tochter. Karl Schönböck, damals Ehemann der Saal, war mit dabei, und ich gab den Landwirt Rothacker.

Ende 1948 bekam ich an Fritz Wistens Theater am Schiffbauerdamm meine erste Rolle in »Die Brüder Kondor« mit Marga Legal, der Tochter von Ernst Legal, Alfred Schieske, Eva Barlog, Arno Paulsen und Ernst Kahler.

Im gleichen Jahr erhielt ich auch das erste Spielfilmangebot nach dem Krieg. Erich Engel, mit dem ich ja schon mehrfach gearbeitet hatte, drehte bei der DEFA »Affaire Blum« mit Hans Christian Blech, Gisela Trowe und Paul Bildt in den Hauptrollen. Meine Rolle war nicht umwerfend, der Film jedoch konnte sich durchaus sehen lassen. Der Schauspieler Aribert Wäscher führte bei Wisten zum ersten Male selbst Regie »Eine Dummheit macht auch der Gescheiteste« von A. N. Ostrowski. Lange suchte Wäscher für die Rolle der Exzellenz Krutizky einen Komiker, der vor allem das Verkalkte zu zeigen verstand. Zuerst nahm er einen gewissen Arnold. Aber dieser war ihm zu bürgerlich. Dann wollte er Ernst Legal haben, aber dem sagte die Rolle nicht zu. Dabei hätte ich mir gerade Legal sehr gut als Krutizky vorstellen können. Eines Tages sagte Wäscher zu mir: »Bienus, nun komm doch und spiele diese Rolle.« Ich weiß noch genau, daß ich ihm darauf antwortete: »Mensch Ari, die Rolle des Krutizky ist doch überhaupt nicht komisch geschrieben. Die müßte man doch erst komisch machen, durch Allüren und, wenn du es als Regisseur erlaubst, auch durch ein bißchen

Als Marquis in Goethes »Großkophta«. Theater am Schiffbauerdamm. 1950

neuen Text.« Außerdem machte ich Wäscher darauf aufmerksam, daß ich noch im Deutschen Theater spielte und nicht ewig auf zwei Hochzeiten tanzen konnte. Aber da einigten sich die zwei Theaterbüros.

Und am 6. Januar 1949 spielte ich zum ersten Mal diese alte, eklige komische Exzellenz mit Kneifer, krummen Beinen und viel albernem Getue. Ich erntete Lacher über Lacher. Der Krutizky war sozusagen meine Premiere als Komiker. Zum ersten Mal in meinem Leben erhielt ich Szenen- und Abgangsapplaus. Und nach den vielen Schlußverbeugungen vor dem liebenswerten Berliner Publikum bekam ich einen Muskelriß in der Wade, weil ich vor Freude hoch in die Luft gesprungen war. Das hatte dann das Ergebnis, daß ich die verknackerte Exzellenz die nächsten Wochen auch noch hinkend spielen mußte.

Es war die Zeit, als auch Bertolt Brecht aus der Emigration zurückkam. Brecht brachte gemeinsam mit Erich Engel im Deutschen Theater im Januar 1949 seine erste Inszenierung »Mutter Courage und ihre Kinder« heraus. Da Brecht mich von früher her kannte, bot er mir die Mitarbeit in seinem Ensemble an. So spielte ich ab 11. Januar neben Helene Weigel, Angelika Hurwicz, Paul Bildt, Werner Hinz, Paul Esser, Herwart Grosse und Gerda Müller den Feldwebel in der »Courage«.

Das von Brecht und Helene Weigel im gleichen Jahr gegründete Berliner Ensemble genoß dann zunächst auch Gastrecht im Deutschen Theater, ehe es 1954 in das Theater am Schiffbauerdamm zog.

Gott sei Dank, daß meine beiden Theater, das »Deutsche« und das BE, auf einer Bühne spielten, denn nun wechselte ich hin und her.

Da spielte ich unter Langhoff im August den Brander in Goethes »Faust I« neben Ernst Wilhelm Borchert als Faust, Werner Hinz bzw. Wolfgang Langhoff als Mephisto und Käthe Braun als Gretchen. Einen Monat später gab es dann auch noch bei Wisten am Schiffbauerdamm die Premiere von Salacrous »Nächte des Zorns« in der Inszenierung von Heinrich Goertz. Anfang 1950 brachte Wisten unter der Regie von Franz Reichert Goethes sehr selten gespielten »Großkophta« heraus, mit Walter Sueßenguth in der Hauptrolle. Außerdem mit Berta Drews und Marga Legal, dazu ein ganz junger begabter Schauspieler, der später einmal an der Wiener Burg Karriere machen sollte, Klaus-Jürgen Wussow.

Im März bot mir Wäscher am Deutschen Theater die Hauptrolle in Sheridans »Lästerschule« an. Ich spielte den Peter von Quälgeist, meine Frau war Ina Halley. Große Mimen standen mit uns auf der Bühne: Ehmi Bessel, Arthur Schröder, die gute alte Elsa Wagner und der liebenswerte Fritz Rasp. Der Quälgeist war für mich erneut eine herrlich komische Rolle, die mir viel Spaß machte.

Knapp 30 Jahre nach der Uraufführung brachte Brecht dann erneut die »Mutter« heraus. Natürlich hatte ich insgeheim den Wunsch, meine alte Rolle, den Lehrer Lapkin, später hieß er Nikolai, wieder zu spielen. Aber Brecht wollte sie mir zunächst nicht geben. Er probte mit einem aus Dresden geborgten Gast, der die Rolle näselnd sprach und zu feminin wirkte. Bis Brecht merkte, daß dies einfach nicht geht.
Da sagte Ernst Busch zu ihm: »Hör mal, nimm doch den Bienert, der war damals gut und hat fast für umsonst gespielt.« Und da gab Brecht mir meine alte Rolle.

»Golden Boy« in den Kammerspielen des Deutschen Theaters. Mit Hortense Raky. 1950

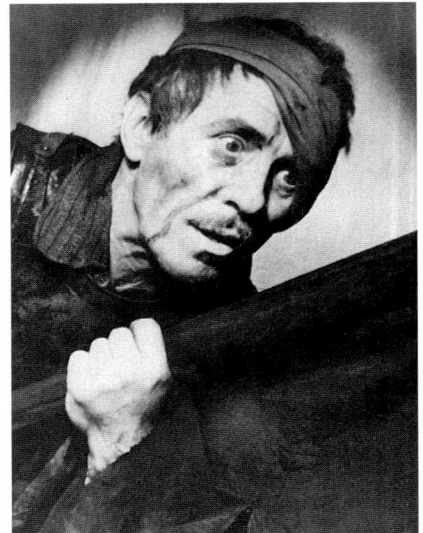

Als Tellermann in »Florian Geyer«.
Theater am Schiffbauerdamm 1950

Mit Helene Weigel und Ernst Busch in »Die Mutter«.
Berliner Ensemble 1951

Paul Rilla schrieb nach der Premiere: »Bienert spielt das Zusammengesetzte, ohne die Figur zusammenzusetzen; er gibt bezaubernd komisch die menschlich anständige, zugleich selbstgefällige Pädagogik der Schulmeisterallüre, die auf unbekanntes Terrain gelockt wird, wo ein anderer Mensch hervortritt.«

Als Mutter Helene Weigel. Weiter wirkten mit: Käthe Reichel, Angelika Hurwicz, Ernst Busch, Ernst Kahler, Erwin Geschonneck, Werner Pledath, Friedrich Gnass, Willi Schwabe und viele andere.

Die nächste Inszenierung am BE war »Biberpelz und Roter Hahn« mit der großen Therese Giehse, Regie Egon Monk.

Im Januar inszenierte Brecht gemeinsam mit Therese Giehse »Der zerbrochene Krug«. Er gab mir den Gerichtsrat Walter, die Giehse spielte die Marthe Rull und Erwin Geschonneck den Dorfrichter Adam. Doch irgendwie merkte ich nun schon

In »Biberpelz und Roter Hahn« mit Angelika Hurwicz.
Berliner Ensemble 1951

seit etlichen Monaten, daß ich dem Brecht wohl nicht recht lag. Das mag vielleicht, wenn ich jetzt so nachdenke, auch mit an mir gelegen haben. Zweifelsohne verehre ich Brecht bis heute. Es gibt meines Erachtens keinen ebenbürtigeren Nachfolger von Shakespeare als Bertolt Brecht. Ich spielte aus Überzeugung und aus Verehrung bei Brecht. Beim Berliner Ensemble gab es schöne Zeiten.
Es war ein Genuß, mit Brecht zu arbeiten, auch wenn man keine Hauptrolle hatte. Der Brechtsche Stil zeichnete sich durch Kargheit und Nüchternheit aus, zum Beispiel bei den Kulissen. Brecht machte dialektisches Theater, das heißt, er zeigte, wie die Menschen durch ihre Umwelt geprägt werden. Er wollte die Zuschauer in die Lage versetzen, genußvoll mit Gefühl und Verstand die Welt als machbar zu begreifen. Was mir nicht gefiel, war Brechts Theorie, neben den Rollen stehen zu müssen. Ich konnte das nicht verstehen und empfand es als Quatsch, diese Theorie eines Genies. Es gefiel mir ferner nicht, daß jedes Stück bei Brecht mehrere Monate geprobt wurde, ehe es herauskam. So viele Monate der Probe hatte man weder früher noch bei Langhoff gekannt. Brecht war es, der das einführte.
Als ich Brecht einmal nach dem Termin einer Premiere fragte, meinte er: »Das weiß ich nicht. Wenn es fertig ist, vorher nicht.« Und auf einer Umbesetzungsprobe geschah dann das, was wohl einmal kommen mußte. Vor der Probe war ich zum Inspizienten gegangen, um mich für ein paar Minuten zu entschuldigen, weil ich mir wegen einer Grippe eine Spritze geben lassen wollte. Ich sagte: »Ich komme gerade von einer Probe im Deutschen Theater, hole mir noch die

Szenenfoto aus »Katzgraben« von Erwin Strittmatter.
Berliner Ensemble 1953

Mit falscher Nase als Gerichtsrat im »Zerbrochenen Krug«. Dazu Therese Giehse, Friedrich Gnass, Regine Lutz

Spritze ab und komme vielleicht etwas später. Bitte entschuldige mich bei Brecht.«
Als ich wenige Minuten danach zur Probe des »Zerbrochenen Krugs« komme, da schnauzt Brecht mich in einer Weise an, als wenn ich ein asozialer Typ wäre. Mir klopfte das Herz im Halse. Etwa eine viertel Stunde hat er auf mir herumgehackt vor allen Kollegen, der Giehse, der Hurwicz, dem Geschonneck. Aber ich hatte nicht den Mut und die Kraft, dem Brecht zu antworten: Hörn Sie mal, Herr Brecht, Sie sind für mich zwar ein genialer Dichter, aber Sie benehmen sich wie ein Unteroffizier auf dem Kasernenhof. Ich glaube sogar, dann wäre er still gewesen. Denn Brecht konnte auch ganz scheu und schüchtern sein. Aber ich blieb äußerlich ruhig und sagte nichts zu ihm. Geschonneck und die Hurwicz kamen danach zu mir und meinten, daß Brecht wirklich eklig gewesen sei, hier könne man ja nicht engagiert bleiben.
Auf der Stelle ging ich zu Walter Kohls, dem Verwaltungsdirektor vom Deutschen Theater, und sagte: »Ich komme ganz zu euch.« Kurze Zeit später unterschrieb ich meinen Vertrag. Willy A. Kleinau hatte diesen Schritt bereits ein paar Wochen vor mir getan. Auch bei ihm war ein Riesenkrach mit Brecht vorausgegangen. Kleinau probte die Neueinstudierung von »Herr Puntila und sein Knecht Matti«. Nach wochenlanger Arbeit erfährt Kleinau zufällig, daß er den Puntila zur Premiere gar nicht spielen soll, sondern Curt Bois, aus dem amerikanischen Exil zurückgekehrt, wäre von Brecht dafür engagiert worden. Natürlich ging Kleinau in die Luft. Auch Brecht steigerte sich bis zu einem cholerischen Ausbruch und sagte zu Kleinau: »Sie sind für mich eine amorphe Masse Fleisch, die ich gekauft habe und aus der ich etwas mache.« Kleinau betrat danach Brechts Theater nie wieder.
Mein Vertrag wurde unter der Maßgabe gelöst, daß ich den »Zerbrochenen Krug« sowie zwei weitere Stücke, an denen bereits geprobt wurde, weiterspielen mußte. Das war fair.

Als Gerichtsrat im »Zerbrochenen Krug« war ich ziemlich blaß. Ich wußte nicht recht etwas daraus zu machen. Sicher lag das auch an dem Zerwürfnis mit Brecht. Und da saß ich also und spielte, und Brecht sagte: »Bienert, Sie sind ja gar nicht da, was machen wir denn da bloß?«
Und da gab es bei Brecht einen Obergarderobier namens Palm, ein berühmter Mann aus Jessners Theaterzeit. Der sagte zu mir: »Wir werden Ihnen mal ein Paar krumme Beine machen und eine dicke Nase ins Gesicht kleben. Dann müssen Sie so spielen, als wenn Sie selbst die Schweinerei gemacht haben.« Und da habe ich also diese Rolle, die bisher nie komisch gesehen wurde, urkomisch gespielt, mit asthmatischen, kurzatmigen Reden, krummen Beinen, einem dicken Bauch und einer noch dickeren Neese.
Als dann Premiere war, passierte es. Die Nase war nicht fest genug geklebt, ging mir ab, klackte runter in den Zuschauerraum, in die erste Reihe, direkt vor die Beine von Wilhelm Pieck. Aber mein Präsident und ich ließen uns nichts anmerken. Ich spielte weiter, die da unten liegende Nase ignorierend. Wilhelm Pieck war übrigens ein begeisterter Theatergänger. Er ließ bei Brecht, aber auch an den anderen Berliner Bühnen, kaum eine Premiere aus. Das erste Mal hatte ich ihn in der Uraufführung der »Mutter« im Jahre 1932 gesehen. Brecht, glaube ich, war kein nachtragender Mensch. Nachdem ich wieder Mitglied des Deutschen Theaters war, betrat ich das Berliner Ensemble nur noch, um meine dort arbeitende Frau, die Schauspielerin Inge Herbrecht, abzuholen. Und wenn wir uns dann trafen, grüßte er fast immer zuerst, etwas scheu und schüchtern. Ich bin

Eine imposante Erscheinung: Gerhard Bienert als Ferrovius in Shaws »Androklus und der Löwe«. Kammerspiele 1954

dem großartigen Theatermann heute nicht mehr böse!
Wieder waren vier Jahre vergangen und der Film, im Gegensatz zu früher, ließ auf sich warten.

Offenbar wußte die DEFA nichts mit mir anzufangen. Daher war es verständlich, daß ich einem Angebot meines oftmaligen Regisseurs Paul Martin in die BRD folgte.

Mit Judith Harms in O'Caseys »Harfe und Gewehr«. Kammerspiele 1954

Inszeniert von Wolfgang Heinz: Lillian Hellmans »Die kleinen Füchse«. Mit Inge Keller. Kammerspiele des Deutschen Theaters 1956

Selbst bei Shakespeare im Dienste Justitias: als Gerichtsdiener Holzapfel in »Viel Lärm um nichts«. Mit Heino Winkler als Schlewein. Kammerspiele 1954

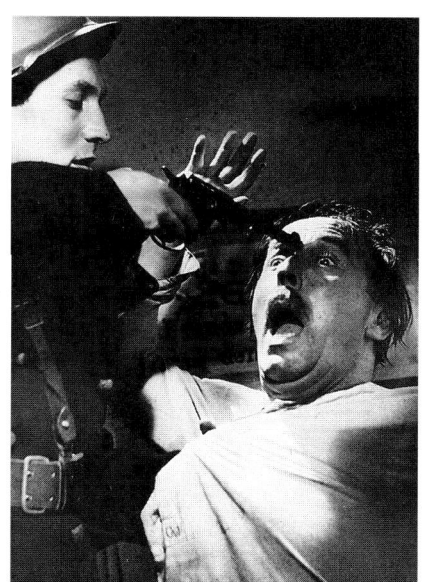

»Hilfe, nicht schießen!«

Bei einer Probe zu »Harfe und Gewehr«

Mit Agnes Kraus in dem Film »Die Unbesiegbaren«, 1953

Als Taxifahrer in »Verwirrung der Liebe«

Er drehte einen belanglosen Streifen, der im Gutshofmilieu spielte, von der Flucht und dem Nachkriegsleben einer Mutter handelte: »Mein Herz darfst Du nicht fragen«. Jedoch traf ich viele liebe Kollegen wieder wie Willy Birgel, Maria Holst, Heidemarie Hatheyer, Paul Klinger, Paul Hörbiger, Oskar Sima, Rudolf Platte, Ewald Balser und Otto Gebühr. Übrigens filmte ich noch ein zweites Mal in der BRD. Es war 1956 in »Vor Gott und den Menschen« unter der Regie von Erich Engel. Antje Weißgerber, Hans Söhnker, Viktor de Kowa und Werner Peters spielten darin Hauptrollen.

Nach »Mein Herz darfst Du nicht fragen« muß die DEFA denn wohl doch auf mich aufmerksam geworden sein, denn Arthur Pohl bot mir die Hauptrolle in dem Film »Die Unbesiegbaren« an. Doch im Berliner Club der Kulturschaffenden »Die Möwe« habe ich dann gehört, wie Herbert Jhering mich Arthur Pohl ausgeredet hat. Und obwohl Pohl mich fest vorgesehen hatte, ging er darauf ein und gab Willy A. Kleinau die Rolle. Ich hingegen wurde wieder einmal zum Wachtmeister abgestempelt.

Für Jhering war ich bekannt wie ein bunter Hund. Er kannte alles von mir. Für ihn hatte ich keinen Neuigkeitswert. Für Leute wie Jhering war Neuigkeitswert eine ganz wichtige Sache.

Auch Slatan Dudow, mit dem ich 1932 »Kuhle Wampe« gemacht hatte, war dieser Meinung. Dudow gab mir 1959

Im 1. Teil des »Thälmann«-Films, 1954

An der Seite Hans Klerings in »Polonia-Expreß«, 1957

In der Regie von Curt Bois entstand 1955 die Filmversion von »Ein Polterabend«. Gerhard Bienert als Rentier Buffey

Als Vater Doolittle

In Shaws »Pygmalion«. Kammerspiele 1952

»Gelächter in Mexiko«, 1957

In »Thomas Münzer«, 1953

Als Krogstad in »Nora«. 1956

Auf der »Dorfstraße« von Alfred Matusche mit Gisela May. Kammerspiele 1955

Als Tschebutykin in »Drei Schwestern«. Heinz Hinze spielte den Andrej. Deutsches Theater 1958

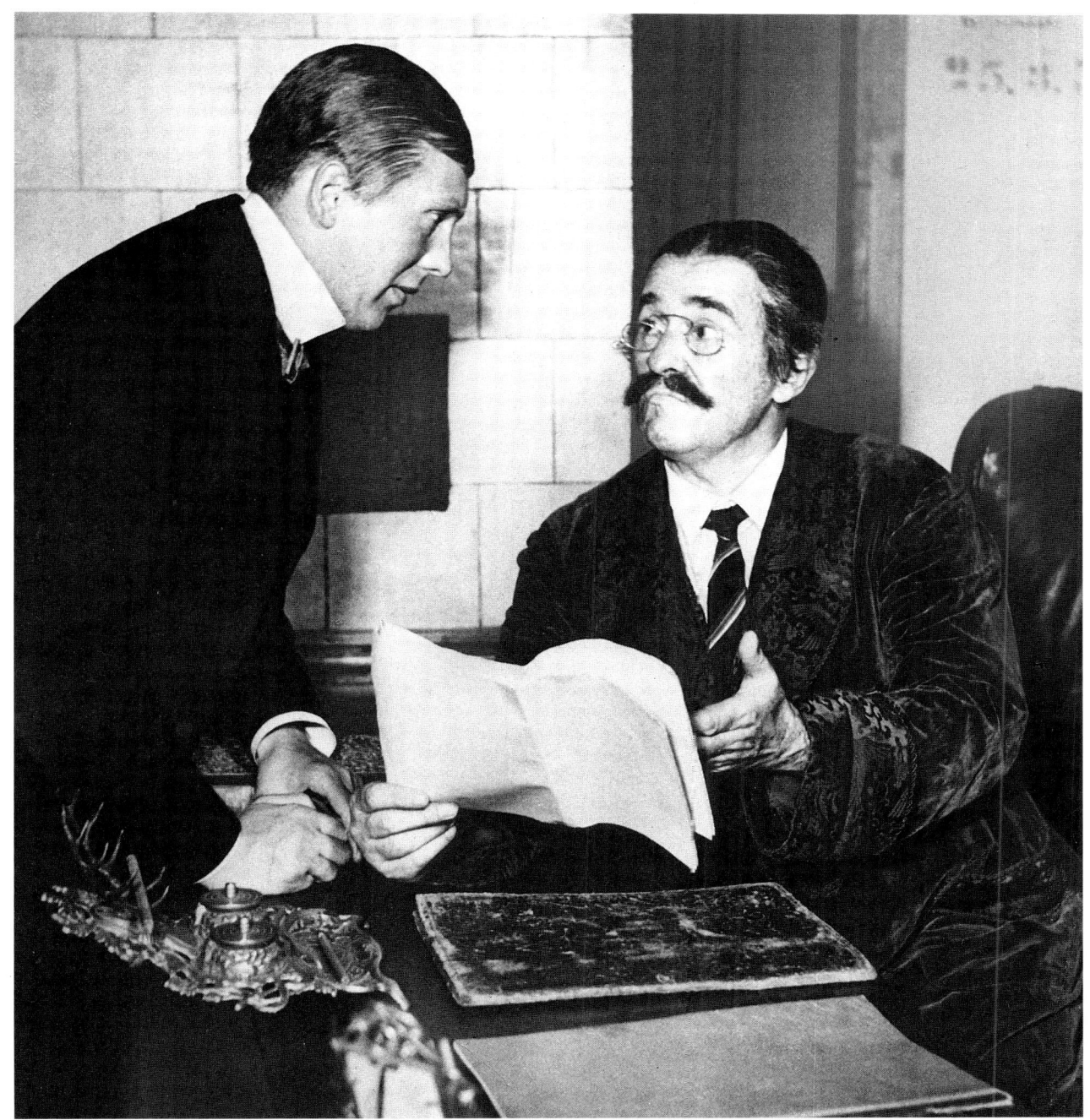

Gerhard Bienert mit Kneifer. In »Sozialaristokraten« von Arno Holz. Regie Ernst Kahler.
Kammerspiele 1955

Bill-Bjelozerkowskis »Sturm«, Deutsches Theater 1957. Heinz Voss, Walter Lendrich, Ernst Busch, Gerhard Bienert, Paul R. Henker

in seinem letzten vollendeten Film »Verwirrung der Liebe« eine Rolle mit zwei Sätzen.
Und auch Kurt Maetzig ging wohl so an die Sache heran, als er mir eine »große« Rolle im »Thälmann«-Film anbot, den Otto Kramer. Ich stehe im Programmheft zwar an sechster Stelle der Riesenbesetzungsliste. Aber im I. Teil, »Ernst Thälmann, Sohn seiner Klasse«, hatte ich nur ein paar wenige Auftritte. Ich ging zu Maetzig. Der vertröstete mich, im II. Teil »Ernst Thälmann, Führer seiner Klasse«, würde ich groß herauskommen. Und im zweiten Teil war meine Rolle dann überhaupt nicht mehr drin. Da habe ich mich bei meinem alten Freund Hans Rodenberg, dem damaligen Hauptdirektor des DEFA-Studios, beschwert. Mit dem Erfolg, daß Maetzig mir daraufhin weitere DEFA-Filmangebote versaute. Ich verzeihe auch ihm, denn es folgten später doch noch viele sehr schöne Filmrollen.
Doch wieder zurück zu meiner Theaterarbeit am »Deutschen«. Mitte der fünfziger Jahre habe ich eine ganze Reihe von Rollen gespielt, von denen es nichts Besonderes zu berichten gibt.
Wir spielten diszipliniertes Theater. Haften geblieben sind viele Kollegen, die neben mir auf den Brettern standen: In »Das tote Tal«, der DDR-Erstaufführung eines Stückes von Alexander Kron, waren es zum Beispiel Ernst Busch in der Hauptrolle sowie Herwart Grosse, Paul R. Henker, Amy Frank, Mathilde Danegger, Werner Pledath und Gisela May. In »Pygmalion« von G. B. Shaw hatte ich eine sehr schöne Rolle, den Doolittle, meine Tochter Eliza war die schöne Inge Keller, Oberst Pickering mein alter Werner Pledath.

Als Graf von Mansfeld im Film »Thomas Müntzer«. 1956

In Langhoffs »Lear«-Inszenierung. In der Titelrolle Willy A. Kleinau. Deutsches Theater 1957

Curt Bois führte Regie bei Werner Bernhardys Lustspiel »Ein Polterabend«, das er dann einige Jahre später mit mir auch bei der DEFA verfilmte.

Im September 1955 kam »Sozialaristokraten« von Arno Holz in der Regie von Ernst Kahler heraus. Dieses Stück hatte ich für Langhoff ausgebuddelt. Die Rolle des Oskar Fiebig war für mich ein dolles Thema, wo ich herrlich geschriebene berlinische Dialoge hatte.

Dann bewarb ich mich bei Langhoff für die Rolle des Advokaten Helmer in Henrik Ibsens »Nora«. Aber Langhoff gab mir den Mann der Nora, die dargestellt wurde von Gisela Uhlen, nicht. Wilhelm Koch-Hooge bekam die Rolle. »Nein, Bienus, ich geb Ihnen ja wirklich alles, aber diese Rolle nun doch nicht, das ist nicht der Typ, der Sie sind.« Wahrscheinlich hat er recht gehabt. Und da ich etwas knorkig bin im Tonfall, hat er mir lieber den Krogstad gegeben. Martin Flörchinger und Gisela May waren weitere Partner.

Ende 1957 kam Bill-Bjelozerkowskis »Sturm« heraus, mit Ernst Busch in der Hauptrolle, in der Regie unseres Intendanten.

In Tschechows »Drei Schwestern« spielte ich den schrulligen alten Militärarzt Tschebutykin. Es war die letzte DT-Inszenierung von Heinz Hilpert, dem einstmaligen Intendanten bis 1944. Mit Hilpert und Mathias Wieman hatte ich 1927 in der Aufführung »Tim O'Hara« von Emil Hesse-Burri auf der Jungen Bühne gestanden.

In Gorkis herrlichem Schauspiel »Sommergäste«, »behutsam von Wolfgang Heinz gelenkt«, gab ich »dem merkwürdig zerfahrenen, weil überarbeiteten Arzt Dudakow Gestalt«, hatte Kurt Seeger geschrieben. Der

Als Vater Galotti mit seiner Tochter

Mit Karin Hübner als Emilia Galotti

Tschebutykin und der Dudakow, das waren zwei Rollen, die mir sehr lagen.
Im »König Lear« und im »Wallenstein« stand ich neben den neuen »Großen« des Deutschen Theaters auf der Bühne.
Da es die Arbeit am »Deutschen« zuließ, filmte ich von 1956 bis 1960 doch wieder sehr viel. Es waren insgesamt 14 Spielfilme, die ich bei der DEFA drehte. Martin Hellberg holte mich gleich dreimal, für seinen Monumentalfilm »Thomas Müntzer«, für »Die Millionen der Yvette« und schließlich für eine sehr schöne Rolle in Lessings »Emilia Galotti«. Maly Delschaft und ich waren die Eltern der Emilia, die dargestellt wurde von der reizenden Karin Hübner. Der große Eduard von Winterstein, Gerry Wolff, Horst Schulze und Gisela Uhlen wirkten ebenfalls mit.
Konrad Wolf, den ich während der Vorbereitung zur Uraufführung von Friedrich Wolfs »Cyankali« auf meinem Schoße sitzen hatte, war nun mein Regisseur bei »Lissy«, einem Film, der internationale Preise errang.
Dann erinnere ich mich gerne an die Zusammenarbeit mit Frankreichs größtem Filmmimen Jean Gabin in der deutsch-französischen Gemeinschaftsproduktion von Victor Hugos »Die Elenden«, in der ich als Gerichtspräsident mitwirkte.
Im Jahre 1960 spielte ich in einer weiteren deutsch-französischen Koproduktion mit: »Trübe Wasser« nach Balzac mit Jean Claude Pascal, Madeleine Robinson, Erika Pelikowsky und Ekkehard Schall. Schließlich sei noch die Titelrolle in Hubert Hoelzkes Film »Alwin der Letzte« erwähnt, mit Paul R. Henker als Partner. Wir waren zwei Brüder, die die Einführung der LPG befürworteten. Ein Lustspiel, etwas

In Martin Hellbergs »Emilia Galotti«-Verfilmung. 1958

»Die Millionen der Yvette« mit Sabine Thalbach und Wolf Kaiser. 1956

An der Seite von Jean Claude Pascal in »Trübe Wasser« 1960

In Frank Vogels »Klotz am Bein«

»Klotz am Bein«, 1958

In der Titelrolle des Films »Alwin der Letzte«, 1960

Als Gefängnisdirektor in dem Film »Der Prozeß wird vertagt« mit Paul R. Henker. 1958

Bei der Verleihung des Kunstpreises der DDR 1960

Als Vater Schröder in Konrad Wolfs »Lissy«, 1957

Den bezahle ich! Gerhard Bienert als Vater Kramer in Janos Veiczis »Reportage 57«, 1959

abgewandelt nach jenem alten Stück aus den 30er Jahren »Die beiden Seehunde«, von dessen Verfilmung ich schon erzählt habe. Und ich war einer der ersten Darsteller im jungen DDR-Fernsehfunk, Paul Lewitt inszenierte »Fuhrmann Henschel«, den ich spielte. Ein Jahr darauf war ich der Sheriff in dem gleichnamigen Fernsehfilm.
Anfang der 60er Jahre habe ich erstmals in meinem Leben Courage gegenüber einem Intendanten gezeigt. Ich »erpreßte« Wolfgang Langhoff, indem ich ihm sagte, daß ich nicht immer mittelmäßige Rollen spielen möchte und mich mit dem Gedanken trage, freischaffend zu werden. Langhoff, der mich eigentlich mochte, sagte ganz erschüttert: »Mensch, machen Sie keinen Quatsch, lieber Bienus, ich kann mir gar kein Theater ohne Sie vorstellen. Bitte sagen Sie mir, was Sie spielen möchten.« Es kam wie aus der Pistole geschossen: »Den Theobald Maske in ›Die Hose‹ und ›der Snob‹«. Und er gab mir diese herrlichen Rollen, in denen ich beim Berliner Theaterpublikum sowie in der Presse großen Erfolg hatte, denn Spießer spielte ich für mein Leben gern.
Und nun bekam ich viele weitere schöne, dankbare Rollen, den Julius Wolff im »Biberpelz« neben Norbert Christian, Sabine Thalbach und Gisela May.
Ich spielte in der Zweitbesetzung den alten Diener Firs in Tschechows »Der Kirschgarten«, und ich war in 164 Aufführungen der Inspektor in Wolfgang Langhoffs und Lothar Bellags Inszenierung »Inspektor Campbells letzter Fall« von Saul O'Hara. Was für ein saftvolles Stück! Mit Paraderollen für zwei ältere Mimen, das Schauspielerehepaar Amy Frank und Friedrich Richter. Sie waren das mehrfache

Bei einer seiner liebsten Freizeitbeschäftigungen

135

Gerhard Bienert in einer seiner Traumrollen, als Theobald Maske

Carl Sternheims »Die Hose« kam 1961 in den Kammerspielen heraus

Mit seiner Tochter Cornelia

Als lebenserfahrener alter Bergmann in Horst Salomons »Lorbaß« am Deutschen Theater, 1967

Auch im Fernsehen als Theobald Maske. 1967 wurde Sternheims »Snob« mit Horst Schulze inszeniert

Der Nichtraucher mit der Pfeife: »Inspektor Campbells letzter Fall«. Kammerspiele 1962

Der Opa unterm Regenschirm. 1968 drehte Ingrid Reschke »Wir lassen uns scheiden«.

In Wolfgang Heinz' »Onkel Wanja«-Inszenierung am Deutschen Theater als Telegin. 1972

Der Kunstsammler Gerhard Bienert

Mörderpaar, dessen unaufhaltsames Wirken selbst dem so hartgesottenen Inspektor Campbell die geliebte Pfeife ausgehen ließ. Man muß sich das vorstellen: als Nichtraucher im privaten Leben hatte ich mich den ganzen Theaterabend lang mit einer stets qualmenden Pfeife abzugeben!

Für Viktor Rosows »Unterwegs« im Jahre 1964 kamen zwei junge, talentierte Leute frisch von der Schauspielschule ans Deutsche Theater, Christine Schorn und Dieter Mann. Wer hätte damals, als ich Dieter Manns Onkel spielte, gedacht, daß er 20 Jahre später mein Intendant wird.

Erwähnung sollen auch meine Rolle als alter Arbeiter in Horst Salomons »Ein Lorbaß« sowie der ABF-Direktor Völschow in Hermann Kants »Aula« finden. In der »Aula« rutschte mir folgender Versprecher heraus: laut Text hätte ich zu sagen gehabt: »... Und so frage ich Sie hiermit, Rose Paal aus Klein-Bünzow...« Aber ich sagte: ... »Und so frage ich Sie hiermit, Rose Bernd aus Klein-Bünzow...«. Dietrich Körner kam nach der Vorstellung ins Theaterrestaurant und sagte: »Kollegen, habt ihr schon gehört, der Bienus macht jetzt Gerhart-Hauptmann-Festspiele«. Erst hatte es Gelächter im Zuschauerraum gegeben und jetzt bei meinen lieben Kollegen.

Im Jahre 1974 inszenierte Friedo Solter Shakespeares »Der Sturm«. Ich hatte den Mut, trotz meiner über 75 Lebensjahre den Säufer Trinculo zu spielen. Fred Düren gab meinen Kumpel Stephano. Wir waren ein herrliches Gaunerpaar. Die Zeitung »Der Morgen« schrieb damals: »Er (Bienert) meisterte das Clowneske dieses sinnlich genäschigen, dieses tolpatschig Behenden, dieses rotnasig und

Als Trinculo in Shakespeares »Sturm«, Regie Friedo Solter. 1974.

spitzbäuchig, dümmlich Listigen mit Eleganz und tief gegründeter Klugheit ...«

Nach der Rolle des Obristen Kottwitz in »Prinz Friedrich von Homburg« im Jahre 1975 spielte ich 1976 am Deutschen Theater meine letzte große Rolle, den Bannermann in Georg Kaisers »Zwei Krawatten«. Friedo Solter, mit dem ich seit »Unterwegs« (ich glaube, das war seine erste Regiearbeit) gerne arbeitete, inszenierte dieses Stück; es wurde zu einem echten Renner. Fünf Jahre, bis zur Schließung des DT, stand es auf dem Spielplan. Ursprünglich sollte Kurt Böwe den Bannermann spielen, aber der war dann wohl mit anderen Sachen zu sehr eingedeckt.

Ich war gerade in den parallellaufenden Proben zu Kleists »Michael Kohlhaas«, wo ich vier kleinere Rollen hatte, als mein vormaliger Intendant Wolfgang Heinz kam und sagte, daß ich doch mal zu Friedo Solter gehen sollte. Dieser fragte dann, ob ich den Bannermann übernehmen möchte. »Aber«, sagte er, »es sind nur noch sechs Wochen Zeit. Und tanzen und singen mußt du auch!« Und da ich das Fernsehstück »Familie Birnchen« gerade abgedreht hatte (es wurde übrigens erst 1982 gesendet), sagte ich Solter zu.

Dann kam die Generalprobe. Mir ging es mit meinen fast 80 Lenzen gar nicht gut, ich hatte über 200 Blutdruck, mir war, als wenn ich kurz vor einem Schlaganfall stehe. Da sagte ich, zum ersten Male in meinem Leben, meine Teilnahme an der Generalprobe ab.

Solter hat in der Generalprobe meine Rolle gelesen.

Am 1. Oktober 1976 stand ich dann zur Premiere auf der Bühne. »Zwei Krawatten« wurde ein Riesenerfolg, natürlich auch für Dieter Mann, Lisa Macheiner, Gudrun Ritter und Barbara Schnitzler.

Aber was ich nicht wahrhaben wollte, trat dann ab und zu doch ein. Ich vergaß meinen Text. So verkalkt war ich nun allerdings auch wieder nicht, um nicht weiterspielen zu können. Was haben sich meine Kollegen amüsiert, und das Publikum natürlich auch, wenn ich meinen Text brachte. Ich glaube, ein Viertel des Textes war wohl inzwischen von mir. Ich profitierte aus den vielen Filmklamotten.

Da hab' ich zum Beispiel gesagt: »Na is ja furchtbar, die Frau ist

Der Katzenfreund

Sitzt der Bart? Gerhard Bienert in seiner Garderobe im Deutschen Theater

nicht da«, als die kleine Trude, Gudrun Ritter, auf einmal weg war. Ich sage zum Heinz Hinze, dem Advokaten: »Oh, die Tratschedi«, ich meinte Tragödie. Und Hinze antwortet: »Etratschedie?« Darauf ich: »Ach Jott, nu versteht der ooch keen Englisch.« Ein Schreien im Publikum, ich kam an, der Vorhang fiel. Diese Einlage hatte ich vom Filmregisseur Eichberg. Oder: Sätze wie »Kopfjucken ist noch keine Gehirntätigkeit« hab' ich mal zu Gudrun Ritter gesagt. Dann »Sommersprossen sind noch keine Gesichtspunkte.« Grethe Weiser hat sich mit solchen selbstgestrickten Pointen auch so durch die Filmrollen gemogelt.
Ich hatte auch einen Trick, eine Geste, um die Souffleuse aufmerksam zu machen, wenn ich wieder »hing«, der Text nicht kam. Ich streckte einen Arm vor, die Hand erst zur Faust geballt, dann öffnete ich sie, als wenn ich etwas greifen wollte. Dabei schob ich Kinn und Bart vor, und die Frau mit dem Textbuch verstand mich.
Dieter Mann fragte, was diese alberne Geste denn solle. Hartnäckig bestritt ich es, daß ich mich damit über die Hänger hinwegrettete. Aber heute kann ich es ja zugeben.
1978 holte mich Peter Stein als Gast an die Schaubühne am Halleschen Ufer in Westberlin und bot mir die Rolle des Alten in »Groß und Klein« von Botho Strauß an. Johanna Hofer, die Witwe von Fritz Kortner, spielte die Frau an meiner Seite. Peter Stein hat das Stück mit uns auch verfilmt.
Dann kam die Zeit, wo das Deutsche Theater die Pforten schloß, um sich hübsch zu machen für seine Hundertjahrfeier.
Westberlins Theatermann Peter Zadeck bot mir derweil fünf Rollen

Peter Reusse, Alexander Lang, Christian Stövesand, Gerhard Bienert und Dieter Franke in Kleists »Prinz Friedrich von Homburg«. Deutsches Theater 1975. Regie Adolf Dresen, Ausstattung Hans Brosch

Gerhard Bienert hinter der Theke. In dem Fernsehfilm »Familie Birnchen«, 1982. Mit Ingeborg Krabbe und Vera Klassmann

An der Seite von Alfred Müller in dem Fernsehfilm »Das Geheimnis des Ödipus«, 1974

In der Fernsehinszenierung von Hauptmanns »Biberpelz«. Mit Elsa Grube-Deister und Ernst Kahler. 1972

Als Advokat Bannermann in »Zwei Krawatten«. Deutsches Theater 1976

Mit Herbert Köfer in dem Fernsehfilm »Verwandte und Bekannte«, Teil 1, 1971

In »Verwandte und Bekannte«, Teil 3, mit Helmut Schellhardt

Im Fernsehfilm »Effi Briest« mit Inge Keller. 1970

Sein Charme besiegt den größten Liebeskummer. Als Trude in »Zwei Krawatten« Gudrun Ritter

an, in »Der Wald«, »Der Widerspenstigen Zähmung«, »Jeder stirbt für sich allein« sowie den Hindenburg in Brechts »Arturo Ui«. Ich sagte zu, probierte auch einige Stücke, aber ich löste den Vertrag wieder. Es fiel mir zu schwer, das Rollenstudium und die vielen Proben. Ich wollte meine Ruhe haben. Nun hatte ich viel Zeit zum Nachdenken, Bilanz zu ziehen.

Was ich bedauere, war, daß ich zum Beispiel nie den Woyzeck gespielt habe. Der Faust lag mir nicht, dann schon lieber den Mephisto. Aber das hat man mir eben nicht angesehen, daß ich gerne den Mephisto gespielt hätte. Früher habe ich immer gern die Liebhaber gespielt, die nicht rankommen. Auch der Maurer John aus den »Ratten« wäre eine schöne Rolle gewesen.

Leider wurde aus diesen offengebliebenen Wünschen nie etwas. Ich hatte stets Hemmungen, mich danach zu drängeln. Mir wurden oft diese bürokratischen Typen gegeben. Das war wohl auch zum Teil meine eigene Schuld. Wäre ich pfiffig gewesen oder doof, dann hätte es bestimmt besser geklappt. Viele Regisseure geben sich meist gar keine Mühe, hinter die Fassade eines Menschen zu schauen. Das muß man schon selber machen, sich in den Produktionsprozeß einschalten.

Einer, der sich in die menschliche Seele hineinversetzen konnte, der hinter die Fassade geschaut hat, war der Film- und Fernsehregisseur Horst Seemann. Er gab mir schöne, dankbare Rollen in Filmen wie »Hochzeitsnacht im Regen«, dem musikalischen Lustspiel mit dem Schlagersänger Frank Schöbel. Oder in »Suse, liebe Suse«. Und in dem großen Fernseherfolg »Fleur Lafontaine«.

In der Fernsehserie »Hochhausgeschichten« 1981

Aber das waren schon die siebziger und der Anfang der achtziger Jahre, wo ich nicht mehr der Schutzmann, sondern der Opa des DDR-Films war. Da war zunächst der Opa Koch in Ingrid Reschkes Film »Wir lassen uns scheiden«, der olle Mann in Konrad Wolfs »Der nackte Mann auf dem Sportplatz«, Opa Silaff in Rolf Losanskys »Blumen für den Mann im Mond«, Rentner Heinrich in »Hosteß«, Onkel Karl im DEFA-Erfolg »Sabine Wulff« und beim Fernsehen Vater Mörschel in Falladas »Kleiner Mann, was nun«, Vater Briest in »Effi Briest«, das »Väterchen« in Uta Birnbaums gleichnamigem Fernsehfilm, eine schöne Rolle in Willi Bredels Dreiteiler »Verwandte und Bekannte«, der Rentier Krüger in »Der Biberpelz«, Opa Schneller in »Hallo Taxi«, der Opa in »Du und icke und Berlin« mit dem leider viel zu früh verstorbenen Komiker Rolf Herricht, Otto Kabulke mit Erwin Geschonneck in »Herbstzeit« und so weiter. Aber, lieber Leser, um ehrlich zu sein: es sind doch nicht ganz 1000 Rollen im Theater und im Film geworden. Aber zieht man die Rollen, die man im persönlichen Leben gespielt hat, hinzu, als mehrfacher Ehemann, als Vater, als Opa, als Tierliebhaber, als Gärtner und was weiß ich nicht noch alles in fast 90 Jahren meines Lebens, wird die Rechnung wohl aufgehen.

Drei Rollen will ich zum Schluß noch nennen. Da bot mir nach der Wiedereröffnung des hundertjährigen Deutschen Theaters der nunmehrige Intendant Dieter Mann die Rolle des Firs in Tschechows »Der Kirschgarten« an. Ich sagte zu. Im September und Oktober probte ich. Doch der Text wollte nicht mehr sitzen, die Souffleuse verstand ich immer schlechter, und mein letztes noch sehendes Auge konnte das Ende der Bühne nicht mehr ausmachen. Ich gab auf. Die Rolle spielte zur Premiere Fred Düren.

Der Intendant ließ nicht locker. Anläßlich des Welttages des Theaters 1985 gab es auf Plakaten und in den Zeitungen die Ankündigung »Dieter Mann stellt den Schauspieler Gerhard Bienert vor«. Noch in der Garderobe gab ich zu bedenken, ob das Haus auch voll werden würde.

Es war mein Abschied von den Brettern des Deutschen Theaters, ein Abschied mit nassen Augen, ein Abschied, den ich nie vergessen werde. Der Zuschauerraum war nicht nur bis auf den letzten Platz besetzt. Man lehnte und hockte rechts und links neben den Reihen, in den Gängen. Und ein vorwiegend junges Publikum empfing mich stehend mit Ovationen, einem nicht endenwollenden Beifall. Das hatte ich lange schon nicht mehr erlebt. Dabei hatte ick noch jarnischt jesacht.

Und Dieter Mann begann: »Bienus, du hast schon Theater gespielt, als ich noch gar nicht wußte, wo das Deutsche Theater liegt.«

Dem Rundfunk war Gerhard Bienert seit den dreißiger Jahren verbunden. Hier bei einer Nestoren-Produktion mit Curt Bois und Friedrich Richter. »Das Läuten des Windglöckchens«, 1982

Er stellte viele Fragen, und ich erzählte (in einer Stunde) meinen Lebenslauf. Ich war regelrecht »besoffen«, als ich die vielen Schauspieler und Regisseure noch einmal Revue passieren ließ, mit denen ich gearbeitet hatte.
Nach diesem großen Abend besuchte mich mein Intendant noch öfter, rief mich an und bot mir immer wieder eine Rolle an. Aber daraus wurde dann doch immer nichts.
Meine letzte Rolle habe ich noch zu spielen, da oben, mit den vielen großen Mimen, die auf mein Stichwort warten.
Aber erst will ich noch 100 werden!

Abschied vom Theater. Nach einer der letzten Proben zum »Kirschgarten« am Bühneneingang des Deutschen Theaters

Nachtrag des Herausgebers

Diesen seinen Lebenswunsch, hundert Jahre alt zu werden, hatte Gerhard Bienert bei unserem letzten Arbeitsgespräch im Frühjahr 1986 im Berliner Weinrestaurant »Ganymed«, wenige Meter entfernt von der Stätte, an der seine Bühnenlaufbahn begann, noch einmal voller Zuversicht geäußert.
Doch es sollte nichts daraus werden. Im Oktober erkrankte er schwer, mußte in ein Krankenhaus eingeliefert werden.
Am 23. Dezember 1986, wenige Tage vor seinem 89. Geburtstag, trat Gerhard Bienert für immer von der Bühne des Lebens ab.

Verzeichnis der Rollen

Theater

1920/21
Reinhardt-Bühnen Berlin
»Die Geschwister«, Goethe. Matinee der Schauspielschule · *Wilhelm*
»Orestie«, Aischylos · *Greis*
»Die Weber«, Hauptmann *Dreißiger*
»Die Sendung Semaels«, Arnold Zweig · *Zigeunerjunge*
»Jedermann«, Hofmannsthal · *Koch*
»Der Diener zweier Herren«, Goldoni *ein Diener*
»Julius Cäsar«, Shakespeare *Marullus, Flavius, Cinna*

1922
Reinhardt-Bühnen Berlin
»Die Weber«, Hauptmann · *alter Weber, Dreißiger, Reisender, Heide, Schmied*
»Götz von Berlichingen«, Goethe *Metzler, Mörder, Kläger*
»Dantons Tod«, Büchner · *Herman, Fouquier-Tinville*
»Judith«, Hebbel · *junger Hauptmann, Krieger*
»Cyrano de Bergerac«, Rostand *Musketier*
»Danton«, Rolland · *Philippeau*
»Wölfe«, Rolland · *Buquet*
»Die Büchse der Pandora«, Wedekind *Krieger*
»Florian Geyer«, Hauptmann *Tellermann, Kunz von der Mühlen*
»Die Räuber«, Schiller · *Hermann*
»Maschinenstürmer«, Toller *Henry Cobbett*
»Prinz Louis Ferdinand von Preußen«, Unruh · *Nostiz*
»Der Widerspenstigen Zähmung«, Shakespeare · *Lord, 1. Jäger*
»Hamlet«, Shakespeare · *Marcellus*
»Cäsar und Cleopatra«, Shaw *Achillas, Lucius Septimius*
»Der lebende Leichnam«, Tolstoi *Spezialarzt*
»Und das Licht scheinet in der Finsternis«, Tolstoi · *Adjutant*

»Luther, die Nachtigall von Wittenberg«, Strindberg · *Reichsherold, Peutinger*
»Bennit der Sachse« · *Kaiser Karls Geisel, Hauptmann*
»Herodes und Mariamne«, Hebbel *Joseph*
»Alt-Heidelberg«, Meyer-Förster *Bilz*
»Der Spieler«, Gogol · *Iwan, Diener*
»Der Tartüff«, Molière · *Beamter*
»Die Bacchantin« · *Comte di Castigliano*
»Die Frühlingsfee« · *Lehrer Klößchen*

1923
Reinhardt-Bühnen Berlin
»Verführung«, Kornfeld · *betrunkener Schutzmann*
»Penthesilea«, Kleist · *gefangener Grieche*
»Die Weber«, Hauptmann · *roter Becker*
»Ein Sommernachtstraum«, Shakespeare *Demetrius, Philostrat*
»Frühlings Erwachen«, Wedekind *Dr. Brausepulver*
»Pygmalion«, Shaw · *sarkastischer Zuschauer*
»Alt-Heidelberg«, Meyer-Förster *Asterberg*
»Anna Christie«, O'Neill · *Maschinist*
»Die Räuber«, Schiller · *Roller, Schweizer*
»Scherz, Satire, Ironie und tiefere Bedeutung«, Grabbe · *Schmied Konrad, Dichter Grabbe*
»Minna von Barnhelm«, Lessing *Bruchsall*

1924
Reinhardt-Bühnen Berlin
»Du sollst nicht töten«, Andrejew *Gutsbesitzer*
»Dantons Tod«, Büchner · *3. Bürger, 2. Henker*
»König Ödipus«, Sophokles · *ein Hirte*
»Faust«, Goethe · *Valentin*
»Der gefesselte Prometheus«, Aischylos · *Kratos*

Greifensteiner Passionsspiele bei
Chemnitz · *Joseph von Arimathia*
Dramatisches Theater, Direktion
Wilhelm Dieterle, Berlin
»Gilles und Jeanne«, Georg Kaiser
  3. engl. Offizier, 2. Bauer
»Komödie um Rosa«, Angermeier
  Arbeiter
»Tolkening«, Brust · *Kellerstein*
»Die Kassenstunde«, Weißmantel
  1. Bursche, Bruno Zeller
»Demetrius«, Schiller · *Mnischek*
Komödie am Kurfürstendamm,
Direktion Reinhardt, Berlin
»Unsere kleine Frau«, Hopwood
  Diener
Revue zur Wahlpropaganda der KPD
  (in Sälen)

1925
Deutsches Theater Berlin
»Rose Bernd«, Hauptmann · *Gendarm*
»Der Mörder«, Goetz. Kammerspiele
  Heinrich
»Lampenschirm«, Goetz. Kammer-
  spiele · *Gerichtsvollzieher*
»Sechs Personen suchen einen Autor«,
  Pirandello. Kammerspiele
»Oscar Wilde«, Sternheim · *Inspektor
  Smith*
Lessing-Theater Berlin
»Coriolan«, Shakespeare · *2. Bote,
  Bürger, Herold, Hauptmann*
Rote Revuen, bei Piscator
Theater in der Königgrätzer Straße,
Berlin
»Franziska«, Wedekind · *Dr. Hofmüller*
Komödie am Kurfürstendamm, Berlin
»Robert und Bertram«, Raeder
  Korporal
Volksbühne Berlin
»Die Verschwörung des Fiesco zu
  Genua«, Schiller · *Sacco*
Vereinigte Stadttheater Köln
»Egmont«, Goethe · *Buyck*
»Die Räuber«, Schiller · *Roller*
»Der Kreidekreis«, Klabund
  1. Soldat
»Man kann nie wissen«, Shaw
  Justizrat Bohm

»Andacht am Kreuz«, Calderon
  Tirzo, Bauer
»Traumspiel«, Strindberg · *Zettel-
  ankleber, 2. Kohlenträger*
»Wurzelprinzessin«, Molitor · *König
  Nußknacker*
»Prinz von Homburg«, Kleist · *Mörner*
»Südsee«, Speyer · *Tufna*

1926
Vereinigte Stadttheater Köln
»Nickel und die 36 Gerechten«,
  Rehfisch · *Kuhlenkampff*
»Der Revisor«, Gogol · *Uchowertow*
»Tantris der Narr«, Hardt · *fremder
  Ritter*
»Leben Eduards des Zweiten von
  England«, Brecht · *Gaveston*
Grüne Bühne Thale/Harz
»Was ihr wollt«, Shakespeare
  Fabio
»Die Räuber«, Schiller · *Roller*
»Liebesleid und Lust«, Shakespeare
  Dumaine
»Käthchen von Heilbronn«, Kleist
  Flammberg
Deutsches Theater Berlin
»Androklus und der Löwe«, Shaw
  Kammerspiele · *Secutor*
»Neidhardt von Gneisenau«, W. Goetz
  Soldat
Theater am Nollendorfplatz, Berlin
»Franziska«, Wedekind · *Dr. Hofmüller*
Theater in der Königgrätzer Straße,
Berlin
»Was ihr wollt«, Shakespeare · *Fabio*

1927
Kleines Theater Unter den Linden,
Berlin
»Tiere«, Braun · *Gendarm*
Deutsches Theater Berlin
»Bonaparte«, Unruh · *Louval*
»Toni«, Gina Kaus. Kammerspiele
  Lehrer Pachulka
Neues Theater am Zoo, Berlin
»Der Widerspenstigen Zähmung«,
  Shakespeare · *Grumio*
»Lumpazivagabundus«, Nestroy
  Lumpazivagabundus

Theater in der Königgrätzer Straße,
Berlin
»Die Schule von Utznach«, Sternheim
  von Klatt
Komödienhaus Berlin
»Theo macht alles«
Junge Bühne Berlin
»Tim O'Hara«, Hesse-Burri · *Soldat*
Holland-Tournee (mit Tilla Durieux)
»Franziska«, Wedekind · *Dr. Hofmüller
  Breitenbach*
»Frau Warrens Gewerbe«, Shaw
  Pastor Samuel
Grüne Bühne Thale/Harz
»Nibelungen«, Hebbel · *Etzel*
»Viel Lärm um nichts«, Shakespeare
  Don Juan
»Prinz von Homburg«, Kleist
  Mörner
Piscator-Bühne Berlin (Theater am
Nollendorfplatz)
»Hoppla, wir leben!«, Toller · *Diener
  im Ministerium, 3. Arbeiter,
  2. Polizist*
»Rasputin«, Tolstoi/Schtschegolew
  Dobrowolsky, Peterson

1928
Tourneen Frankfurt/M., Köln,
Mannheim
»Hoppla, wir leben!«, Toller
  Minister Kilman
Lessing-Theater Berlin
»Singende Galgenvögel«, Sinclair
  Jake Apperson
»Hoppla, wir leben!«, Toller
  Minister Kilman
»Konjunktur«, Lania · *Teagle,
  Arbeiter*
»Nr. 17« · *Henry*
Theater am Nollendorfplatz,
Berlin
»Der letzte Kaiser«, Jean R. Berch
  Myriannsky
Grüne Bühne Thale/Harz
»Die beiden Veroneser«, Shakespeare
  Thurio
»Amphitryon«, Kleist · *1. Feldherr*
»Ritter Blaubart«, Tieck · *Blaubart*
»Genoveva«, Hebbel · *Balthasar*

Renaissance-Theater Berlin
»Ton in des Töpfers Hand«,
»Reportage«, Kolpe · *Gerichts-
vollzieher*
Deutsches Theater Berlin
»Verbrecher«, Bruckner · *Reisender*
Thalia-Theater Berlin
»Revolte im Erziehungshaus«,
Lampel · *Erzieher*
Theater in der Königgrätzer Straße,
Berlin
»Revolte im Erziehungshaus«,
Lampel · *Erzieher*

1929
Theater am Schiffbauerdamm,
Berlin
»Giftgas über Berlin«, Lampel
Direktor
Tournee durch Deutschland
»Revolte im Erziehungshaus«,
Lampel · *Erzieher*
Lessing-Theater Berlin
»Josef«, Kalkowska · *Gerichts-
präsident*
»Cyankali«, Wolf · *Heizer Paul*
»Hans Urian geht nach Brot«, Bela
Balasz · *Bauer*
»Toboggan«, Menzel · *Bamonster*

1930
Deutschland-Tournee, ČSR, Schweiz,
Österreich, Sowjetunion
»Revolte im Erziehungshaus«,
Lampel · *Erzieher*
»Cyankali«, Wolf · *Heizer Paul*
Theater des Westens Berlin
»Brest-Litowsk«, Rehfisch · *Arbeiter*
»Des Kaisers Kulis«, Plivier
Lessing-Theater Berlin
»Flucht nach Shanghai«, Ackermann
1. Genosse
Nelson-Theater Berlin
»Glück muß man haben«, Rehfisch/
Katz · *sieben Rollen*

1931
Lessing-Theater Berlin
»Hotel Eden«, Bernhard · *Jäger
Guhlke*

Deutsches Theater Berlin
»Der Hauptmann von Köpenick«,
Zuckmayer · *Hoprecht*
Berliner Theater
»Avantgarde«, Katajew · *Tschorba*
Deutsches Künstler-Theater Berlin
»Der Kapitalist«, Romains · *Hebingre*
Bach-Saal Berlin
»Wir sind ja sooo zufrieden«, Revue
von Brecht/Ottwald · *Herr Freese*

1932
Komödienhaus Berlin
»Die Mutter«, Brecht nach Gorki
Lehrer Nikolai (Lapkin)
Renaissance-Theater Berlin
»Der Fall Grootmann«, Espe
Kriminalkommissar
Deutsches Theater Berlin
»Wunder von Verdun«, Chlumberg
Vandermont, Girgenroth
Revue bei Friedrich Holländer
(Tingel-Tangel)
»Es war einmal« · *mehrere Rollen*

1933
Lessing-Theater Berlin
»Schwarz-rote Kirschen«, A. Hunyadi
Nikitich
Freilichtbühne Berlin-Spandau
»Preußengeist«, Ernst · *Katte*
Berliner Theater
»Minna von Barnhelm«, Lessing · *Just*
Theater Spremberg
»Apostelspiel«, Moll · *Petrus*

1934
Volksbühne Berlin
»Egmont«, Goethe · *Buyck*
Theater Spremberg
»Geschäft mit Amerika«, Hirschfeld
Harryman
Deutsches Künstler-Theater Berlin
»Schnitzeljagd«, Moser · *Marsland*
Theater am Schiffbauerdamm, Berlin
»Spatzen in Gottes Hand«, Kahn und
Bender · *Dr. Bachmann*
Theater des Volkes (ehem. Großes
Schauspielhaus)
»Wallenstein«, Schiller · *Bauer*

1935
Theater am Schiffbauerdamm, Berlin
»Hochzeit an der Panke«, Böttcher
Rentmeier
»Krach im Hinterhaus«, Böttcher
Bäckergeselle Kluge

1936
Theater in der Saarlandstraße, Berlin
»Letzter Zeuge«, Burta · *Staatsanwalt*
Theater am Schiffbauerdamm, Berlin
»Scherereien mit Fortuna«, Stelter
Hans Peters

1937
Komische Oper Berlin
»Der Schneider treibt den Teufel aus«,
Kay · *Schneider*
Tribüne Berlin
»Eintritt frei«, Scheu/Lommer
Chauffeur Paul
Theater in der Behrenstraße, Berlin
»Die Kleider meiner Frau«, Frank
Charlie Lister
Theater in der Friedrichstraße 236,
Berlin
»Der Schneider treibt den Teufel aus«,
Kay · *Schneider*

1938
Theater in der Friedrichstraße 236,
Berlin
»Tip auf Amalie«, Gottwald
Ferdinand, Chauffeur
Theater in der Behrenstraße, Berlin
»Die Kleider meiner Frau«, Frank
Charlie Lister
[Theater nicht bekannt]
»Flitterwochen«, Helwig
»Revolutionshochzeit«
»Der König in Paris«

1939
[Theater nicht bekannt]
»Die erste Frau Selby«
»Das Mädchen Till«
»Die kleine Parfümerie«, Lenz · *Cesare*
Volksbühne Berlin
»Leiden des Meisters Tilmann«, Graff
Augustin

Theater am Kurfürstendamm, Berlin
»Der Hexer«, Wallace

1940
Kleines Theater Unter den Linden,
Berlin sowie Deutschland-Tournee,
Leitung Jupp Hussels
»Bab macht sich gesund«, Ivers · *Dr. Feldern*
Deutsches Theater Berlin, Kammerspiele
»Auf Entdeckungsfahrt«, Huth
Kleines Theater Unter den Linden, Berlin
»Die kleine Parfümerie«, Lenz · *Cesare*
Deutschland-Tournee, Leitung Werner Fütterer
»Einen Sommer lang«, Stoll
Komödienhaus Berlin
»Der Elfte aus der Reihe« · *Tibor Tolnay*

1941
Renaissance-Theater Berlin
»Zwillingskomödie«, Bortfeld
Tournee in Frankreich
»Zwillingskomödie«, Bortfeld
Tournee in Norwegen
»Flitterwochen«, Helwig

1942/43
Tournee in Frankreich
»Der Schneider treibt den Teufel aus«, Kay · *Schneider*
Tournee-Auftritte in verschiedenen Fronttheatern in okkupierten Gebieten der Sowjetunion
»Der Schneider treibt den Teufel aus«, Kay · *Schneider*
»Hoftheater«, Schmieden-Zerlett · *Herzog Albrecht*
Berliner Soldatenbühne
»Parkstraße 13«, Ivers · *Kommissar*
»Der Reiter«, Zerkaulen · *Tournell*
[Theater unbekannt]
»Heute Generalprobe«, Hoffmann/Schönholz · *Kriminalkommissar*
[Theater unbekannt] (vermutlich Soldatenbühne in Berlin)
»Der Reiter«, Zerkaulen · *Tournell*

Soldatenbühne in Belgrad/Jugoslawien
»Der Reiter«, Zerkaulen · *Tournell*
»Parkstraße 13«, Ivers · *Kriminalkommissar*

1. September 1944 Schließung aller deutschen Theater

8. Mai 1945 »Ende der National-Banditen und Kriegsende« (Wortlaut aus dem Tagebuch von Gerhard Bienert)

1945
Kammerspiele Berlin-Spandau (in der Aula der »Freiherr-vom-Stein-Oberschule«) und Theater am Schiffbauerdamm, Berlin
»Der Schneider treibt den Teufel aus«, Kay · *Regie und Hauptrolle*
Kammerspiele Berlin-Spandau
»Parkstraße 13«, Ivers · *Kommissar*
»Der Raub der Sabinerinnen«, Schönthan · *Dr. Neumeister*
»Versprich mir nichts«, Rissmann · *Dr. Elk*
»Jugend«, Halbe · *Kaplan v. Schigorsky*
»Das lebenslängliche Kind«, Kästner · *Portier Jeschke*
Deutsches Theater Berlin
»Hamlet«, Shakespeare · *Marcellus*

1946
Deutsches Theater Berlin
»Der Gerichtstag«, Hay · *Hessler*
»Beaumarchais«, Wolf · *Tonneau*
»Peter Kiewe«, Goertz. Studio · *Blasius*
»Kapitän Brassbounds Bekehrung«, Shaw. Kammerspiele · *Kapitän Kearney*
Komödie am Kurfürstendamm, Berlin
»Antigone«, Sophokles · *1. Wächter*

1947
Deutsches Theater Berlin
»Pastor Hall«, Toller · *Peter Hofer*
»Claudia«, Franken. Kammerspiele · *Jerry Seymoure*

»Der Hauptmann von Köpenick«, Zuckmayer · *Hoprecht*
»Romeo und Julia«, Shakespeare · *Gregorio*
Komödie am Kurfürstendamm, Berlin
»Der Kirschgarten«, Tschechow · *Lopachin*
Volksbühne, Kastanienallee, Berlin
»Die Weber«, Hauptmann · *roter Becker*
Tribüne Berlin
»Eintritt frei!«

1948
Deutsches Theater Berlin
»Furcht und Elend des dritten Reiches«, Brecht · *SA-Mann*
Haus der Kultur der Sowjetunion
»Die Bresche«, B. Lawrenjow
Natur-Theater Rehberge, Berlin
»Katharina Knie«, Zuckmayer · *Rothacker*
Deutsches Theater Berlin
»Haben«, Hay · *Molnar Mate*
Theater am Schiffbauerdamm, Berlin
»Die Brüder Kondor«, Jacobsohn · *Stiebner*

1949
Theater am Schiffbauerdamm, Berlin
»Eine Dummheit macht auch der Gescheiteste«, Ostrowski · *Krutizky*
»Die Nächte des Zorns«, Salacrou · *Bernard*
Deutsches Theater Berlin
»Mutter Courage und ihre Kinder«, Brecht · *Feldwebel*
»Faust I«, Goethe · *Brander*

1950
Deutsches Theater Berlin
»Golden Boy«, Odets. Kammerspiele · *Tom Moody*
»Die Lästerschule«, Sheridan. Kammerspiele · *Quälgeist*
»Der Revisor«, Gogol · *Ossip*
Theater am Schiffbauerdamm, Berlin
»Der Großkophta«, Goethe · *Marquis*
»Florian Geyer«, Hauptmann · *Tellermann*

1951
Berliner Ensemble
»Die Mutter«, Brecht nach Gorki
  Lehrer Lapkin
»Biberpelz und Roter Hahn«, Hauptmann · *Julius Wolff*
»Herr Puntila und sein Knecht Matti«, Brecht · *Richter*
Deutsches Theater Berlin
»Was ihr wollt«, Shakespeare, Kammerspiele · *Antonio*

1952
Berliner Ensemble
»Der zerbrochene Krug«, Kleist
  Gerichtsrat Walter
Deutsches Theater Berlin
»Pygmalion«, Shaw · *Doolittle*
»Ein Polterabend«, Bernhardy, Kammerspiele · *Buffey*

1953
Berliner Ensemble
»Der Prozeß der Jeanne d'Arc zu Rouen«, Seghers · *Massien*
»Katzgraben«, Strittmatter
  Mittelländer
Deutsches Theater Berlin
»Don Carlos«, Schiller · *Großinquisitor*
»Das tote Tal«, Kron · *Moris*
»Thomas Müntzer«, Wolf
  Matthes

1954
Deutsches Theater Berlin
»Androklus und der Löwe«, Shaw. Kammerspiele · *Ferrovius*
»Harfe und Gewehr«, O'Casey. Kammerspiele · *Shields*
»Viel Lärm um nichts«, Shakespeare. Kammerspiele
  Holzapfel

1955
Deutsches Theater Berlin
»Die Dorfstraße«, Matusche. Kammerspiele · *Max.*
»Sozialaristokraten«, Holz. Kammerspiele · *Oskar Fiebig*

1956
Deutsches Theater Berlin
»Nora«, Ibsen · *Krogstad*
»Die kleinen Füchse«, Hellman. Kammerspiele · *Ben Hubbard*

1957
Deutsches Theater Berlin
»König Lear«, Shakespeare · *Graf von Kent*
»Sturm«, Bill-Bjelozerkowski · *Popow*

1958
Deutsches Theater Berlin
»Drei Schwestern«, Tschechow
  Tschebutykin
»Das Dorf Fuenta Ovejuna«, Lope de Vega · *Esteban*

1959
Deutsches Theater Berlin
»Wallenstein-Trilogie«, Schiller
  Buttler
»Sommergäste«, Gorki · *Dudakow*
»Neuland unterm Pflug«, Scholochow. Gastspiel des DT im Berliner Ensemble · *Ostrownow*
Berliner Ensemble
»Das Leben des Galilei«, Brecht
  sehr alter Kardinal

1960
Deutsches Theater Berlin
»Candida«/»Wie er ihren Mann belog«, Shaw. Kammerspiele · *Burgess*

1961
Deutsches Theater Berlin
»Die Hose«, Sternheim. Kammerspiele · *Theobald Maske*
»Der Kirschgarten«, Tschechow. Gastspiel des DT im Berliner Ensemble · *Firs*

1962
Deutsches Theater Berlin
»Der Biberpelz«, Hauptmann. Kammerspiele · *Julius Wolff*
»Wilhelm Tell«, Schiller · *Walter Fürst*

»Die Sorgen und die Macht«, Hacks
  Karl Rauschenbach
»Inspektor Campbells letzter Fall«, O'Hara. Kammerspiele · *Inspektor Campbell*

1963
Deutsches Theater Berlin
»Der Snob«, Sternheim. Kammerspiele
  Theobald Maske

1964
Deutsches Theater Berlin
»Schau heimwärts, Engel«, Frings nach Wolfe · *Dr. Maguire*
»Der große Plan«, Becher
»Unterwegs«, Rosow · *Onkel*

1965
Deutsches Theater Berlin
»Terra Incognita«, Kuba · *Zarge*
»Wilhelm Tell«, Schiller
  Attinghausen
»Zoo oder Der menschenfreundliche Mörder«, Vercors. Kammerspiele
  Cuthbert Greame

1966
Deutsches Theater Berlin
»Maß für Maß«, Shakespeare. Kammerspiele · *Escalus*
»Wie man Karriere macht«, Ostrowski. Kammerspiele · *Nil Mamajew*

1967
Deutsches Theater Berlin
»Der Stellvertreter«, Hochhuth
  italienischer Offizier
»Feinde«, Gorki · *General Petschenjegow*
»Ein Lorbaß«, Salomon · *ein alter Bergmann*

1968
Deutsches Theater Berlin
»Don Juan oder Der steinerne Gast«, Molière · *Don Luis*
»Faust – Der Tragödie erster Teil«, Goethe · *Altmayer*

1969
Deutsches Theater Berlin
»Der Nachbar des Herrn Pansa«,
  Rücker nach Lunatscharski
  3. Soldat
»Die Aula«, Kant. Kammerspiele
  Völschow

1970
Deutsches Theater Berlin
»Das Verhör von Habana«, Enzensberger · *Raúl Valdés Vivó*

1971
Deutsches Theater Berlin
»Goldene Städte«. Wesker · *Direktor*
»Der Parasit oder Die Kunst sein
  Glück zu machen«, Schiller.
  Kleine Komödie · *Firmin*

1972
Deutsches Theater Berlin
»Leben und Tod König Richard
  des Dritten«, Shakespeare
  Brakenbury
»Onkel Wanja«, Tschechow · *Telegin*

1974
Deutsches Theater Berlin
»Geschichte Gottfriedens von
  Berlichingen mit der eisernen
  Hand«, Goethe · *Abt von Fulda*
»Die Sommerfrische«, Goldoni
  Fulgenzio
»Der Sturm«, Shakespeare · *Trinculo*

1975
Deutsches Theater Berlin
»Prinz Friedrich von Homburg«,
  Kleist · *Obrist Kottwitz*

1976
Deutsches Theater Berlin
»Zwei Krawatten«, Kaiser / Spolianski
  Bannermann

1977
Deutsches Theater Berlin
»Michael Kohlhaas«, Dresen nach
  Kleist · *mehrere Rollen*

1978
Schaubühne am Halleschen Ufer,
Westberlin
»Groß und klein«, Strauß · *der Alte*

1984
Deutsches Theater Berlin
»Der Kirschgarten«, Tschechow
  (Proben) · *Firs*

1985
Deutsches Theater Berlin
Matinee mit Gerhard Bienert
anläßlich des Welttages des Theaters
(30. März 1985). Kammerspiele

Film

1922
»Herzog Ferrantes Ende« · *Komparse*
  Regie: Paul Wegener

1923
»Der Mensch am Wege«
  Regie: Wilhelm Dieterle

1924
»Die Nibelungen« · *Komparse*
  Regie: Fritz Lang

1928
»Der Mann mit dem Laubfrosch«
  Regie: Gerhard Lamprecht

1929
»Mutter Krausens Fahrt ins Glück«
  Schlafbursche
  Regie: Piel Jutzi
»Ludwig der Zweite«
  Regie: Wilhelm Dieterle

1930
»Der blaue Engel« · *Polizist*
  Regie: Josef von Sternberg

1931
»Der Mann, der seinen Mörder sucht‹
  Polizist
  Regie: Robert Siodmak

»Schachmatt« · *2. Kommissar*
  Regie: Georgi Asagaroff
»Voruntersuchung« · *Kriminalkommissar*
  Regie: Robert Siodmak
»M« · *Kriminalsekretär*
  Regie: Fritz Lang
»Panik in Chicago« · *Chauffeur
  Tom*
  Regie: Robert Wiene
»Die Schlacht von Bademünde«
  Feldwebel
  Regie: Philipp Lothar Mayring
»Feind im Blut« · *Arbeiter*
  Regie: Walter Ruttmann
»Berlin – Alexanderplatz« · *Klempner
  Karl*
  Regie: Piel Jutzi
»Reserve hat Ruh« · *Unteroffizier
  Krause*
  Regie: Max Obal
»Der Hauptmann von Köpenick
  Gardegrenadier
  Regie: Richard Oswald
»York«
  Regie: Gustav Ucicky
»Der Stolz der 3. Kompanie«
  Sergeant Schmidt
  Regie: Fred Sauer

1932
»Es wird schon wieder besser«
  Schupo
  Regie: Kurt Gerron
»Fünf von der Jazzband«
  Bühnenmeister
  Regie: Erich Engel
»Kriminalreporter Holm«
  Zimmerkellner
  Regie: Erich Engel
»Kuhle Wampe«
  Regie: Slatan Dudow
»Mensch ohne Namen«
  Regie: Gustav Ucicky
»Unheimliche Geschichten«
  Regie: Richard Oswald
»Das erste Recht des Kindes«
  Regie: Fritz Wendhausen
»Grün ist die Heide« · *Specht*
  Regie: Hans Behrendt

»Ich bei Tag und du bei Nacht«
Schupo
Regie: Ludwig Berger

1933
»Das Testament des Dr. Mabuse«
Regie: Fritz Lang
»Morgenrot« · *Steuermann Böhm*
Regie: Gustav Ucicky
»Der Tunnel« · *Ingenieur*
Regie: Kurt Bernhard
»Ich will dich Liebe lehren«
Regie: Heinz Hilpert
»Sprung in den Abgrund«
Volkmann
Regie: Harry Piel
»Ihre Durchlaucht, die Verkäuferin«
Regie: Karl Hartl
»Inge und die Millionen« · *Arbeiter*
Regie: Erich Engel

1934
»Der Polizeibericht meldet«
Arbeiter Scheele
Regie: Georg Jacoby
»Mein Herz ruft nach dir« · *Zahlmeister*
Regie: Carmine Gallone
»Ein Mann will nach Deutschland«
Regie: Paul Wegener
»Pechmarie« · *Portier Kagel*
Regie: Erich Engel
»Herr Kobin geht auf Abenteuer«
Der fremde Herr
Regie: Hans Deppe
»Lockvogel« · *1. Offizier*
Regie: Hans Steinhoff
»Die beiden Seehunde« · *Händler Friese*
Regie: Fred Sauer

1935
»Oberwachtmeister Schwenke«
Kriminalkommissar
Regie: Carl Froelich
»Alles um eine Frau« · *Tim, verkrachter Artist*
Regie: Alfred Abel
»Amphitryon«
Regie: Reinhold Schünzel

»Liebesleute«
Regie: Erich Waschneck
»Henker, Frauen und Soldaten«
Kossmann
Regie: Johannes Meyer
»Schwarze Rosen« · *Niklander*
Regie: Paul Martin
»Krach im Hinterhaus« · *Kluge*
Regie: Veit Harlan

1936
»Fährmann Maria« · *Gutsherr*
Regie: Frank Wysbar
»Die große und die kleine Welt«
Werner
Regie: Johannes Riemann
»Der Bettelstudent« · *Kinsky, Tierbudenbesitzer*
Regie: Georg Jacoby
»Stadt Anatol«
Regie: Viktor Tourjansky
»Annemarie«
Regie: Fritz Peter Buch
»Dahinten in der Heide« · *Gendarm Pohl*
Regie: Carl Boese
»Donner, Blitz und Sonnenschein«
Ingenieur
Regie: Erich Engel
»Befehl ist Befehl« · *Autoverleiher*
Regie: Alwin Elling
»Scherereien mit Fortuna«
Regie: Stelter

1937
»Der Mann, von dem man spricht«
Dompteur Carasso
Regie: E. W. Emo
»Krach und Glück um Künnemann«
Lindner
Regie: Paul Wegener
»Gewitterflug zu Claudia« · *Bordmechaniker Hübner*
Regie: Erich Waschneck
»Die perfekte Sekretärin«, Kurzfilm
Gutsverwalter Schulze
Regie: Peter Paul Brauer
»Holzauktion«, Kurzfilm
Peter Bräutigam
Regie: Charles Klein

»Die rote Mütze« (auch unter dem Titel »Heiratsschwindler« bekannt)
Reichsbahnbeamter
Regie: Herbert Selpin

1938
»Das indische Grabmal« · *Werkmeister Ratani*
Regie: Richard Eichberg
»Musketier Meier III« · *Feldwebel Nagel*
Regie: Joe Stöckel
»Mordsache Holm« · *Kriminalassistent*
Regie: Erich Engel
»Das Leben kann so schön sein«
Abteilungsleiter
Regie: Rolf Hansen
»Pour le mérite« · *Gefängnis-Wachthabender*
Regie: Karl Ritter

1939
»Aufruhr in Damaskus« · *Feldwebel Lemke*
„Regie: Gustav Ucicky
»Altes Herz geht auf Reise« · *Paul Schliecker*
Regie: Carl Junghans
»Parkstraße 13« · *Kommissar Warnke*
Regie: Jürgen von Alten
»Flucht ins Dunkel« · *Lagerverwalter*
Regie: Arthur Maria Rabenalt
»Gold in New Frisco« · *Polizist Fregusson*
Regie: Paul Verhoeven
»Das Lied der Wüste« · *Hafenbeamter*
Regie: Paul Martin

1940
»Rote Mühle« · *Herr Gruber*
Regie: Jürgen von Alten
»Was wird hier gespielt?« · *Wachtmeister*
Regie: Theo Lingen

1941
»Das Mädchen von Fanö« · *Fischer Hinnerk*
Regie: Hans Schweikart

»Alarm« · *Kriminalkommissar*
  Regie: Herbert B. Fredersdorf
»Ohm Krüger«
  Regie: Hans Steinhoff
»Das andere Ich« · *1. Arbeiter*
  Regie: Wolfgang Liebeneiner

1942
»Krach im Vorderhaus« · *Schupo*
  Regie: Paul Heidemann

1943
»Ich vertraue Dir meine Frau an« · *Verkehrsschutzmann*
  Regie: Kurt Hoffmann

1945
»Die Schenke der ewigen Liebe«
  Regie: Alfred Weidemann
  (nicht uraufgeführt)
»Die Nacht der 12« · *Schupo*
  Regie: Hans Schweikart
  (1949 uraufgeführt)
»Leuchtende Schatten« · *Oberbeleuchter Bütte*
  Regie: Geza von Cziffra
  (nicht uraufgeführt)
»Shiva und die Galgenblume«
  Regie: Hans Steinhoff

1948
»Affaire Blum« · *Karl Bremer*
  Regie: Erich Engel

1952
»Mein Herz darfst Du nicht fragen«
  Regie: Paul Martin
  (BRD)

1953
»Die Unbesiegbaren« · *Wachtmeister Vogt*
  Regie: Arthur Pohl

1954
»Ernst Thälmann – Sohn seiner Klasse« · *Otto Kramer*
  Regie: Kurt Maetzig

1955
»Vor Gott und den Menschen«
  Regie: Erich Engel
  (BRD)
»Ein Polterabend« · *Rentier Buffey*
  Regie: Curt Bois

1956
»Thomas Müntzer« · *Graf v. Mansfeld*
  Regie: Martin Hellberg
»Die Millionen der Yvette« · *Bankier Bleichstetter*
  Regie: Martin Hellberg

1957
»Lissy« · *Vater Schröder*
  Regie: Konrad Wolf
»Polonia-Expreß« · *Wilhelm Merkel*
  Regie: Kurt Jung-Alsen

1958
»Emilia Galotti« · *Odoardo Galotti*
  Regie: Martin Hellberg
»Ein Mädchen von 16½« · *Oskar Genz*
  Regie: Carl Balhaus
»Der Prozeß wird vertagt« · *Gefängnisdirektor*
  Regie: Herbert Ballmann
»Klotz am Bein« · *Vater Weber*
  Regie: Frank Vogel

1959
»Die Elenden« · *Gerichtspräsident*
  Regie: Jean-Paul Le Chanois
»Reportage 57« · *Vater Kramer*
  Regie: Janos Veiczi
»Verwirrung der Liebe« · *Taxichauffeur*
  Regie: Slatan Dudow

1960
»Trübe Wasser« · *Jean-Jacques Rouget*
  Regie: Louis Daquin
»Alwin der Letzte« · *Alwin Schmieder*
  Regie: Hubert Hoelzke
»Die heute über 40 sind« · *Herr Weidtlich*
  Regie: Kurt-Jung-Alsen

1964
»Viel Lärm um nichts« · *Holzapfel*
  Regie: Martin Hellberg

1965
»Ohne Paß in fremden Betten« · *Wilhelm Kabuffke*
  Regie: Vladimir Brebera

1967
»Hochzeitsnacht im Regen« · *Futtermeister*
  Regie: Horst Seemann

1968
»Wir lassen uns scheiden« · *Opa Koch*
  Regie: Ingrid Reschke

1969
»Das siebente Jahr« · *als er selbst*
  Regie: Frank Vogel

1973
»Die Elixiere des Teufels« · *Prior*
  Regie: Ralf Kirsten

1974
»Der nackte Mann auf dem Sportplatz« · *Wilhelm*
  Regie: Konrad Wolf

1975
»Suse, liebe Suse« · *Serms*
  Regie: Horst Seemann
»Blumen für den Mann im Mond« · *Opa Silaff*
  Regie: Rolf Losansky

1976
»Hostess« · *Rentner Heinrich*
  Regie: Rolf Römer
»Die Leiden des jungen Werther« · *Pfarrer*
  Regie: Egon Günther

1977
»Die Flucht« · *Schmidts Vater*
  Regie: Roland Gräf

1978
»Sabine Wulff« · *Onkel Karl*
    Regie: Erwin Stranka
»Groß und klein« · *der Alte*
    Regie: Peter Stein (Westberlin)

Fernsehfilme

1956
»Fuhrmann Henschel« · *Fuhrmann Henschel*
    Regie: Paul Lewitt

1957
»Der Sheriff« · *Sheriff*
    Regie: Hans Joachim Hildebrand
»Gelächter in Mexiko«

1967
»Der Snob« · *Theobald Maske*
    Regie: Kurt Jung-Ahlsen
»Kleiner Mann, was nun« · *Vater Mörschel*
    Regie: Hans-Joachim Kasprzik

1968
»Geheimkommando Ciopaga« *Dobjensky*
    Regie: Richard Groschopp

1969
»Die Dame aus Genua« · *Oberst v. Hartenau*
    Regie: Kurt Jung-Ahlsen

1970
»Effi Briest« · *Vater Briest*
    Regie: Wolfgang Luderer
»Wallenstein« · *Butler*
    Regie: Wolf-Dieter Panse
»Thomas Müntzer«
    Regie: Wolf-Dieter Panse
»Väterchen« · *Väterchen*
    Regie: Uta Birnbaum

1971
»Verwandte und Bekannte« *Johann Hardekopf*
    Regie: Georg Leopold

1972
»Der Biberpelz« · *Rentier Krüger*
    Regie: Uta Birnbaum
»Gartenparty« · *Gibbon-Schnauze*
    Regie: Kurt Jung-Ahlsen
»Die Bilder des Zeugen Schattmann« · *Schapiro*
    Regie: Kurt Jung-Ahlsen

1973
»Der kaukasische Kreidekreis« *Bereschwili*
    Regie: Lothar Bellag
»Ein idealer Gatte« · *Lord Coversham*
    Regie: Kurt Jung-Ahlsen

1974
»Das Geheimnis des Ödipus« *Oberst v. Seckentorff*
    Regie: Kurt Jung-Ahlsen
»Hallo Taxi« · *Opa Schneller*
    Regie: Hans Knötzsch

1975
»Der Mann« · *Vater*
    Regie: Reinhard Moosblech
»An einem ganz gewöhnlichen Abend« · *Gustav*
    Regie: Hubert Hoelzke
»Laßt mich den Löwen auch spielen«
    (Porträt über Gerhard Bienert)

1977
»Du und icke und Berlin« · *Opa*
    Regie: Eberhard Schäfer

1978
»Fleur Lafontaine« · *Opa Schnedderich*
    Regie: Horst Seemann
»Herbstzeit« · *Otto Kabulke*
    Regie: Reinhard Moosblech
»Der 2. Mann« · *der Alte*
    Regie: Martin Eckermann

1981
»Hochhausgeschichten« · *Albert* (»Alberts Ende«)
    Regie: Hans Knötzsch

1982
»Familie Birnchen«
    Regie: Günter Stahnke

1984
»Was soll bloß aus dir werden« *Kohlen-Otto*
    Regie: Horst Flick
    (BRD/ZDF)

1987
»Einzug ins Paradies«
    Regie: Achim Hübner, Wolfgang Hübner

Personenregister

Adalbert, Max 92
Adenauer, Konrad 41
Albers, Hans 56, 63, 65, 99, 107
Arna, Lissi 75

Bab, Julius 23, 24
Baker, Josephine 59
Balhaus, Carl 64
Balser, Ewald 124
Baluschek, Hans 47
Bard, Maria 63
Barlog, Boleslaw 14
Barlog, Eva 116
Barnowsky, Viktor 58, 62, 63, 64
Bassermann, Albert 11, 19, 44, 56, 89, 90
Becker, Theodor 19
Bendow, Wilhelm 97
Benkhoff, Fita 99
Bernt, Reinhold 13, 14, 19, 20, 25, 58, 61, 63, 65–67, 70, 73, 77, 79, 80, 89, 93
Bersarin, Nikolai 109
Bessel, Ehmi 113, 117
Biel, Achim von 113
Biensfeldt, Paul 26
Bildt, Paul 17, 78, 110, 111, 113, 114, 116
Birgel, Willy 96, 124
Blech, Hans Christian 116
Bohnen, Michael 59
Bois, Curt 120, 130
Borchert, Ernst Wilhelm 117
Böwe, Kurt 144
Braun, Alfred 90
Braun, Käthe 117
Brausewetter, Hans 106
Brecht, Bertolt 7, 8, 51, 74, 80, 81, 83, 92, 116–121, 145
Bredel, Willi 148
Burger, Erich 66, 79
Busch, Ernst 54, 80, 81, 93, 110, 117, 118, 128, 130

Caspar, Horst 110, 111
Charell, Erik 59, 65
Christian, Norbert 135
Christians, Mady 35, 50
Cziffra, Geza von 106

Dagover, Lil 113
Danegger, Mathilde 7, 128

Delschaft, Maly 131
Deppe, Hans 56, 57, 60, 61, 81, 84, 96
Deutsch, Ernst 45, 46, 78
Deyers, Lien 50
Dieterle, Wilhelm (später William) 25, 29, 34, 35, 37, 38, 46, 50, 57
Dietrich, Marlene 30, 46, 50, 65, 89
Dix, Otto 47
Dongen, Frits van 100
Dorsch, Käthe 59, 78, 110, 112
Drews, Bertha 27, 28, 117
Drinda, Horst 112, 113
Dubson, Michail 75
Dudow, Slatan 74, 92, 124
Dumke, Ernst 99
Duncan, Isadora 39
Düren, Fred 10, 143, 148
Durieux, Tilla 40, 44, 53

Ebinger, Blandine 81
Edwards, Edith 84, 109
Eggert, Martha 94
Eichberg, Richard 100, 145
Einstein, Albert 7
Eisler, Hanns 93
Emo, E. W. 106
Engel, Erich 7, 37, 40, 92, 94, 96, 99, 110, 116, 124
Erpenbeck, Fritz 93
Esser, Paul 110, 116
Eyck, Tony van 64, 81, 84
Eysoldt, Gertrud 25, 26
Eysoldt, Peter 26

Fallada, Hans 101, 148
Fernau, Rudolf 42
Feuchtwanger, Lion 9
Fiedler, Erich 27, 30, 37, 84, 109
Finck, Werner 81
Fischer, Adolf 58, 65, 75, 93
Fischer, O.W. (Otto Wilhelm) 107
Florath, Albert 90
Flörchinger, Martin 130
Forster, Rudolf 40, 62, 82
Frank, Amy 128, 135
Frank, Leonhard 8
Fritsch, Willy 11, 28, 30, 50, 80, 96, 97, 100
Fröhlich, Gustav 38, 90
Fürstenberg, Ilse 65–67, 70

Gabin, Jean 89, 131
Garbo, Greta 50
Gebühr, Otto 113, 116, 124
Genschow, Fritz 43, 58, 61, 65, 66, 76, 82, 83, 113
George, Heinrich 26, 27, 45, 46, 87, 90, 92, 97
George, Rudi 45
Gerron, Kurt 59, 80, 106
Geschonneck, Erwin 93, 118, 120, 148
Giehse, Therese 118, 120
Gilbert, John 50
Gmür, Walburga 58, 65, 77, 93
Gnass, Friedrich 47, 82, 83, 90, 118
Göbbels, Josef 102, 106
Godden, Rudi 101
Golling, Alexander 101
Gottschalk, Joachim 102, 105
Graetz, Paul 40, 54, 76, 102
Granach, Alexander 46, 54, 56
Grawz, Rose 65, 66
Gregori, ?? 24
Greif, Heinrich 54, 111
Gretler, Heinrich 81
Grosse, Herwart 7, 39, 110, 111, 116, 128
Grosz, George 7, 113
Gründgens, Gustaf 28, 56, 80, 87, 90, 110, 112
Gülstorff, Max 25, 26, 110, 111
Gynt, Walter 61

Haack, Käthe 110, 112
Halley, Ina 117
Hansen, Rolf 101
Harbou, Thea von 46
Hardt, ?? 41
Harlan, Veit 84
Hartau, Ludwig 19
Hartmann, Paul 25, 26, 28, 35
Harvey, Lilian 28, 96, 97
Hasse, O.E. (Otto Ernst) 43
Hatheyer, Heidemarie 124
Heartfield, John 39
Heesters, Johannes 99
Heinz, Wolfgang 7, 111, 130, 144
Held, Berthold 23, 24, 26, 28, 34, 37
Hellberg, Martin 131
Henkels, Paul 76, 81, 93
Henker, Paul R. 128, 131
Herbrecht, Inge 121

Herricht, Rolf 148
Herzfelde, Wieland 51
Heydrich, Ernst 84
Hilpert, Heinz 56, 59, 84, 94, 130
Hindemith, Harry 110
Hinrich, Hans 65, 66
Hinz, Werner 26, 27, 110, 113, 114, 116, 117
Hinze, Heinz 145
Hitler, Adolf 57, 82, 83, 101
Hoelzke, Hubert 131
Hofen, Barbara 93
Hofer, Johanna 145
Hoffmann, Carl 46
Höflich, Lucie 56
Höhn, Carola 97, 107
Hollaender, Friedrich 81
Holst, Maria 124
Homolka, Oskar 56, 76
Hoppe, Marianne 28
Hörbiger, Paul 124
Horney, Brigitte 102, 105
Hübner, Herbert 84, 113
Hübner, Karin 131
Hugenberg, Alfred 82
Hunte, Otto 46
Hurwicz, Angelika 113, 116, 118, 120

Jacoby, Georg 94, 97
Jannings, Emil 89
Janssen, Walter 45
Jessner, Leopold 58
Jeßner, Fritz 37, 121
Jhering, Herbert 7, 55, 56, 67, 77, 78, 124
Jutzi, Piel 46, 47, 90

Kahler, Ernst 17, 116, 118, 130
Kainz, Josef 26
Kalinin, Michail 72
Kalkowska, Eleonora 75
Kampers, Fritz 32, 35, 38, 92, 97
Kastner, Bruno 50
Katschalow, Wassili 71
Kayßler, Friedrich 76
Keller, Inge 128
Kemp, Paul 90, 107
Kerr, Alfred 67, 78, 80
Kieling, Wolfgang 94
Kienle, Else 65

Kiepura, Jan 94
Kisch, Egon Erwin 51
Klein, James 63
Kleinau, Willy A. 120, 124
Klein-Rogge, Rudolf 46, 93
Klinger, Paul 124
Klöpfer, Eugen 28, 76, 93, 101
Knuth, Gustav 105
Koch-Hooge, Wilhelm 130
Kohls, Walter 120
Kollwitz, Käthe 7, 47
Konstantin, Leopoldine 84
Körner, Dietrich 143
Körner, Ludwig 26, 27, 62
Kortner, Fritz 37, 40, 59, 63, 76, 101, 145
Kowa, Viktor de 87, 93, 96, 97, 114, 124
Krahl, Hilde 105
Krahn, Maria 65
Krauss, Werner 10, 11, 23, 25–30, 35, 62, 63
Kreuder, Peter 81
Kühl, Kate 81

La Jana 101
Lampel, Peter Martin 58, 60, 61, 74
Lamprecht, Gerhard 46
Lang, Fritz 46, 78, 90, 93
Lange, Raoul 35, 37
Langhoff, Wolfgang 111, 114, 117, 130, 135
Laubinger, Otto 57
Leander, Zarah 102, 106
Legal, Ernst 78, 110, 113, 114, 116
Legal, Marga 116, 117
Lehmann, Else 19
Leibelt, Hans 83, 110, 112
Lenz, Thea Maria 25
Leonidow, Leonid 71
Lewitt, Paul 135
Liebeneiner, Wolfgang 105
Liebknecht, Karl 22, 39, 79
Liedtke, Harry 50
Lindt, Georgia 58
Lingen, Theo 80, 90, 93, 100, 102
Litten, H.W. 113
Löbel, Bruni 113
Loebinger, Lotte 54, 111
Loos, Theodor 38, 76
Lorre, Peter 80, 90
Losansky, Rolf 148

Lubelsky, Ludwig 30
Lubitsch, Ernst 45
Lukschy, Wolfgang 112
Luxemburg, Rosa 22, 39, 79

Macheiner, Lisa 144
Maetzig, Kurt 128
Mann, Dieter 10, 11, 24, 111, 143–145, 148
Mann, Heinrich 7, 51
Markus, Winni 113
Martin, Paul 96, 97, 102, 121
May, Gisela 128, 130, 135
Meingast, Erika 83
Meinhardt, Edith 80
Meisel, Edmund 55
Mellies, Otto 10
Mendelssohn, Eleonore von 62
Menzel, Gerhard 62
Meyer-Hanno, Hans 87
Meyerhold, Wsewolod 72
Meyerinck, Hubert von 81, 84, 113
Minetti, Bernhard 90
Minetti, Hans-Peter 90
Mira, Brigitte 113
Moissi, Alexander 10, 28, 37, 77, 110, 111
Monk, Egon 118
Monroe, Marylin 51
Moser, Hans 100
Mosheim, Grete 17, 69, 83
Moskwin, Iwan 71
Müller, Gerda 116
Müller, Traugott 76
Münzenberg, Willi 69, 71
Müthel, Lothar 41, 42

Nagel, Otto 47, 49, 51
Neher, Caspar 40
Nelson, Rudolf 81
Nielsen, Asta 44, 49
Nielsen, Hans 113

Ode, Eric 113
Odemar, Fritz 89, 90
Oertel, Kurt 55
Ophüls, Max 77, 78, 104–106
Orska, Maria 19
Ostau, ?? von 76, 77
Oswald, Richard 92, 93
Oswalda, Ossi 50

Ottwald, Ernst 81
Ozep, Fjodor 78

Pallenberg, Max 19, 23
Palm, Kurt 121
Papen, Franz von 82
Papst, Erich 32, 40, 42, 43, 84
Pascal, Jean Claude 131
Paulsen, Arno 116
Paulsen, Harald 59, 93, 94
Pelikowsky, Erika 131
Perry, Lee 81
Perten, Hanns Anselm 111
Peters, Werner 124
Pieck, Wilhelm 80, 121
Piel, Harry 83, 94
Piontek, Klaus 10
Piscator, Erwin 7, 8, 26, 39, 41, 43, 52–58, 63, 65, 67, 68, 75, 76, 78, 79
Platte, Rudolf 58, 124
Pledath, Werner 16, 27, 30, 38, 46, 58, 59, 61, 65, 68, 73, 76, 77, 100, 118, 128
Plivier, Theodor 75
Poelzig, Hans 28
Pohl, Arthur 124
Polgar, Alfred 78, 80
Porten, Henny 44, 84
Prack, Rudolf 107
Putti, Lya de 50

Rabenalt, Arthur-Maria 110
Raddatz, Carl 113
Rasp, Fritz 26, 46, 96, 117
Reichel, Käthe 118
Reichert, Franz 117
Reinhardt, Edmund 25, 26
Reinhardt, Max 7, 10, 23, 25–28, 30, 34, 35, 38, 40, 46, 65, 86
Reschke, Ingrid 148
Reuß, Leo 41, 86
Richter, Friedrich 7, 135
Richter, Paul 46
Richter, Walter 110, 111, 114
Rickelt, Martin 26
Riemann, Johannes 97
Rilla, Paul 112, 113, 118
Ringelnatz, Joachim 51
Ritter, Gudrun 145
Robinson, Madeleine 131

Rodenberg, Hans 32, 45, 46, 79, 128
Roethe, ?? 22
Rohmer, Rolf 111
Rökk, Marika 97
Rose, Willi 109
Roth, Ludwig 58, 60, 61, 65, 66, 70, 73, 77–79, 88
Rühmann, Heinz 56, 92, 97, 99, 100, 105, 106, 108
Ruttmann, Walter 38

Saal, Hertha 116
Sacharowa, Vera 47, 49
Salmonova, Lyda 45, 46
Saltenburg, Heinz 76, 78
Sandrock, Adele 83, 97
Sauerbruch, Ferdinand 111
Schäfer, Alfred 58, 75, 78
Schall, Ekkehard 131
Schaufuß, Hermann 81
Schieske, Alfred 116
Schmidt, Alexandra 143
Schmidt, Peer 111
Schmitz, Sybille 99
Schnitzler, Barbara 144
Schnitzler, Heinrich 86
Schnog, Karl 39
Schöbel, Frank 148
Schön, Margarethe 46
Schönböck, Karl 116
Schoop, Hedi 81
Schorn, Christine 143
Schrader, ?? 70
Schröder, Arthur 117
Schroth, Carl Heinz 112
Schündler, Rudolf 100
Schulze, Horst 131
Schumann, ?? 28
Schwabe, Willi 118
Schweikart, Hans 42, 45, 46, 105, 107
Schwerin, Graf von 105
Seeger, Kurt 35, 131
Seemann, Horst 148
Sima, Oskar 54, 96, 107, 124
Siodmak, Robert 87
Skladanowski, Max und Emil 44
Sladek, Maximilian 26
Söhnker, Hans 70, 102, 124
Solter, Friedo 10, 143, 144
Spira, Camilla 83, 93

Spira, Steffi 83, 87
Stahl-Nachbauer, Ernst 113
Stalin, Josef 72
Stanislawski, Konstantin 71
Steckel, Leonhard 56, 74
Stein, Peter 145
Steinhoff, Hans 107
Steinrück, Albert 92
Sten, Anna 78
Sternberg, Josef von 88
Sternheim, Carl 51
Stobrawa, Renée 27, 58, 61, 65, 66, 69, 70, 72, 76, 77
Stoeckel, Otto 109
Straub, Agnes 19, 30
Stumm, Ernst 22
Stüwe, Hans 75, 100

Tauber, Richard 59
Thalbach, Sabine 135
Thiede-Märten, Edith 30
Thiele, Hertha 93
Thiemig, Helene 25, 26
Thiemig, Hermann 34
Thomalla, Georg 113
Tintner, Hans 69
Toller, Ernst 7, 51, 52, 54, 55, 62
Tourjansky, Viktor 99
Trautschold, Ilse 47, 49
Treff, Alice 43
Trepte, Curt 87
Trowe, Gisela 116
Tschechowa, Olga 100
Tulpanow, Sergej 109

Ucicky, Gustav 82
Uhlen, Gisela 130, 131

Valentin, Karl 99
Valetti, Rosa 58, 59, 78, 88
Volk, Hilde 93

Wachler, Ernst 41, 42
Wagner, Elsa 110, 117
Waldoff, Claire 59
Waldow, Ernst 113
Wallauer, Karl 26
Wallburg, Otto 106
Wangenheim, Gustav von 10, 80, 87, 110, 111

Wangenheim, Inge von 114
Wäscher, Aribert 45, 99, 111, 116, 117
Waßmann, Hans 19, 40, 54
Wegener, Paul 19, 24, 44–46, 93, 94, 100, 105, 109, 110
Weichert, Richard 76
Weidemann, Alfred 107
Weigel, Helene 80, 81, 93, 111, 116, 118
Weinert, Erich 51, 60
Weiser, Grethe 80, 102, 105, 145
Weiss-Ferdl 96
Weißgerber, Antje 124
Weissner, Hilde 96
Werner, Ilse 101
Werner-Kahle, Hugo 93
Wernicke, Otto 90, 93
Werther, Kurt 58, 70, 73, 75, 77
Wessely, Paula 83
Westermeier, Paul 82, 83, 102
Wieman, Mathias 56, 83, 105, 130
Wilder, Billie 51
Wilhelm II. 13, 14, 22
Winterstein, Eduard von 10, 19, 24, 25, 83, 100, 110, 112, 131
Wisten, Fritz 110, 111, 116, 117
Wolf, Friedrich 7, 47, 64, 65, 79, 131
Wolf, Konrad 64, 131, 148
Wolf, Peter 61
Wolff, Gerry 131
Wolfram, Gerhard 111
Woroschilow, Klement 72
Wussow, Klaus-Jürgen 117

Zadeck, Peter 145
Zille, Heinrich 47
Zimmermann, Holmes 49
Zörgiebel, Alfred 75
Zuckmayer, Carl 7, 62, 114
Zweig, Arnold 8
Zweig, Stephan 51

Abbildungsnachweis

Archiv Gerhard Bienert (64)
Staatliches Filmarchiv der DDR (44)
Archiv des Deutschen Theaters (12)
Archiv des Deutschen Theaters/ Gisela Brand (6)
Archiv des Henschelverlages (8)
DDR-Fernsehen (7)
ADN/Zentralbild (7)
Ernst-Busch-Archiv (5)
Eva Kemlein (5)
Sächsische Landesbibliothek Dresden, Abt. Deutsche Fotothek (3)
Willy Saeger (4)
Sammlung Heinrich Martens (3)
Karl-Heinz-Golka (2)
Dieter Reimer (2)
Günter Gueffroy (1)
Peters (1)
Hans-Waldemar Krause (1)
Eva Stokowy (1)
Annegret Wolf (1)

[26.]

der fremde Ritter, Tantris der Narr, E. Hardt
21. 4. 26.

Gaveston: Eduard II. Brecht
29. V. 26.

Thale a/Harz
Sommer 1926.
Direktion: Erich Pabst.

Schiffshauptmann: Was ihr wollt.
Roller: Räuber
Vallerstein: Faust
Dumaine: Liebes Leid und Lust
Flammberg: Käthchen v. Heilbronn

Lücke!!! in Berlin ab 1. September 26.
Senator, Androklus u. d. Löwe, Shaw
Kammerspiele
1. Oktober

Soldat in Gasbhardt v. Gneisenau von Göts
im deutschen Theater   26. Oktober

[26. 2/2]

Hr. Hofmiller Franziska von Wedekind
Theater am Nollendorfplatz
1. Nov: 26.

Fabio, Was ihr wollt, Theater i. d. Königgrätzerstr. Sonntag nachm:tags.

1927
Gensdarm in „Tiere" von Bruno
Nachtvorstellung im Kleinen Theater
bei Fink, einmalig

Louval in Bonaparte von Unruh, bei
Hartung, deutsches Theater,
Februar 27

Lehrer Paschulke in „Toni" von Gina Kaus
Kammerspiele bei Hilpert, 14. III. 27

(Brunir, Wiederpeutigen Zähmung,
Shier Theater am Zoo. nachm:tags
Lumpacivagabundus, Lumpacivagabun-
Theat. a. Zoo. dus.)

v. Klett, Schule v. Uznach, König-
Sternheim / grätzer tr.
Regie: Hartung

Lothar, Theo macht alles, Komö-
(Theo u. Co.) dien haus.